金融数据分析与软件应用系列教材

EXCEL在金融中的应用

（第二版）

（The Application of Excel in Finance）

主　编　张水泉

中国金融出版社

责任编辑：王　君
责任校对：刘　明
责任印制：陈晓川

图书在版编目（CIP）数据

EXCEL 在金融中的应用/张水泉主编．—2 版．—北京：中国金融出版社，2021.9
金融数据分析与软件应用系列教材
ISBN 978－7－5220－1322－0

Ⅰ.①E…　Ⅱ.①张…　Ⅲ.①表处理软件—应用—金融—数据—分析
Ⅳ.①F830

中国版本图书馆 CIP 数据核字（2021）第 192076 号

EXCEL 在金融中的应用（第二版）
EXCEL ZAI JINRONG ZHONGDE YINGYONG（DI-ER BAN）
出版
发行　中国金融出版社
社址　北京市丰台区益泽路 2 号
市场开发部　(010)66024766，63805472，63439533（传真）
网 上 书 店　www.cfph.cn
　　　　　　(010)66024766，63372837（传真）
读者服务部　(010)66070833，62568380
邮编　100071
经销　新华书店
印刷　河北松源印刷有限公司
尺寸　185 毫米×260 毫米
印张　16.75
字数　376 千
版次　2018 年 7 月第 1 版　2021 年 10 月第 2 版
印次　2023 年 7 月第 2 次印刷
定价　53.00 元
ISBN 978－7－5220－1322－0
如出现印装错误本社负责调换　联系电话（010）63263947
编辑部邮箱：jiaocaiyibu@126.com

第二版序言

近十年来，中国金融业超常规快速发展，互联网金融、私募金融等新金融业态发展迅猛，新型机构不断涌现，市场规模持续扩大。金融市场与行业的发展变化对人才培养提出了新的需求和更高的要求，高校是金融人才队伍培养的最重要阵地，是金融人才的主要来源，应主动适应社会对金融专业人才需求的发展趋势，努力提高人才培养质量。作为典型的应用性学科，高校金融专业人才培养应高度重视实验教学，培养具有创新精神和实践能力的应用型、复合型、创新型人才。在此背景下，浙江工商大学金融学院决定依托软件操作实验课程，促进理论教学与实践教学有机结合，提升学生金融数据分析能力，提高金融人才培养质量。为此，我们决定在全院范围内共开设四门依托软件的金融数据分析课程，供学生修读，涉及 Excel、Matlab、R 语言和 SAS，我们在多年教学实践的基础上，形成了相对完整的教案。由于国内目前尚缺少以金融数据分析为核心的相关系列实验教材，所以，浙江工商大学金融学院决定在相关课程教案的基础上，组织编写《EXCEL 在金融中的应用》、《Matlab 在金融中的应用》、《R 软件与金融数据分析》和《SAS 与金融数据分析》系列实验教材。

本系列丛书旨在通过数据处理和软件应用来强化巩固前期部分金融专业知识和基础理论。书稿框架在浙江省高校金融人才培养与教学改革研讨会、钱塘江金融港湾高等金融教育论坛等会议上多次讨论，校内外金融专业教师和银行、证券、保险、私募金融、互联网金融等机构高管、技术骨干提出了宝贵的修改意见。金融学院成立书稿写作协调小组，组织编撰工作，本系列丛书的编写有以下几个特点：(1) 注重理论基础与实务前沿、经典与当代相结合，基础能力训练与创新能力培养相结合。(2) 与兄弟院校及科研院所相关教师、金融机构技术骨干联合编写。(3) 将传统与新兴金融机构的最新案例进行适当简化，既考虑实用性，又兼顾可读性和可操作性。(4) 四本书稿在金融理论基础和案例应用等方面既具有统一性，又存在差异性。书稿初稿完成之后，在日常授课中进行试用，并根据学生反馈进一步修改完善，历时两年完成定稿。

如果你觉得金融学相关知识和基础理论枯燥难懂，抑或觉得不知道如何将这些理论应用于实践，那么本系列丛书将教会你如何通过软件实现基于理论的金融数据分析。如果你觉得在大数据时代，不知道如何从庞大的金融数据中提炼出相关信息，那么本系列丛书将会提供一些合理的解决方案，供你获取金融数据背后的逻辑。本系列丛书除了适合金融学类专业本科生和研究生使用，还适合金融机构的相关从业人员使用，同样适合具有一定基础并对金融问题感兴趣的读者使用。

在本系列丛书的撰写过程中，要感谢中国金融出版社教材一部王效端主任的大力支持，还要感谢王君老师在书稿校对期间的细心和耐心。书稿同时得到杭州银行人力资源部李晓华总经理、中国银行浙江省分行渠道与运营管理部王晔副总经理、蚂蚁金融服务集团平台风险部唐科伟总经理、新华人寿保险股份有限公司浙江分公司人力资源部张立微总经理、浙江核新同花顺网络信息股份有限公司高校事业部张晓伟总监，以及财通证券股份有限公司、永安期货股份有限公司、和瑞控股有限公司、杭州龙旗科技有限公司部门负责人的大力帮助。他们为书稿的撰写提供了大量的案例和素材，并提出了宝贵的建设性意见。最后，要感谢历届选修《EXCEL 在金融中的应用》课程的同学们，他们是本教材许多章节的第一读者，他们的反馈意见使教材内容能得到不断完善。

虽然作者在编写丛书的过程中投入了大量精力，力求严谨精确，但由于自身学识和能力有限，书中难免存在不足和错误之处，真诚地希望广大读者不吝批评指正，或通过电子邮件 zsq@ zjgsu. edu. cn 反馈意见。

钱水土

2018 年 5 月

目　　录

第 1 章　引言/1
1.1　为什么使用 Excel/1
1.2　需要 Excel VBA 吗/2
1.3　Excel 金融建模的主要过程/2
1.4　Excel 金融建模的格式要求/4
1.5　排版惯例/5
1.6　学习建议/5
本章小结/5
进阶阅读/5

第 2 章　Excel 基础/6
2.1　工作簿、工作表和单元格/6
2.2　单元格引用/8
2.2.1　同一工作表中单元格的引用/8
2.2.2　跨工作表单元格引用/9
2.2.3　跨工作簿引用/10
2.2.4　单元格区域命名/10
2.3　公式和工作表函数/13
2.3.1　文本函数/13
2.3.2　信息函数/14
2.3.3　日期和时间函数/14
2.3.4　引用和查询函数/15
2.3.5　逻辑函数/16
2.3.6　数学函数/16
2.3.7　统计函数/16
2.3.8　金融和财务函数/17
2.3.9　数组函数/18
2.4　数据排序/19
2.5　筛选/21
2.6　条件格式/24
2.7　数据验证/26
2.8　单元格的隐藏和锁定/28
2.9　工作表保护/30
2.10　单变量求解/30
2.11　模拟运算表/31
2.12　数据透视表/33
2.13　规划求解/37
本章小结/41
本章习题/41
进阶阅读/42

第 3 章　Excel VBA 简介/43
3.1　Excel VBA 编辑器/43
3.2　变量、常量和运算符/48
3.2.1　变量和常量/48
3.2.2　运算符/50
3.3　数组/51
3.4　VBA 对象/53
3.4.1　Application 对象/54
3.4.2　Workbook 对象/54
3.4.3　Worksheet 对象/56
3.4.4　Range 对象/58
3.4.5　With 语句块/64
3.4.6　对象变量/64
3.5　函数/65
3.5.1　VBA 函数/65
3.5.2　用户自定义函数/67
3.6　VBA 决策语句/69
3.6.1　If 语句/69
3.6.2　Select Case 语句/70

3.7 VBA 循环语句/72
3.7.1 For 循环/72
3.7.2 Do 循环/75
3.8 字典/77
3.8.1 事前绑定和事后绑定/77
3.8.2 给字典添加条目/78
3.8.3 判断索引值是否已经存在/79
3.8.4 条目数量的计数/79
3.8.5 条目的移除/79
3.8.6 读取索引值和条目值/79
3.9 数组与单元格区域的互动/80
3.9.1 通过循环实现数组与单元格区域的互动/80
3.9.2 将单元格区域的值读入数组/80
3.9.3 将数组的值输出到单元格区域/81
本章小结/82
本章习题/82
进阶阅读/83

第4章 金融数据的获取和预处理/85
4.1 本地文本文件的导入/86
4.1.1 菜单模式导入本地文本文档数据/87
4.1.2 使用 VBA 导入本地文本文档数据/91
4.2 从互联网获取金融数据/95
4.2.1 通过菜单方式从网络获取金融数据/96
4.2.2 使用 VBA 从互联网获取金融数据/96
4.3 数据的排序/103
4.3.1 通过菜单方式进行排序/105
4.3.2 利用 VBA 代码进行排序/105
4.4 数据的筛选/107
4.4.1 通过菜单项“高级筛选”进行数据筛选/107
4.4.2 利用 VBA 进行高级筛选/109
4.4.3 调用数据库查询进行数据筛选/111
4.4.4 利用 ADO 进行数据筛选/115
4.5 数据频率转换/118
4.5.1 日数据转换为月数据/118
4.5.2 日数据转换为季度数据和日数据转换为周数据/121
4.5.3 利用 VBA 实现数据频率转换/122
4.6 数据合并/125
4.6.1 利用 VLookup（）函数进行数据合并/126
4.6.2 利用数据库查询进行数据合并/130
4.6.3 数据合并的 VBA 实现/133
本章小结/135
本章习题/136
进阶阅读/136

第5章 金融数据的图形展示/137
5.1 Excel 图表简介/137
5.1.1 嵌入式图表和分立式图表/137
5.1.2 基本图表元素/141
5.2 菜单模式下基本图表的绘制/142
5.2.1 菜单模式下饼图、条形图和柱形图的绘制/142
5.2.2 通过菜单项绘制折线图或散点图/147
5.3 通过 VBA 代码绘制基本图表/155
5.3.1 图表对象的建立/155
5.3.2 设置图表数据系列/156
5.3.3 设置图表类型/157
5.3.4 常用图表元素的设置/158
5.3.5 应用/159
5.4 直方图的绘制/162
5.4.1 通过菜单模式绘制直方图/162
5.4.2 利用 VBA 代码绘制直方图/167
本章小结/170

本章习题/170
进阶阅读/171

第 6 章　按揭贷款月还贷额的计算/172
6.1　月还贷额计算基本原理/172
6.1.1　变量列表/172
6.1.2　等额本金下的月还贷额/173
6.1.3　等额本息下的月还贷额/173
6.2　工作表界面下按揭贷款月还贷金额/174
6.2.1　模型基本框架/174
6.2.2　输入区域的数据验证/174
6.2.3　贷款利率的引用/176
6.2.4　偿还总次数的计算/177
6.2.5　支付次数列的设定/178
6.2.6　偿还日期序列的设定/178
6.2.7　各期本金偿还额的计算/178
6.2.8　各期利息偿还额的计算/178
6.2.9　其他偿还金额的计算/178
6.2.10　工作表及行或列的隐藏/179
6.2.11　单元格的保护/179
6.3　利用 VBA 计算按揭贷款的月还贷额/180
6.3.1　添加工作表/180
6.3.2　利用 VBA 计算月还贷额/183
本章小结/190
本章习题/190
进阶阅读/191

第 7 章　债券相关计算/192
7.1　债券应计利息的计算/193
7.1.1　日期处理相关函数/193
7.1.2　剩余利息支付次数的计算/195
7.1.3　上一次利息支付日的计算/196
7.1.4　日计数因子的计算/197
7.1.5　应计利息的计算/200
7.2　债券内在价值的计算/201
7.3　债券收益率的计算/202
7.3.1　到期收益率的计算/202
7.3.2　实现的收益率/203
7.4　债券久期的计算/205
7.5　债券凸性的计算/208
7.6　债券相关计算举例/210
7.6.1　债券基本信息/210
7.6.2　各相关指标的计算/211
7.7　债券价格与收益率的关系/213
7.8　债券价格如何随时间变化/216
本章小结/217
本章习题/217
进阶阅读/218

第 8 章　股票相关计算/219
8.1　股票行情和历史数据的获取/219
8.1.1　通过雅虎下载股票历史交易数据/219
8.1.2　通过巨潮资讯下载股票历史分红数据/221
8.1.3　通过 Web 查询获取历史分红数据/222
8.1.4　通过 VBA 导入历史分红数据/223
8.1.5　分红比率的提取/225
8.2　资产 β 系数的估计 /226
8.2.1　历史 β 系数和调整的 β 系数/226
8.2.2　利用 Excel 估计股票的历史 β 系数/228
8.2.3　β 系数的调整/229
8.2.4　利用 VBA 估计资产的 β 系数/232
8.3　投资组合优化/235
8.3.1　投资组合优化简介/235
8.3.2　资产期望收益率和协方差矩阵的估计/235
8.3.3　投资组合的期望收益和风险/242

8.3.4 利用 Excel 实现允许卖空下投资组合优化/243
8.3.5 利用 VBA 实现允许卖空情况下投资组合的优化/247
8.3.6 不允许卖空下投资组合优化/250
本章小结/257
本章习题/258
进阶阅读/258

第1章

引　　言

近一二十年来，金融学科的发展越来越呈现出微观化的趋势，如何使学生将所学的理论知识与实践相结合成为高校金融教学中一个重要的课题。本教材的目的就是让学生能够利用微软 Excel，将所学知识转化为一个个具体的金融模型，从而加深学生对所学知识的理解，提高其动手能力，提高其分析和解决实际金融问题的能力。

1.1　为什么使用 Excel

很多读者都会问这个问题：我们有这么多的工具可以选择，比如 SAS、Matlab、Python 或 R，为什么唯独要偏爱 Excel？本书编者认为，尽管上述工具非常优秀，在许多方面比 Excel 有更高的效率，但 Excel 有着其他工具无可比拟的优势。

第一，路径依赖。许多读者尤其是中国学生，很早就已经接触 Excel，对他们来说，Excel 并不陌生，很容易上手。于是，他们不禁要问，同样能解决问题，我何必另起炉灶？

第二，融计算和展示于一体。Excel 有非常丰富的内在函数，可以让使用者高效地进行各类计算和数据分析。同时，Excel 也具有很好的结果展示界面。在同一个界面下，Excel 可以将计算和分析结果以图、表或其他形式较为完美地展示出来。因此，在许多场合，使用者往往将 Excel 直接作为报告的工具。

第三，更重要的是群体效应。无论是在机关、事业单位还是企业，Excel 无疑是最为广泛的数据分析工具，在很多机构 Excel 甚至成了唯一的工具。因此，当读者在校期间熟练地掌握了 SAS 等工具，但当他们走向工作岗位时，却无奈地发现没有用武之地。另外，大多数工作都需要协作完成。因此，如果你的同事都在使用 Excel，而你使用 SAS 等工具与他们沟通将有阻碍。

上述三个方面造就了 Excel 庞大的用户群，而这种惯性会促使短时间内难以改变这种局面。因此，能够熟练地使用 Excel 会给你带来巨大的优势。

当然，与其他工具相比，Excel 也存在明显的不利之处，比如运行效率的问题和大数据处理能力问题等。

1.2 需要 Excel VBA 吗

一般情况下，使用 Excel 工作表足以处理绝大多数金融问题。也许读者听说过 Excel 使用中的“二八定律”这种说法，即 80% 的用户仅仅使用 Excel 中不到 20% 的功能。那么，Excel 工作表已经足够强大，我们还有必要学习 VBA 编程吗？这实际上可以分解为两个问题，即 Excel VBA 难学吗和学习 Excel VBA 有意义吗。对于前者，本书作者认为，学习 VBA 编程技能并没有想象中那么困难，这是因为：

第一，VBA 根植于 Excel。只要安装了微软的 Excel，就已经安装好了 VBA，也就不必另行安装任何其他软件。

第二，VBA 很容易学。Excel VBA 寄生于 Excel，熟悉 Excel 可以大大降低学习 Excel VBA 的难度。另外，Excel 的录制宏功能可以很大程度上降低学习 VBA 的门槛。

当然，与 Excel 菜单模式完全不同，VBA 使用代码来解决问题，这对没有任何编程经验的读者来说会存在一定程度的不适应性。如果读者以前没有编程基础，请耐心读完第 3 章的内容，相信你能够很快掌握 Excel VBA 初步的编程技巧。而且，通过后续章节的案例学习，你会发现，Excel VBA 并没有你当初想象的这么难。

对于第二个问题，我们认为，掌握初步的 VBA 知识可以大大提高工作效率，因此学习初步的 VBA 知识是完全有必要的。

第一，在实际金融工作中，许多人需要每天重复做差不多同样的复杂问题。使用菜单模式不仅低效，而且频繁的“流水线”性质的工作容易让人厌烦，从而增加错误的机会。通过 Excel VBA，可以将这些复杂工作封装在程序中，以后使用时只需适当修改，就可以交给计算机去执行了，而计算机不像人，它不会厌烦重复性工作。相反，通过循环等方法，计算机可以非常容易地完成哪怕是几百万几千万次重复。

第二，许多金融工作需要我们根据某种情景作出判断，而这正是计算机程序所擅长的。

第三，使用计算机程序更方便合作者之间进行交流。在工作表界面下，建模者很难将自己的思路在模型中显示出来，合作者之间交流也较为麻烦。而在 VBA 中，通过代码的注释很容易表达程序编写人员的想法和意图。

1.3 Excel 金融建模的主要过程[①]

无论通过 Excel 工作表界面还是通过 Excel VBA 来完成金融分析，我们都需要采取系统的思想，即在具体建模前作好规划。这时，适当使用 FreeMind[②]等思维导图工具对

① 本节主要参考 Chandan Sengupta（2004），pp. 4 – 9.

② FreeMind 是绘制思维导图的免费工具，读者可以从 http：//freemind. sourceforge. net 下载。

我们的工作大有裨益。

1. 定义问题。在现实生活中，我们需要研究的问题往往很少是明确定义和结构化的，而是相对模糊的。把模糊的金融问题转化成可以着手分析的具体金融模型，需要分析者对实际金融问题有深刻的理解，需要分析者与客户（分析结果需求方）深入的沟通，从而理解客户的真实需求等。这样，在明确了模型的具体目标后，将抽象的金融问题转化为可以经验分析的模型。

2. 定义模型的输入和输出变量。详细列出模型所需的输入变量和输出变量，明确其具体的含义和计量单位，确保输入的变量的可获得性。

3. 明确模型的使用者及其使用频率。在进行具体的金融数据分析前，建模者首先需要与模型使用者密切沟通，理解其真正的需求，了解其对 Excel 等工具的熟悉程度等。有时候，建模者花费了很大的精力，构造了一个非常复杂的模型，而实际上模型使用者可能仅仅需要对金融变量进行初步的描述性分析；有时候，使用者会发现模型界面难以理解，从而增加了出错的机会。这时候，建模者可能只需增加输入提示或使用用户窗体即可轻易解决这个问题。

如果某金融模型使用频率并不高，比较于模型从构思到创建使用所花费的时间和成本，模型运行速度的快慢并非我们关注的重点。

4. 创建模型。首先需要从理论上理解所需要解决的金融问题，从金融理论和数学层面明确输入和输出变量之间的关系。如果我们不能用纸和笔演绎解决问题的方法，我们也不能希冀于 Excel 和 VBA 来替我们完成该工作，切记 Excel 只是执行人交给它的任务。

在明确如何通过 Excel 的公式函数或 VBA 代码来解决模型的计算和分析后，我们应该明确计算分析过程及其结果展示应该使用几个工作簿或几张工作表，明确不同工作簿和工作表之间的关系及其如何在它们之间方便地切换等。“磨刀不误砍柴工”，有事前深思熟虑的计划，可以大大减少事中的调整或事后的返工。

5. 模型的测试。在实际应用中，很少有模型能一次就完美的。你对金融问题的背景越不了解，你解决问题的算法越不严谨，你对 Excel 工具越不熟悉，出现错误的概率就越大。因此，在模型付诸实际应用前，我们需要对其进行测试。常见的测试方法是采用某些特定的输入值，用纸和笔或其他方式计算其结果，然后与模型输出结果相比对。

6. 对模型进行适当保护。我们经常需要对模型进行某种形式的保护。比如，我们可能会隐藏某些计算公式，可能对某些单元格锁定以防止用户不经意改动对某些内容的破坏，可能对 VBA 代码进行加密等。

7. 模型的更新。有些情况下，我们需要对模型进行更新。如增加了某些输入变量，使用了更好的估计方法等。

当然，在实际金融建模中，我们并不需要严格遵守上述顺序，而是需要根据实际情况作适当调整。另外，实际金融建模不可能一帆风顺，当我们完成某一步骤后，有可能需要回过头来重复前面的步骤。

1.4 Excel 金融建模的格式要求

为了方便协作和信息交流，分析人员会采用某些惯例。作为惯例，我们并非必须遵守，但遵守惯例，可以使模型更易使用，使得协作者之间的交流更加顺畅。当然，不同的企业在所采用的惯例上会有所差异。

1. 不要将模型所有的内容都放在同一张工作表中。与其将所有的内容都放在同一张工作表中，然后通过滚动条在工作表上下左右四处搜索需要的信息，还不如将整个模型的内容根据某种标准进行分解，然后将每一部分的内容存放于不同的工作表中。

为了方便使用者迅速地获得他所需要的信息，我们应该将工作表默认的名字“Sheet1”“Sheet2”等改为简洁又能表达意思的名字，比如某张工作表用来存放资产的历史收益率，可以将该工作表取名为“历史收益”或“histRet”等。

除了简洁和达意，工作表名最好以汉字和字母开头，名字中间不要出现空格或“.”“$”或“?”等字符。

一般每个模型的第一张工作表会对整个模型进行提纲挈领性概览。该工作表一般包含如下内容：

第一，模型的名称，一般居中对齐，字号相对更大。

第二，模型的创建者及合作者的姓名，模型的创建日期及最后一次修改的日期等信息。

第三，模型的简单介绍。

第四，模型各主要部分（一般与其他工作表的内容相对应）的标题及其简介。

第一张概览性质的工作表一般只有文字介绍，所以一般不需要网格线。

一般我们需要通过超链接来方便在不同的工作表中进行快速切换。

2. 单元格引用尽可能使用名称。我们可以通过单元格的引用地址如“A1”来引用单元格或区域，也可以采用单元格或区域的名称来引用，采用后者可以使公式更加简洁，更能体现单元格或区域的内容，因而有更好的可读性。当然，有时候（比如需要公式自动填充时）采用地址来引用会更加便利。

3. 公式不要太复杂。复杂的公式不仅增加了出错的机会，也会使公式的可读性变差而不方便交流。

当公式太长时，我们可以将该公式拆解，分成若干步骤，每一步完成某一中间变量，并对每个步骤配以标题以增加公式的可读性。如果整个计算过程非常复杂，建议使用 VBA 来解决问题。

4. 不要使用过多颜色。一般情况下，我们只要使用默认的黑色字体就够了。但在有些情况下，我们可以使用颜色以突出某个单元格或区域。比如，对于某个关键指标，其所在单元格可以使用蓝色字体，并配以黄底黑框；当某个指标处于警示状态时，可以用红色字体来显示。

5. 确保文档打开时能让使用者看到他所需要的东西。当打开 Excel 文档时，Excel 展示的是最后保存前的状态。为了便于使用者使用模型，我们应该确保文档保存前每一张工作表的“A1”单元格被选中，第一张概览性的工作表为活动工作表。

格式的规范性反映了建模者的专业素养和认真负责的态度，格式规范与模型内容同等重要。

1.5 排版惯例

本书采用如下排版约定：

对于 VBA 代码和 Excel 公式，采用等宽字体 Courier New。

1.6 学习建议

与其他工具性课程一样，建议读者在实战中学习 Excel 和 VBA。对于每一个金融问题，读者应该首先理解该问题的背景，思考解决问题的路径，然后思考如何通过 Excel 或 VBA 来实现。

在阅读本书应用章节前，建议大家先独立思考解决问题的途径，然后与教材所述的方法进行比对，思考是否存在效率更高的方法来解决所面对的问题。

当遇到困难时，建议大家勤于思考，勤于通过帮助文件和网络搜索找到问题的答案。

本章小结

本章主要讲述了采用 Excel 和 VBA 分析金融问题的利弊，并列举了若干在金融建模中需要注意的格式规范。

进阶阅读

1. 朱顺泉所著的《金融财务建模与计算——基于 VBA 与 Matlab 实现》，电子工业出版社，2009 年第 1 版。

2. Jackson M. and Staunton M. , 2001, Advanced Modeling in Finance - Using Excel and VBA, John Wiley & Sons, Inc.

3. Sengupta C. 2004, Financial Modeling - Using Excel and VBA, John Wiley & Sons, Inc.

第 2 章

Excel 基础

阅读本章前，请读者检查是否已经掌握如下内容：

是否掌握	任务模块
□	工作簿、工作表和单元格
□	A1 引用样式、R1C1 引用样式和命名区域
□	金融建模中常用的工作表函数
□	排序和筛选
□	条件格式
□	数据验证
□	单变量求解
□	模拟运算表
□	数据透视表
□	分析工具库
□	规划求解

由于本书的读者对微软 Excel 已经具有一定基础，因此在本章我们仅对金融建模中常用的 Excel 功能作简单介绍，目的是重新唤醒读者对以往所学知识和技能的回忆，并加以概括。如果对本章所罗列的知识点不甚清楚，读者可以阅读 Excel 相关帮助文件和本章末尾所列的参考文献。

不同版本的 Excel 在菜单布局甚至函数名称方面存在一定的差异，为避免可能的混淆，本教材约定所有工作表界面的操作均采用 Excel 16.0；由于不同版本 Excel 下的 VBA 几乎没有差异，我们无须作出特别约定。

2.1 工作簿、工作表和单元格

Excel 文件称为工作簿（Workbook），我们可以同时打开多个工作簿。每个工作簿可以包含一张或多张工作表（Worksheet），我们可以通过点击工作簿下方的工作表名（Sheet Name）在不同的工作表中进行切换。每张工作表由许多单元格（Cell）组成，若干个单元格构成单元格区域（Range），一个单元格区域可以是单独一个单元格，也可以是若干个单元格（连续或不连续），也可以是一行（Row）或若干行，也可以是一列（Column）或若干列。在 Excel 16.0 下，最多可以有 1048576 行和 16384 列（最右手列号为 XFD，即第 16384 列）。

在 Excel 16.0 下，一个新工作簿默认打开一张工作表。我们可以通过点击“文件”—“选项”，在弹出的名为“Excel 选项”的选择框里选择“常规”，通过修改“包含的工作表数”后面的数字，来修改新建工作簿时默认打开的工作表数（见图 2－1）。

鼠标左键单击工作表下方工作表名再按鼠标右键选择“重命名”（Rename）或鼠标左键双击工作表可以修改工作表名；将光标移至某工作表名处，然后单击鼠标右键选择“删除”可以删除工作表；单击工作表名右边的“⊕”可以在活动工作表右侧插入新的工作表。也可以将光标移至某工作表名，然后点击鼠标右键选择“插入”—“工作表”，在该工作表的左侧插入一张新的工作表。

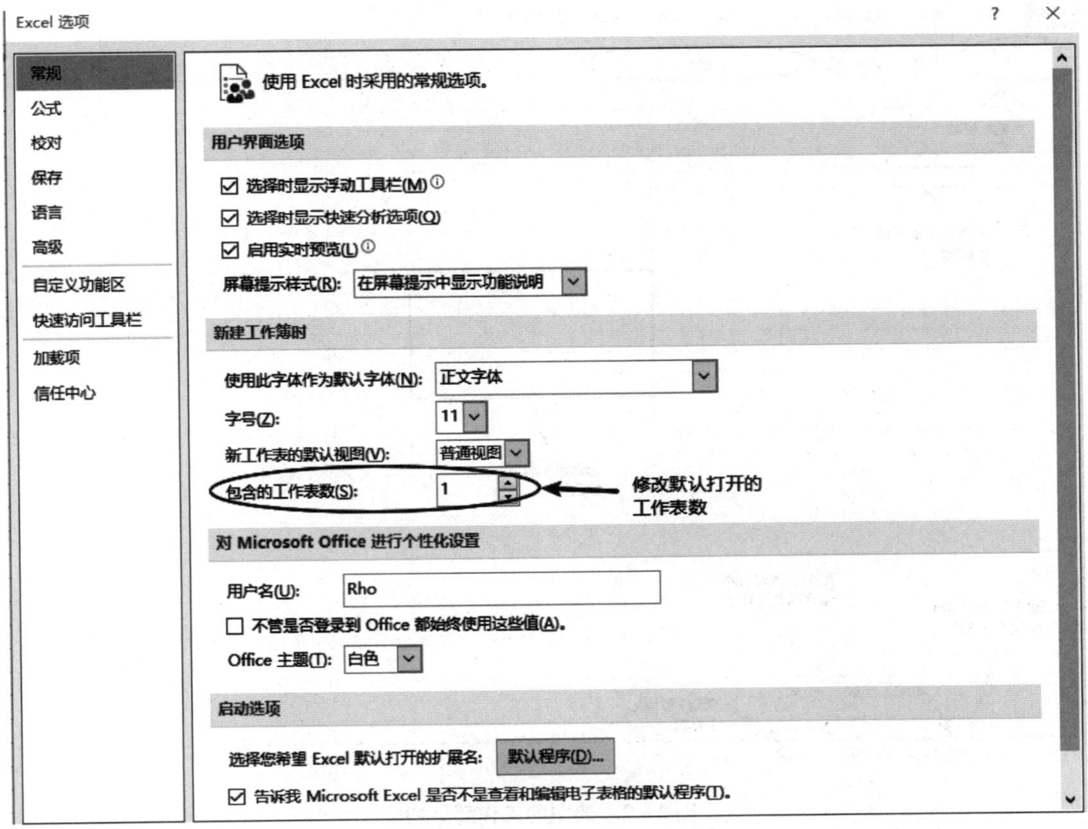

图 2－1　修改默认打开的工作表数

典型的工作簿结构如图 2－2 所示。

2.2 单元格引用

在工作表界面下，单元格的引用（Cell Reference）非常普遍。本节简单回顾 Excel 中单元格的引用，包括同一工作表中单元格的引用、同一工作簿但不同工作表单元的引用，以及跨工作簿单元格的引用（包括目标工作簿处于打开状态和关闭状态）。

2.2.1 同一工作表中单元格的引用

单元格的引用可以有两种引用样式（Reference Style），即“A1”引用样式和“R1C1”引用样式，默认为“A1”引用样式。在“A1”引用样式下，列号用字母“A”“B”“C”等表示，行号用数字表示；在“R1C1”引用样式下，“R”（Row）后面接单元格的行号，“C”（Column）后面接单元格的列号，而行号和列号均用数字表示。

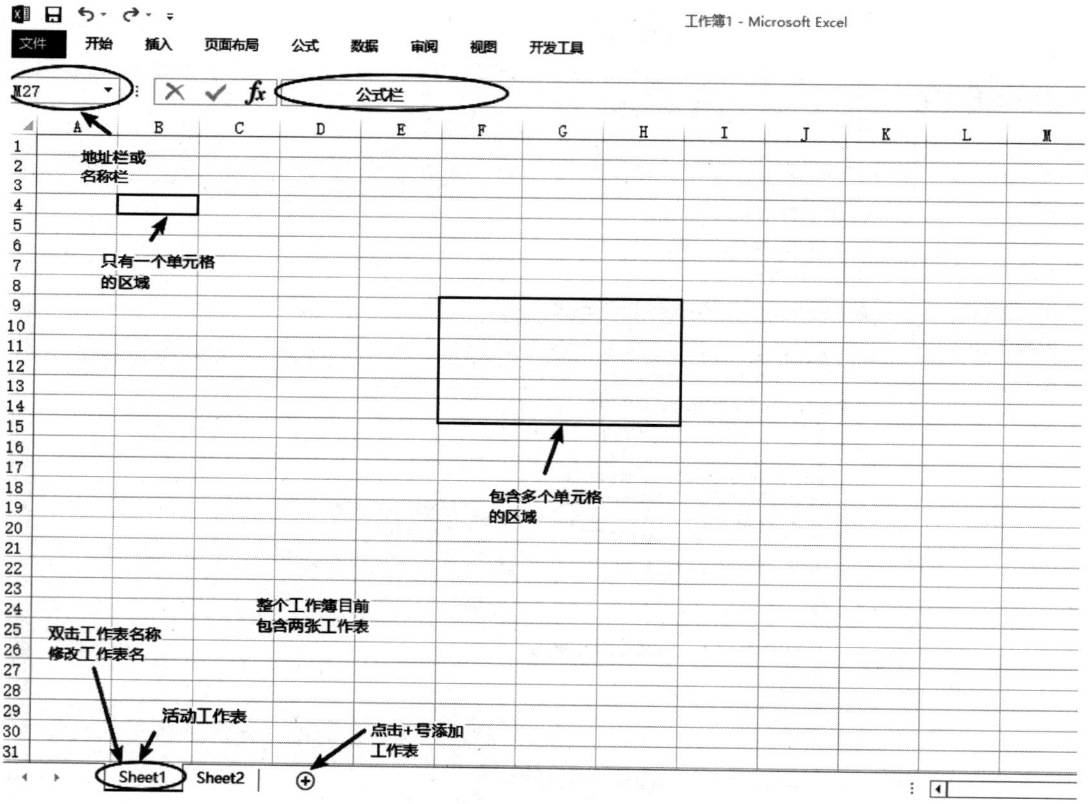

图 2-2 典型的工作簿结构

无论是在“A1”引用样式还是在“R1C1”引用样式下，单元格的引用都可以“相对引用”“绝对引用”或“混合引用”。相对引用的行号和列号均以目标单元格（Destination Cell）的相对位置来表示。比如，在“A1”引用样式下，若目标单元格为“D6”，在单元格里“D6”的公式“＝A1”指的是“D6”单元格左边3列、上面5行所在的单元格。当将“D6”单元格的公式自动填充至“D7”单元格时，“D7”单元格的公式自动为“＝A2”，因为单元格“A2”位于单元格“D7”的左边3列和上面5行。同样的，当“D6”单元格的公式向右自动填充至单元格“E6”时，“E6”的公式为“＝B1”。在“R1C1”引用样式下，相对引用表示为“R”和“C”后加用方括号（[ ]）包围的数字。“R”后面方括号里的数字如果是正号，则表示被引用的单元格位于目标单元格下方；如果数字为负，则表示被引用的单元格位于目标单元格上方；如果目标单元格与被引用单元格处于相同行，则R后面的数字连同方括号都缺失。类似地，“C”后面方括号里的数字如果是正号，表示被引用的单元格位于目标单元格右方；如果数字为负，则表示被引用的单元格位于目标单元格左方；如果目标单元格与被引用单元格处于相同列，则C后面的数字连同方括号都缺失。故若目标单元格为“R6C4”，在该单元格用相对引用法来引用“R1C1”，其公式为“＝R［－5］C［3］”，它表示单元格“R1C1”在单元格“R6C4”的上面5行、在右边3列。

在“A1”引用样式下，若目标单元格为“D6”，要用绝对引用法引用单元格“A1”，需要在“D6”输入“＄A＄1”，即行号和列号加“＄”符号。这样，当“D6”单元格发生横向或纵向自动填充时，其被引用的单元格始终是“A1”。在“R1C1”引用样式下，绝对引用法在“R”和“C”后的数字均无须使用方括号。

在“A1”引用样式下，混合引用指的是行号或列号中其中有一个需要用“＄”符号来固定，而另一个是相对的，其后面没有“＄”符号；在“R1C1”引用样式下，R和C后面的数字其中一个用方括号包围，一个不用方括号包围。

在目标单元格输入等号（＝）后点击被引用单元格，则该单元被引用。无论是“A1”引用样式还是“R1C1”引用样式下，默认的引用方式都是相对引用，我们可以使用功能键“F4”在不同的引用方法下进行切换，如在相对引用法下按一下“F4”，则变为绝对引用，再按一下“F4”变为固定行号的混合引用，接着为固定列号的混合引用，再按一次“F4”又恢复到相对引用。

Excel默认的引用样式为“A1”引用样式，我们可以通过“文件”—“选项”，在弹出的选择框的“公式”下勾选“R1C1引用样式”，点击“确定”后就变为“R1C1”引用样式了（见图2－3）。

单元格引用可以扩展为区域引用，如“A1：A5”或“＄A1：＄A5”等。

2.2.2　跨工作表单元格引用

在同一工作簿不同工作表单元格的引用只要在前述方法的基础上加上工作表名，工作表名和单元格地址中间用感叹号（！）分隔。

比如，在工作表“Sheet2”的单元格“A1”输入等号后选择工作表“Sheet1”的“B1”单元格，则在“Sheet2”的公式栏里会显示“＝Sheet1！B1”，当然，也可以直接输入上述公式。

跨工作表下同样可以使用“A1”或“R1C1”引用样式，同样存在相对引用、绝对引用和混合引用。

图 2－3　选择“R1C1”引用样式

2.2.3　跨工作簿引用

在被引用单元格所在的工作簿已经打开的情况下，引用其他工作簿的单元格区域只需在单元格地址和工作表名前加上用方括号（[ ]）包围的工作簿名即可。比如，我们要引用工作簿“book1”的“Sheet1”工作表的单元格区域“A1：A3”，其公式为“=[book1] Sheet1！A1：A3”（相对引用）。

如果被引用单元格所在的工作簿并未打开，我们需要将路径、工作簿名（用方括号包围）和工作表名用单引号包围。比如，被引用单元格所在的工作簿位于当前工作簿所在路径的子目录“data”下，文件名为“tradeVol. xlsx”，我们要引用该工作簿的“Sheet1”工作表的“A1”单元格，其公式为“='data\[tradeVol. xlsx] Sheet1'! A1”。在这里，我们使用的是相对路径，Excel 会自动将之转化为绝对路径。当目标文档和被引用文档的路径发生变化，但两者的路径相对关系没有发生变化时，其路径会自动更新。出于便利协作的考虑，我们鼓励读者尽可能采用相对引用。

2.2.4　单元格区域命名

在工作表界面下，可以通过如下两种方法给单元格区域定义名称。

1. 在名称框里命名。如图2－4所示，在菜单栏“文件”和列号“A”之间有个小矩形框叫名称框（Name Box），用来显示单元格地址或名称。

图2－4 单元格名称框

在单元格区域命名前，当我们选中某单一的单元格（比如“A1”）时，名称框里显示的是其单元格地址（“A1”）；当我们选择多个单元格构成的区域（比如“A1：A5”）时，名称框内显示的是该区域左上角单元格的地址（“A1”）。

在选中某区域（比如“A1：D20”）后，在名称框里输入该区域的名字（如“retMat”）后回车，这样，我们定义了在整个工作簿都有效的区域名称（全局名称）“retMat”。以后，我们就可以以该名称来引用区域“A1：D20”了。

需要注意的是，我们不能将区域名称定义为容易与单元格地址相混淆的名称。比如，如果某区域包含了第一只股票的超额收益率（Abnormal Return）数据，当你选中该区域并在名称框输入“AR1”回车，该名称就会定义失败。

2. 通过菜单栏定义名称。在菜单栏依次点击“公式”—“定义名称”，就会弹出如图2－5所示的弹出框，在“名称”处输入名称，在“范围”处选择名称的有效范围，在“引用位置”处选择需要引用的单元格区域，然后点击确定完成名称的定义。

所定义的名称默认为整个工作簿有效，如果在“范围”处选择某工作表，则所定义的名称仅仅在该工作表有效，我们不能跨工作表引用该名称。如果需要删除某一个已经定义好的名称或修改其名称，我们无法通过重新选择该区域，然后在名称框里删除该名称或输入新的名称最后回车来完成上述目标。在名称框里修改该区域的名称，回车后原来的名称仍然存在，只不过该区域又增加了一个新的名称。Excel允许同一个单元格区域同时包含多个名称，正像你可以有身份证上的名字，同时还可以有英文名或笔名一样。

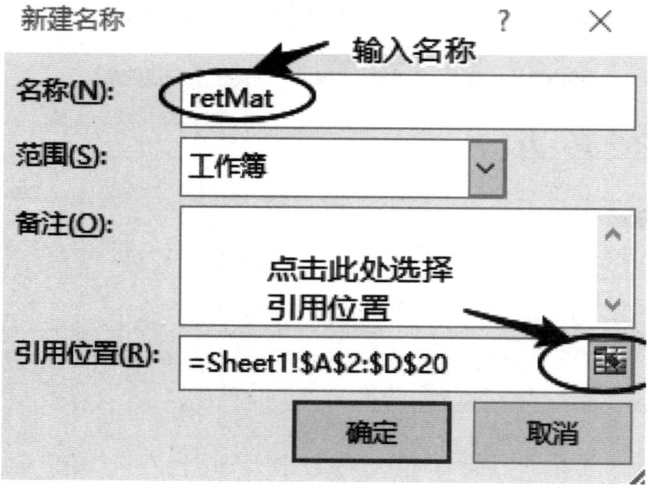

图 2－5　通过菜单定义区域名称

要删除或修改单元格区域的名称，可以通过菜单项来完成。依次点击“公式”—“名称管理器”，会出现如图 2－6 所示的弹出框，选中需要删除或编辑的名称，再点击“删除”或“编辑”，就可以实现删除或修改名称的任务。

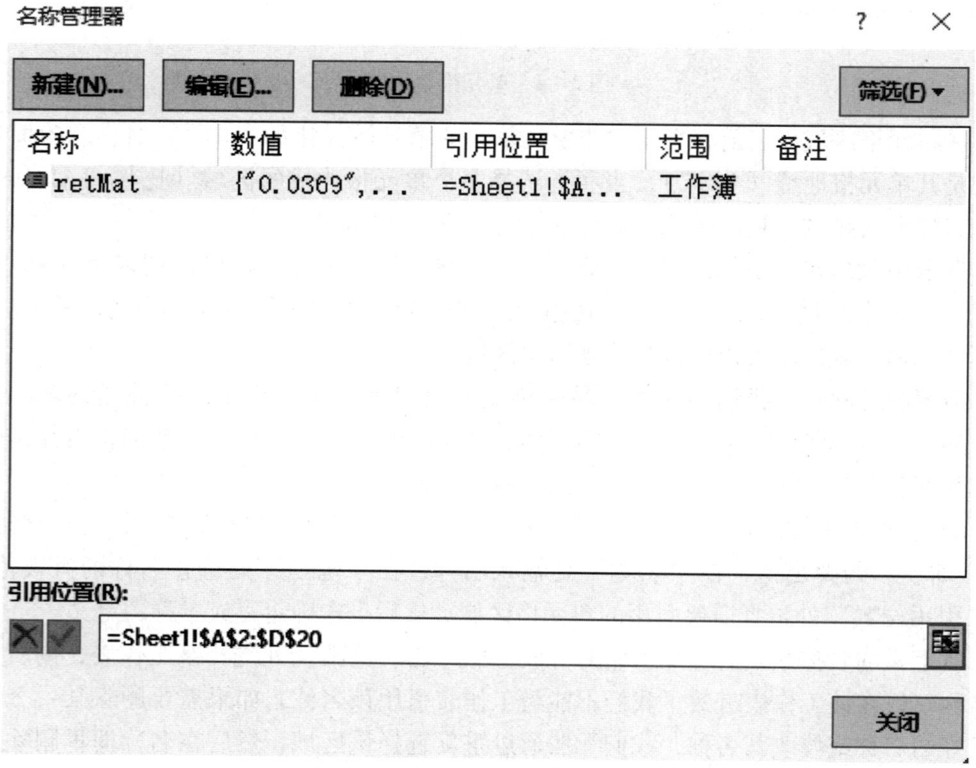

图 2－6　单元格区域名称的修改或删除

完成区域名称的定义后，我们就可以使用该名称来引用单元格区域。比如前面我们对工作表“Sheet1”的区域“A2：D20”定义了一个全局名称“retMat”，在该工作簿的任意一个单元格输入“ = Max（retMat)”，就可以获取区域“A2：D20”的最大值。

在可能的情况下，我们推荐读者尽可能使用名称来引用单元格区域，这样做会使得公式更加简洁和直观，更方便交流。

2.3　公式和工作表函数

金融计算中需要大量使用公式，函数是预先定义好的公式。由于 Excel 工作表函数非常丰富，在本节做集中详细介绍显然不可能，而且相信也很少有读者能耐心阅读完所有内在函数（Built – in Functions）的用法。在本节的学习过程中，建议读者对所提的函数能解决什么问题有一个大致的了解就够了。在实践中需要用到该函数时，再通过阅读帮助文件等，在频繁的实际应用中学习和理解，相信会比集中学习有更高的效率。本节我们主要罗列金融建模中常用的工作表函数，并对部分函数做简单介绍。如果对某函数的具体用法不甚明了，读者可以查看帮助文件，也可以参阅网站 http：//www. excelfunctions. net/。在第 3 章我们将介绍 VBA 函数和用户自定义函数。

2.3.1　文本函数

1. Clean（）：对给定文本清除所有非打印字符；
2. Trim（）：对给定文本清除前后的空格；
3. Lower（），Upper（），Proper（）：文本大小写转换；
4. Left（），Right（），Mid（）：提取子文本；
5. Len（）：读取文本长度；
6. Exact（）：判断两文本是否完全相同；
7. Replace（），Substitute（）：用新文本替代老文本中的内容，由于在金融数据获取中经常要使用这些函数，下文还将对其再做简单介绍；
8. Find（），Search（）：返回某字符或文本在另一字符串中的位置，前者大小写敏感，而后者不敏感。

Replace（）函数的参数包括“old _ text”（被替代老文本）、“start _ num”（开始位置）、“num _ chars”（字符数）和“new _text”（新文本）。比如下述公式将文本“Hello, finExcel class.”从第 8 个字符开始的共 14 个字符替换为“金融 Excel 应用班”：

```
= Replace ("Hello, finExcel Class.", 8, 14, "金融 Excel 应用班")
```

Substitute（）函数包含如下参数：text（文本）、old _ text（被替代的老文本）、new _ text（替代后的文本）和可选参数 instance _ num（如果不提供，所有满足条件的都被替代，如果提供了数字，比如2，则只有第2 处满足条件的文本被替代）。如果单元格“A1”的文本为“Hello, girls. Hello, boys.”，则下述公式将该文本的第 2 处“Hello”替换为“Hi”：

```
= SUBSTITUTE(A1,"Hello", "Hi", 2)
```

2.3.2 信息函数

1. IsError（）：是否为错误值；
2. IsNumber（）：是否为数字；
3. IsEven（）：是否为偶数；
4. IsOdd（）：是否为奇数；
5. IsBlank（）：是否为空；
6. IsFormula（）：是否包含公式；
7. IsText（）：是否为文本。

需要注意的是，Excel 中并不存在能直接判断是否是日期的函数。但由于 Excel 中用整数序列来储存日期，因此公式“=IsNumber（Date（2021，10，1））”返回 True。如果需要严格区分一般的数值还是日期，可以使用 VBA 函数 IsDate（），具体请参见第 3 章有关函数的部分。

2.3.3 日期和时间函数

1. Now（）：返回当前日期和时间；
2. Today（）：返回当前日期；
3. Date（）：根据输入返回日期序列；
4. Time（）：根据输入返回时间（时、分、秒）；
5. Year（）：根据日期返回年份值；
6. Month（）：根据日期返回月份值（1 到 12）；
7. Day（）：根据日期返回日期值（1 到 31）；
8. Hour（）：根据时间序列返回小时值（0 到 23）；
9. Minute（）：根据时间序列返回分钟值（0 到 59）；
10. Second（）：根据时间序列返回秒数值（0 到 59）；
11. Weeknum（）：返回某日期序列在该年度的第几周（1 到 53）；
12. Weekday（）：返回某日期序列在一周中的第几天，用可选参数 return _ type 来选择星期几作为某周的第一天；
13. YearFrac（）：返回两个日期之间以年为单位的间隔，参数 basis 为日计数惯例（day count convention），我们将在第 7 章作详细介绍；
14. EDate（）：返回给定日子之后或之前若干个月的日期。

我们在第 6 章和第 7 章使用 EDate（）函数来处理还贷日和债券的利息支付日期，下面我们来介绍其用法。

EDate（）函数有两个参数，即 start _ date 和 months。比如，下述公式将返回 2017 年 8 月 30 日前 18 个月的日期，即 2016 年 2 月 29 日：

```
= EDate (Date (2017, 8, 30), -18)
```

2.3.4　引用和查询函数

1. Address（）：根据行号值和列号值等返回文本形式的引用地址，如 Address（2，5，1）返回“$E$2”；

2. Index（array，row_num，[col_num]）：根据在数组中的行和列位置返回子数组，如 Index（B3：D7，3，2）返回单元格“C5”的值；

3. Indirect（）：根据文本形式的引用地址返回被引用单元格的值，如 Indirect（“D”&4）返回单元格“D4”的值；

4. Offset（）：返回对原来单元格区域偏移若干行和若干列后新的区域的值，如果新区域多行多列，需要用组合键“Ctrl + Shift + Enter”完成输入；

5. Row（）：返回所引用单元格所在的行号值；

6. Column（）：返回所引用单元格所在的列号值；

7. Rows（）：返回所引用单元格区域的行数；

8. Columns（）：返回所引用单元格区域的列数；

9. Match（）和 VLookup（）：从数组区域中查询满足条件的值。由于以后各章节中经常要使用这两个函数，下文对这两个函数做简单介绍。

VLookup（）函数包含必需参数 lookup_value、table_array、col_index_num 和可选参数 range_lookup。Lookup_value 为所需查询的数值，table_array 为数据源，要求查询值所在的列在左，需要返回值的列在右。col_index_num 为需要返回值的列在 table_array 中的第几列。当可选布尔型参数 range_lookup 的值设置为真时，如果没有匹配的值，就选择低于该值的最接近数值，此时要求查询值所在的列已经按升序排序；如果设置为假，若没有匹配值，则返回错误信息。

如图 2-7 所示，单元格区域“A1：C6”是某年度某银行按揭贷款的基准利率，我

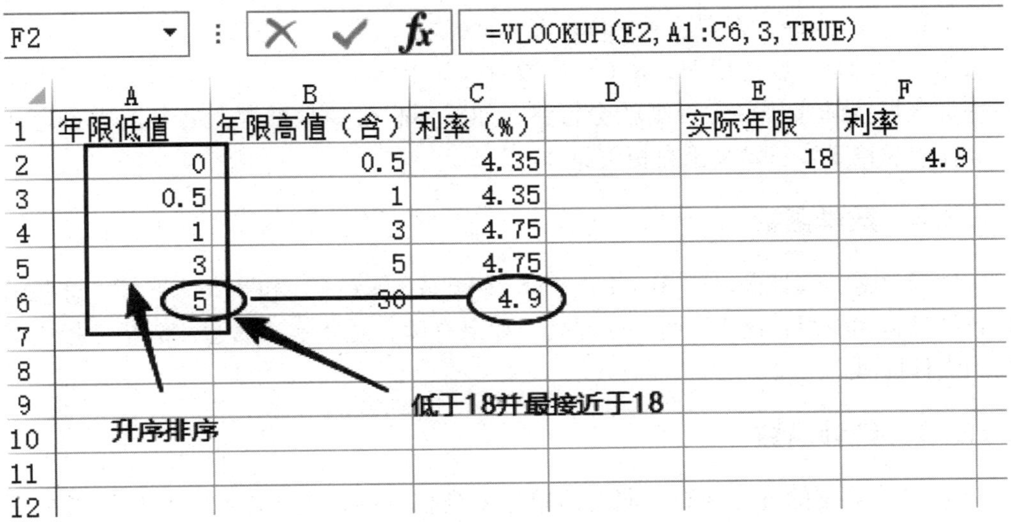

图 2-7　用 VLookup（）读取特定年限的贷款利率

们需要根据某笔贷款的年限（如单元格“E2”的18年），确定该贷款对应的利率。这里，lookup _ value 为单元格“E2”，table _ array 为区域“A1：C6”，其中，“A1：A6”为查询值所在的列，已经按升序排序；返回值所在的列为 table _ array 的第3列。因为“A”列中不存在要查询的数值18，所以我们需要将可选参数 range _ lookup 的值设置为True，这样，VLookup 就用低于并最接近18的数值即5来替代，5所在的行号为6，所以返回值为“C6”单元格的值，即4.9%。

Match（）函数包含 lookup _ value（需要查询的数值）和 lookup _ array（数据区域）两个必需参数，还包含可选参数 match _ type，其取值可以是1、0或 –1。如果 lookup _ array 的值不能与 lookup _ value 严格匹配，当 match _ type 取值为1时，则返回低于并最接近 lookup _ value 的位置（此时要求 lookup _ array 事先以升序排序）；若 match _ type 取值为0，则返回错误值；若 match _ type 取值为 –1，并且 lookup _ array 事先按降序排序，则返回高于并最接近于 lookup _ value 的位置。

上述方法存在一个明显的缺陷，比如，当贷款年限刚好等于“年限低值”比如5时，使用上述方法得到的贷款利率为4.9%，而实际上应该为4.75%。

结合 Match（）和 Index（）函数可以解决上述问题。首先我们对以“年限高值”（B列）为标准以降序排序，然后在“F2”单元格输入如下公式：

```
=Index (C2: C6, Match (E2, B2: B6, -1))
```

函数 Match（）和 Index（）的结合可以替代 VLookup（）函数的大多数功能，并具有更大的灵活性，因此我们推荐尽可能使用该组合来替代 VLookup（）函数。

2.3.5 逻辑函数

1. And（）：逻辑与关系；
2. Or（）：逻辑或关系；
3. If（logical _ test，value _ if _ true，value _ if _ false）：如果表达式 logical _ test 为真，则返回 value _ if _ true，否则返回 value _ if _ false。

值得注意的是，在使用 Match（）函数时，如果 match _ type 选择 –1，我们需要事先对查询区域按降序排序，否则就会报错。如果不想改变数据源，需要使用自定义函数，具体参见第3章自定义函数相关部分。

2.3.6 数学函数

常用的数学函数很多，如 Abs（）、Sum（）、Average（）和 Sqrt（）等，这些函数都很容易理解和使用，这里不再一一罗列。如果有读者对此不甚熟悉，请参见相关函数的帮助文件即可。

2.3.7 统计函数

Excel 具有丰富的统计函数，即使简单地罗列也需要很大的篇幅，相信读者很难有耐心仔细阅读下去。因此，这里我们仅对常用的统计函数根据功能进行分类。

1. 计数。函数 Count（）统计单元格区域有多少包含数值型（数字和日期等）数值的单元格，CountA（）则统计区域中包含多少非空单元格，CountIf（）函数统计区域中满足条件的单元格数量，CountIfs（）则统计区域中满足多个条件的单元格数量，Frerquency（）将数据分为若干段（Bins），统计落在每一段中数据的个数，即频数。在第5章绘制直方图时，我们要用到 Frequency（）函数。

2. 均值、中位数和众数。Average（）函数计算数值型序列的均值（自动忽略文本等），AverageA（）则将文本和逻辑值 False 视作 0、将 True 视作 1，然后计算均值。GeoMean（）计算集合平均数，HarMean（）计算调和平均数，TrimMean（）计算截断平均数（Trimmed mean 或 Truncated mean）。Median（）计算中位数。Mode. Sngl（）和 Mode. Mult（）计算众数，当存在多个众数值时，前者仅返回其中最小的众数值，而后者则返回整个众数序列。

3. 方差、标准差、协方差和相关系数。Var. S（）计算序列的样本方差，Var. P（）计算总体方差，Stdev. S（）计算样本标准差，Stdev. P 计算总体标准差，CoVariance. S（）计算两序列的样本协方差，CoVariance. P 计算两序列的总体协方差，Correl（）计算两序列的相关系数，DevSQ（）计算序列的离差平方和。

4. 趋势线。Intercept（）和 Slope（）分别计算两个序列样本回归线的截距项和斜率，SteYx（）计算两个序列（自变量和应变量）回归标准误，Linest（）是数组函数，返回简单或多元回归的估计结果，我们将在 2. 3. 9 小节中继续介绍该函数。

5. 最大值和最小值。Max（）和 Min（）分别计算序列的最大值和最小值，Large（）和 Small（）则根据提供的 k 值，计算序列第 k 大或第 k 小的值。

6. 统计分布。Norm. Dist（）返回正态分布累积分布函数，Norm. S. Dist（）则返回标准正态分布累积函数。此外，Excel 还包含数量众多的其他分布函数，如 F 分布、T 分布和指数分布等。

2.3.8 金融和财务函数

Excel 包含了大量的金融和财务函数，这里根据其功能，罗列金融建模中常用的金融和财务函数。

1. 现值和终值。FV（）和 PV（）分别计算现金流的终值和现值，NPV（）计算现金流发生时间规则的投资的净现值，而 XNPV（）则计算现金流发生时间不规则的投资的净现值。需要注意的是，与公司金融中净现值的概念不同，NPV（）的计算并不包括期初的初始投资额，在后续章节，我们在具体使用这些函数时，还会对其做简单介绍。

2. 利率。Rate（）函数计算投资或贷款的实际利率。Effect（）计算有效利率。

3. 债券的价格、收益率和久期。Price（）计算附息票债券的每百元净价，PriceDisc（）则计算零息票债券的理论价格。Yield（）计算附息票债券的到期收益率，而 YieldDisc（）则用来计算零息票债券的到期收益率，Duration（）和 MDuration（）函数分别用来计算债券的麦氏久期（Macaulay's Duration）和修正久期（Modified Duration）。

此外，Excel 还包含许多债券相关函数，如利息支付次数 CoupNum（）函数和上一次利息支付日 CoupPcd（）函数等，我们将在第 7 章继续对这些函数进行介绍。

4. 内部收益率。IRR（）计算现金流发生时间均匀的序列的内部收益率，XIRR（）则计算现金流发生时间不规则的收益率，MIRR（）计算调整的内部收益率。

5. 按揭贷款的支付。Pmt（）函数计算按揭贷款每期需要支付的金额，其中本金支付和利息支付金额可以分别用 PPmt（）和 IPmt（）来计算。我们将在第 6 章等章节使用这些函数。

2.3.9 数组函数

常用的数组函数很多都属于数学函数或统计函数，我们将之作为独立的小节来专门介绍，主要是为了强调其使用与一般函数相比具有以下三个特征：

第一，数组函数的返回结果往往是一个数组（包含多个单元格的区域），所以在输入公式前，需要先选择返回结果输出的单元格区域；

第二，与一般函数只需使用回车键即可完成输入不同，数组函数需要以组合键“Ctrl + Shift + Enter”来完成输入；

第三，完成输入后，输出区域对应的公式栏的公式会以花括号（{}）包围，表明输出结果区域作为一个整体存在，我们不能更改其部分单元格的值。

这里，我们以线性回归函数 LinEst（）为例，介绍数组函数的应用。该函数有一个必需参数，即 known _ y's（应变量序列），三个可选参数，可选参数 known _ x's 表示一个或多个自变量序列构成的数组，若该参数被忽略，则表示与 known _ y's 等长的 1、2、3 …。可选参数 const 取真时（默认），表示回归模型包含截距项，否则不包含；可选参数 stats 取真时，返回额外的回归模型信息，如决定系数和 F 统计量等，若取假时（默认）则不返回额外信息。

对于模型 $\hat{y} = \beta_0 + \beta_1 x_1 + \cdots + \beta_{n-1} x_{n-1} + \beta_n x_n + \varepsilon$，如果我们需要 LinEst（）函数返回额外信息，则返回结果的数组结构如表 2－1 所示。

表 2－1　　LinEst（）函数返回值结构

$\hat{\beta}_n$	$\hat{\beta}_{n-1}$	…	$\hat{\beta}_1$	$\hat{\beta}_0$
$se(\hat{\beta}_n)$	$se(\hat{\beta}_{n-1})$	…	$se(\hat{\beta}_1)$	$se(\hat{\beta}_0)$
R－squared	Se（$\hat{y}$）			
F－stats	df			
SSR	SSE			

表 2－1 共 5 行，如果模型包含截距项，表格的列数为解释变量个数加 1。表格的第 1 行为参数的估计值，注意其顺序从右到左依次为截距项、第 1 个解释变量、第 2 个解

释变量……对应的参数估计值；第2行为各参数估计量的标准误；第3行第1列为回归的决定系数，第2列为回归标准误；第4行第1列为F统计量，第2列为自由度；第5行第1列为回归平方和，第2列为残差平方和。

在图2－8中，区域“A2：B31”包含解释变量序列，“C2：C31”包含被解释变量序列。如果回归模型包含截距项，并且我们需要返回额外信息，则LinEst（）函数返回一个5行3列的数组。为此，我们首先需要选择一个5行3列的单元格区域（比如“E2：G6”），然后在公式栏输入如下公式，输入完公式后按组合键“Ctrl + Shift + Enter”来完成输入。

```
= LINEST(C2: C31, A2: B31, TRUE, TRUE)
```

E2　{=LINEST(C2:C31,A2:B31,TRUE,TRUE)}

	A	B	C	D	E	F	G
1	x1	x2	y		result:		
2	20	12	20.20731		-0.4587	1.384134	-0.72582
3	7	26	-2.50832		0.117281	0.086887	2.68164
4	5	14	-2.50088		0.920793	3.156448	#N/A
5	9	14	5.699256		156.9392	27	#N/A
6	19	16	16.85549		3127.222	269.0054	#N/A
7	18	12	13.42148				
8	25	24	20.72634				
9	5	18	-2.21827				
10	5	14	-6.18224				
11	15	17	15.55216				
12	23	16	20.32749				
13	5	20	-2.84189				
14	22	12	24.94709				
15	17	15	19.55864				
16	25	12	30.21808				
17	21	10	20.67919				
18	7	24	0.637552				

图2－8　数组函数LinEst（）的应用

2.4　数据排序

我们以数据文件szBondList20170917.xlsx为例，说明数据排序以及2.5节的数据筛选。该文件包含了截至2017年9月17日在深圳证券交易所上市的所有债券的相关信息，数据来自深圳证券交易所的官方网站，网址是 http://www.szse.cn/szseWeb/ShowReport.szse?SHOWTYPE=xlsx&CATALOGID=1273&tab1PAGENO=1&ENCODE=1&TABKEY=tab1/。该文件包含8列，分别是“证券简称”“证券代码”“上市日期”“发行量”“起息日期”“到期日期”“票面利率”和“挂牌方式”，剔除部分数据不全的债券后，共计2540个观测值，首行为列标题。

在获得原始数据后，一般需要对数据进行核对和类型转换等数据预处理工作，以便进行进一步分析。对于上述数据，除了需要处理数据不全的问题外，我们还需要对部分数据的类型进行转换。比如，“D”列和“G”列数据为以文本形式储存的数据，我们需要将之转换为数值型；“C”列和“F”列是视为文本的日期序列，我们需要首先将它们转换为日期型。在第4章，我们会进一步阐述如何对数据进行预处理。

如果我们仅仅依据一个变量（比如“发行量”）对数据进行排序（升序或降序），我们只需选择变量“发行量”所在列（“D”列）的任意单元格，然后点击菜单项“数据”，在随后出现的如图2－9所示的“排序与筛选”项目下，点击其中的排序图标（在图2－9中用椭圆圈注）即可。

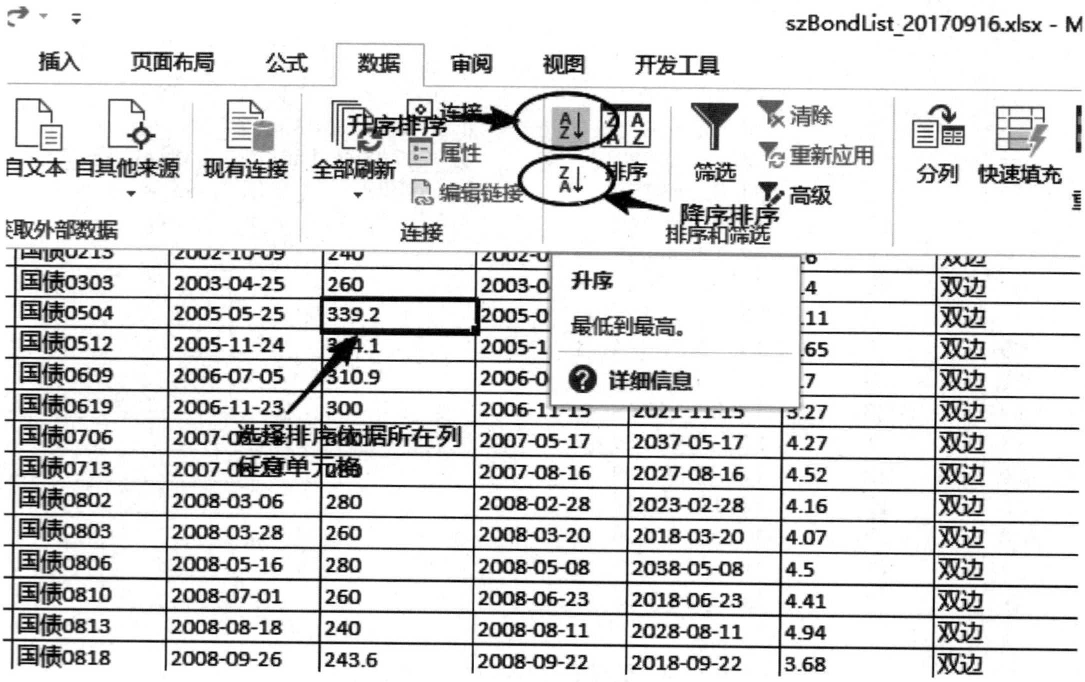

图2－9　依据单个变量对数据排序

如果需要依据多个变量（如第一排序变量为“上市日期”，以升序排序；第二排序变量为“到期日期”，以降序排序），首先我们可以选择数据区域的任意单元格（意即所选单元格的当前区域，Current Region），然后点击菜单栏“数据”，在随后出现的“排序与筛选”项目下，点击如图2－10所示的图标，这时，Excel会弹出如图2－11所示的选择框。在“主要关键字”处选择“上市日期”，保持“次序”处“升序”不变。然后点击“添加条件”图标，在“次要关键字”处选择“到期日期”，在“次序”处选择“降序”，最后点击“确定”即可。

图 2－10　依据多个变量对数据排序

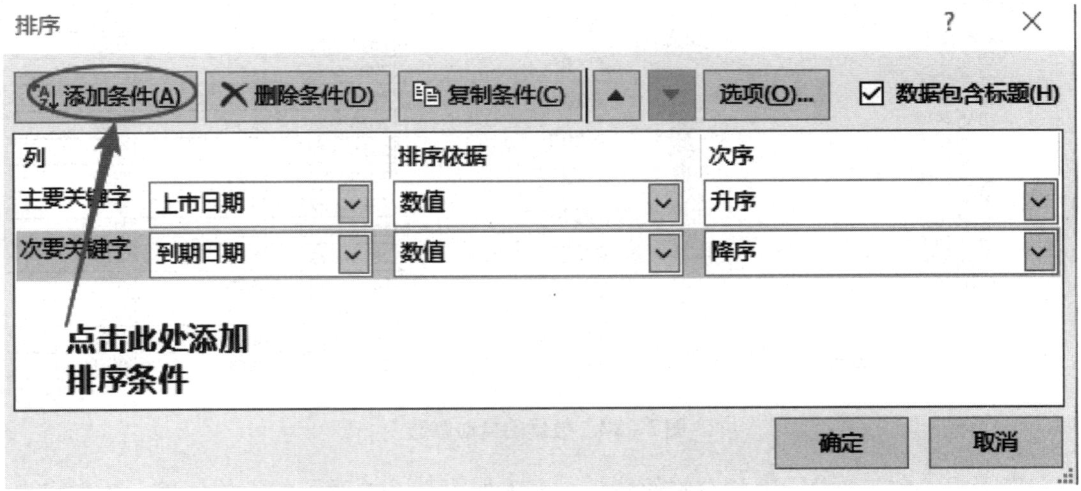

图 2－11　添加排序条件

2.5　筛选

Excel 中有两种筛选，即自动筛选（Auto Filter）和高级筛选（Advanced Filter）。仍

以2.4节中在深圳证券交易所上市的债券列表为例，现在我们需要筛选出2008年10月1日后上市并且发行量大于200亿元的债券，我们可以使用自动筛选来完成上述任务（当然也可以使用高级筛选，但高级筛选操作更为复杂），其主要步骤如下：

步骤1：选择数据区域的任意单元格。

步骤2：点击菜单栏“数据”，在随后出现的“排序与筛选”处点击“筛选”，或直接使用快捷方式“Ctrl + Shift + L”，进入自动筛选模式，再次点击“筛选”或再次使用“Ctrl + Shift + L”可以关闭自动筛选。这时数据区域每一列的列标题的右侧会出现向下的小箭头。

步骤3：点击“上市日期”右侧的小箭头，如图2－12所示，在弹出的下拉菜单依次点击“日期筛选”—“之后”，这时会出现如图2－13所示的弹出框，输入日期“2008－10－01”［注意不能输入Date（2008，10，1）］，完成以“上市日期”为依据的筛选。接下来我们以数值型变量“发行量”为依据进行筛选。

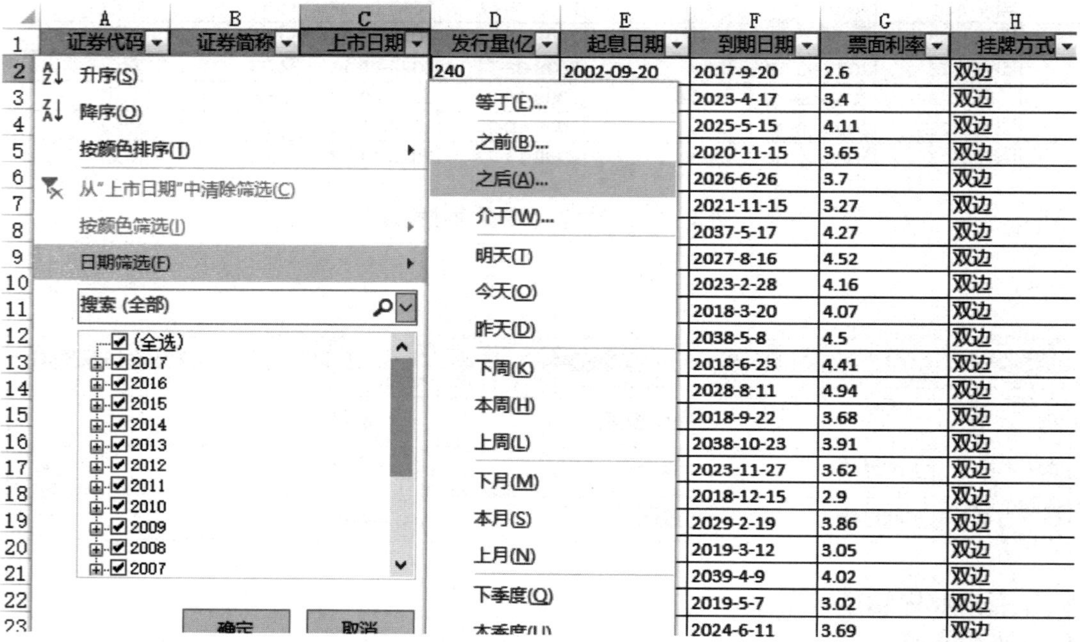

图2－12　数据的自动筛选

步骤4：点击“发行量”右侧的箭头，出现如图2－14所示的下拉菜单，依次点击“数字筛选”—“大于”，在随后的弹出框里输入数值“200”，完成以“发行量”为依据的自动筛选。

在完成以上述两个变量为依据的自动筛选后，其结果如图2－15所示。从图2－15可以看到，与其他变量不同，上述筛选依据变量右侧的向下箭头变成了倒立的酒杯状。有关自动筛选和随后的高级筛选，我们还需要强调两点：

第一，筛选并不改变数据本身，它只是隐藏了不满足筛选条件的单元格，当我们解除自动筛选时，被隐藏的数据会重新显示。

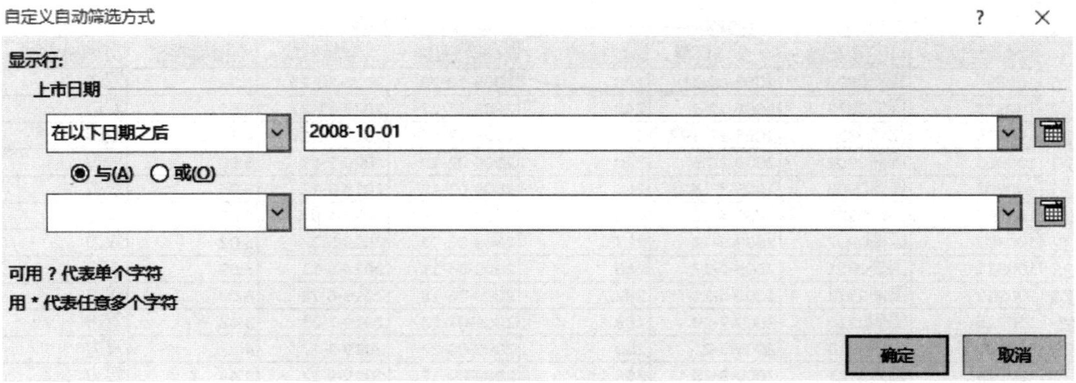

图 2－13　自动筛选某日期之后的数据

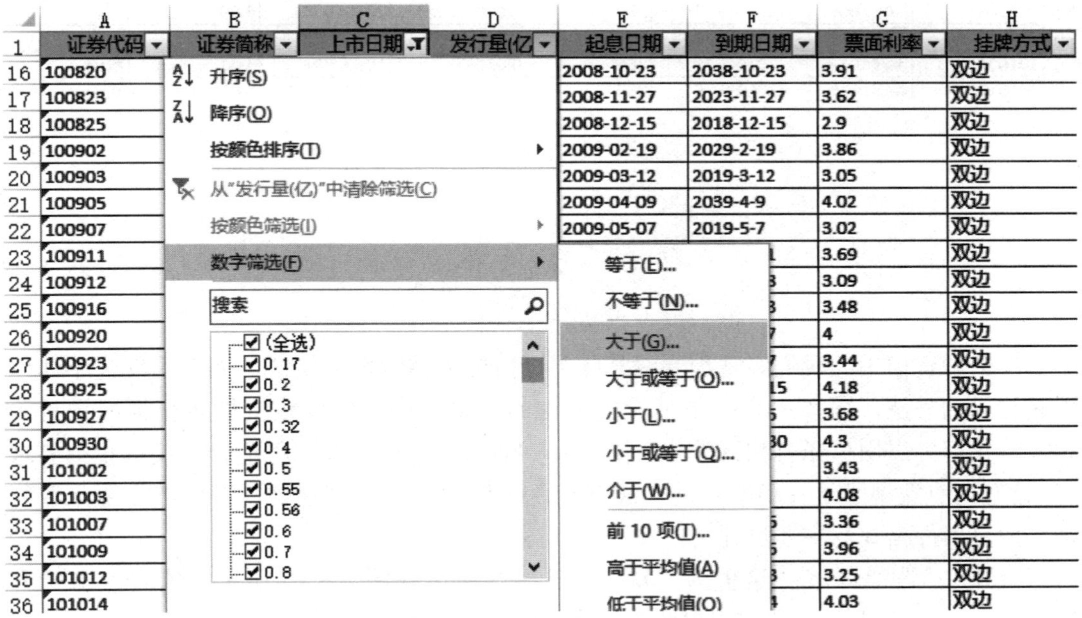

图 2－14　数值型变量的自动筛选

第二，我们可以对筛选结果进行复制、粘贴等操作，这时被隐藏的单元格会被自动忽略。

需要注意的是，在自动筛选中，上述两个筛选条件只能是“逻辑与”关系，如果要完成更复杂的筛选，我们需要使用“高级筛选”，在第 4 章，我们将介绍高级筛选的具体应用。

	A	B	C	D	E	F	G	H
1	证券代码	证券简称	上市日期	发行量(亿	起息日期	到期日期	票面利率	挂牌方式
16	100820	国债0820	2008-10-31	240	2008-10-23	2038-10-23	3.91	双边
17	100823	国债0823	2008-12-4	240	2008-11-27	2023-11-27	3.62	双边
18	100825	国债0825	2008-12-19	253.7	2008-12-15	2018-12-15	2.9	双边
19	100902	国债0902	2009-2-25	220	2009-02-19	2029-2-19	3.86	双边
20	100903	国债0903	2009-3-18	260	2009-03-12	2019-3-12	3.05	双边
21	100905	国债0905	2009-4-16	220	2009-04-09	2039-4-9	4.02	双边
22	100907	国债0907	2009-5-13	277.6	2009-05-07	2019-5-7	3.02	双边
23	100911	国债0911	2009-6-17	280	2009-06-11	2024-6-11	3.69	双边
24	100912	国债0912	2009-6-24	282.7	2009-06-18	2019-6-18	3.09	双边
25	100916	国债0916	2009-7-29	283	2009-07-23	2019-7-23	3.48	双边
26	100920	国债0920	2009-9-2	260	2009-08-27	2029-8-27	4	双边
27	100923	国债0923	2009-9-23	266.4	2009-09-17	2019-9-17	3.44	双边
28	100925	国债0925	2009-10-21	240	2009-10-15	2039-10-15	4.18	双边
29	100927	国债0927	2009-11-5	272.4	2009-11-05	2019-11-5	3.68	双边
31	101002	国债1002	2010-2-10	260	2010-02-04	2020-2-4	3.43	双边
32	101003	国债1003	2010-3-5	240	2010-03-01	2040-3-1	4.08	双边
33	101007	国债1007	2010-3-31	260	2010-03-25	2020-3-25	3.36	双边
34	101009	国债1009	2010-4-21	280	2010-04-15	2030-4-15	3.96	双边
35	101012	国债1012	2010-5-19	296	2010-05-13	2020-5-13	3.25	双边
36	101014	国债1014	2010-5-28	280	2010-05-24	1960-5-24	4.03	双边
37	101018	国债1018	2010-6-25	280	2010-06-21	2040-6-21	4.03	双边

图 2–15　自动筛选结果

2.6　条件格式

在金融建模中，我们经常需要对某些关键指标采用特殊的格式，如采用红色字体以引起我们的关注。图 2–16 中是某投资机构的股票组合，假设该机构将止损点设置为 20%，我们可以用“条件格式”（Conditional Formatting）的方法将组合中接近止损要求（如持有期收益率小于 –15%）的个股用红色字体表示，以提醒投资者可能需要采取行动。设置条件格式的主要过程为：

步骤 1：选择区域（这里为“D2：D13”），然后如图 2–16 所示，依次点击“开始”—“条件格式”—“突出显示单元格规则”—“小于”。

步骤 2：在如图 2–17 所示的弹出框中，在标题为“为小于以下值的单元格设置格式”的矩形框内输入数“–15”，在“设置为”后面的选择框内选择默认的“浅红填充色深红色文本”，点击“确定”完成设置。

完成条件格式设置后的单元格区域如图 2–18 所示。①

清除已经设置的条件格式，我们只需重新选择该数据区域，然后依次点击“开始”—“条件格式”—“清除规则”—“清除所选单元格的规则”即可，见图 2–19。

① 由于本书为黑白印刷，所以读者在图 2–18 中实际看到的颜色并不一定是上文所设置的颜色。下同。

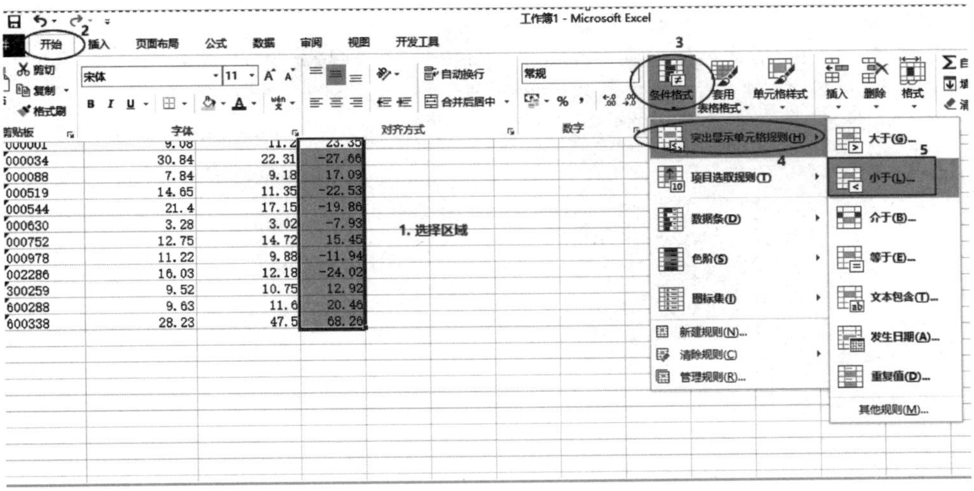

图 2 – 16　条件格式

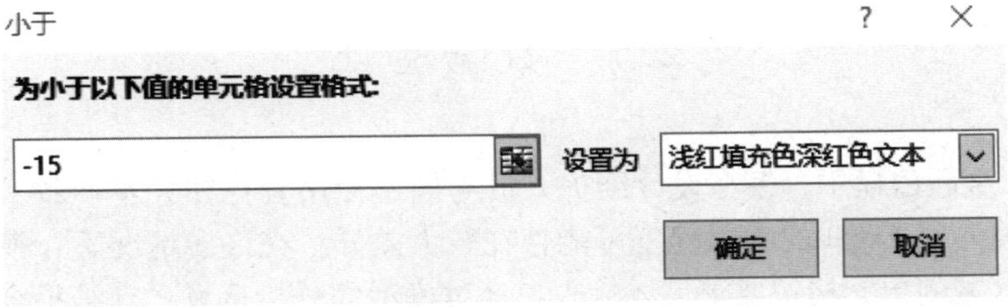

图 2 – 17　为小于某特定数值的单元格设置格式

tickerSym	purchasePrice	currentPrice	HPR(%)
000001	9.08	11.2	23.35
000034	30.84	22.31	-27.66
000088	7.84	9.18	17.09
000519	14.65	11.35	-22.53
000544	21.4	17.15	-19.86
000630	3.28	3.02	-7.93
000752	12.75	14.72	15.45
000978	11.22	9.88	-11.94
002286	16.03	12.18	-24.02
300259	9.52	10.75	12.92
600288	9.63	11.6	20.46
600338	28.23	47.5	68.26

图 2 – 18　完成条件格式设定后的单元格区域

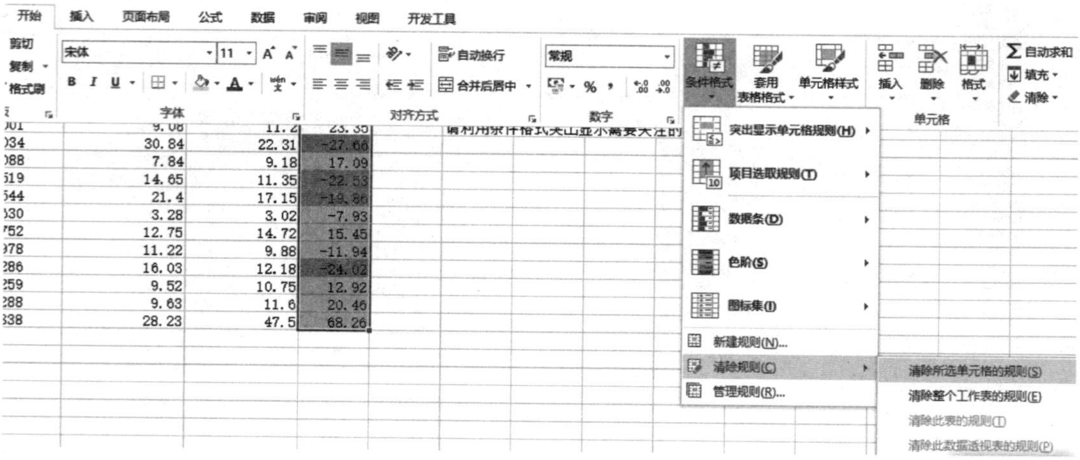

图 2－19　清除条件格式的设定

2.7　数据验证

在 Excel 金融建模中，模型设计维护人员与模型使用者往往并不一致，他们对于模型的理解程度乃至 Excel 的掌握程度可能存在较大差异，在许多情况下，模型使用者只需要在特定区域的单元格按要求完成输入，经过模型的分析运算，其结果会以某种方式自动展示。为防止模型使用者由于理解错误等原因发生错误的输入，对单元格的输入范围进行必要的限定和提示可以大大地提高模型的使用效率。Excel 的“数据验证”（Data Validation）可以轻松实现上述目标。

比如，我们需要使用者在单元格“B1”输入介于 5 到 20（含）的整数，并且当光标移至该单元格时会提示“请输入 5 到 20 的整数”，我们可以通过如下步骤来实现：

步骤 1：选择单元格“B1”，依次点击“数据”—“数据验证”后，弹出如图 2－20 所示的选择框。

步骤 2：在选择框的“设置”部分，在“允许”下面的小方框内选择“整数”，在“数据”下面的小方框内选择“介于”，在随后出现的“最小值”和“最大值”下面的小方框内填写限定值，即“5”和“20”。

步骤 3：点击选择框的“输入信息”，在如图 2－21 所示的标题为“输入信息”的方框内输入提示信息“请输入 5 到 20 的整数”。

步骤 4：点击选择框的“出错警告”，在如图 2－22 所示的标题为“错误信息”下面的方框内输入出错信息“你输入的数值超出了 5 到 20 整数的限定范围”或其他类似提示，在“样式”下面的选择框内可以选择“停止”“警告”或“信息”图标。

完成上述步骤后点击“确定”，我们就完成了单元格“B1”的“数据验证”任务。这时，当我们将光标移至“B1”单元格时，会提示“请输入 5 到 20 的整数”；若我们输入非整数或输入的数值超出 5 到 20 的范围，会弹出警告框。

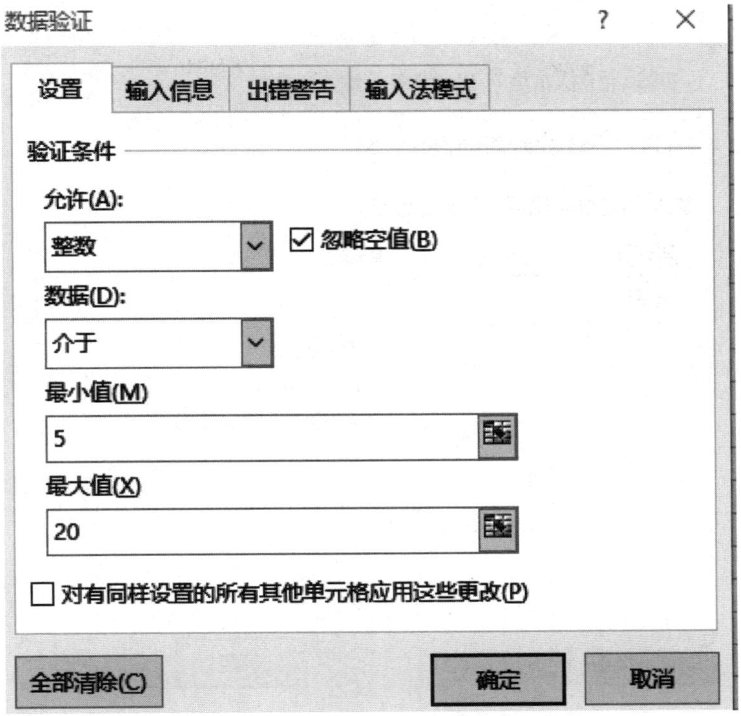

图 2－20　数据验证的设置

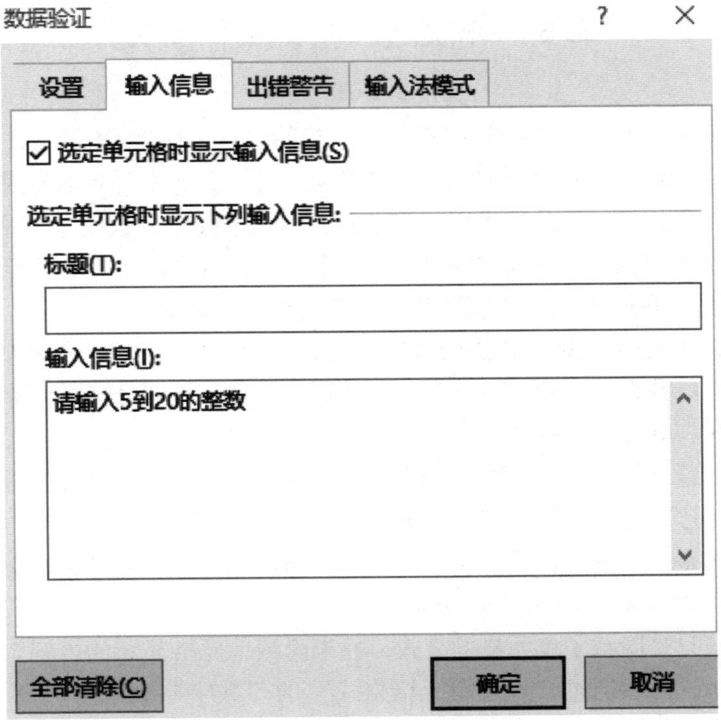

图 2－21　数据验证：设置提示信息

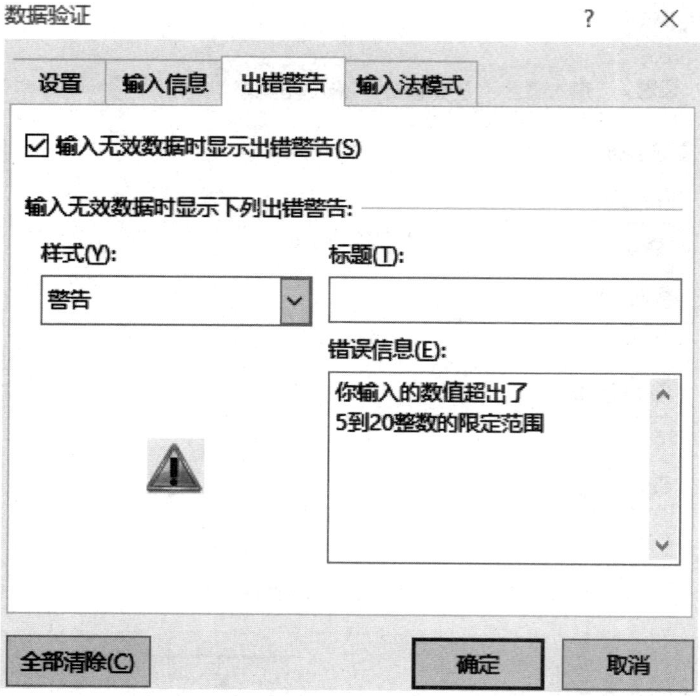

图 2－22　数据验证：设置错误警告信息

2.8　单元格的隐藏和锁定

“单元格隐藏”（Cell Hidden）是指该单元格的内容不在公式栏显示，“单元格锁定”（Cell Locked）是指防止该单元格的内容被修改。当模型开发者不希望使用者看到某单元格或区域具体是如何计算的，可以将该单元格或区域隐藏；锁定单元格可以有效防止模型使用者错误操作给模型带来的破坏，从而增加模型的稳定性，降低模型的维护成本。默认设置下，单元格处于“非隐藏”但“锁定”的状态。

假设我们在单元格“A1”输入公式“= round（Pi（），5）”，如图 2－23 所示，在相应的公式栏内，我们可以观察到该公式，此时，该单元格处于非隐藏状态。点击菜单栏“开始”，在“单元格”项目下点击“格式”—“设置单元格格式”（快捷方式“Ctrl + 1”），出现标题为“设置单元格格式”的弹出框。选择该弹出框的菜单项“保护”，勾选“锁定”（默认锁定）和“隐藏”，按回车确定。

需要注意的是，只有工作表保护后，其单元格的隐藏或锁定才能生效。下节我们将介绍工作表的保护（Worksheet Protection）。

单元格隐藏只是隐藏了单元格的公式，并未隐藏单元格显示的内容。要“隐藏”单元格的内容显示，可以通过“设置单元格格式”的“数字”菜单下选择“自定义”，将右边的“类型”下的矩形框的“G/通用格式”改为“;;;”（连续 3 个半角的分号），点击“确定”即可隐藏单元格的内容（见图 2－24）。

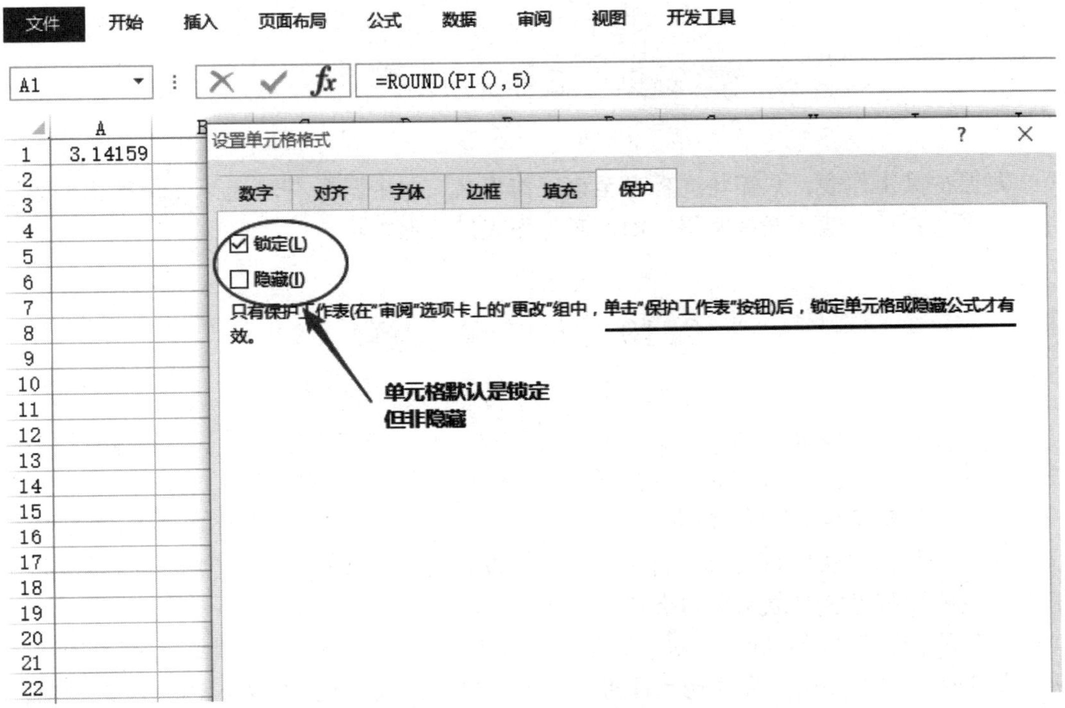

图 2－23　单元格默认锁定和显示公式

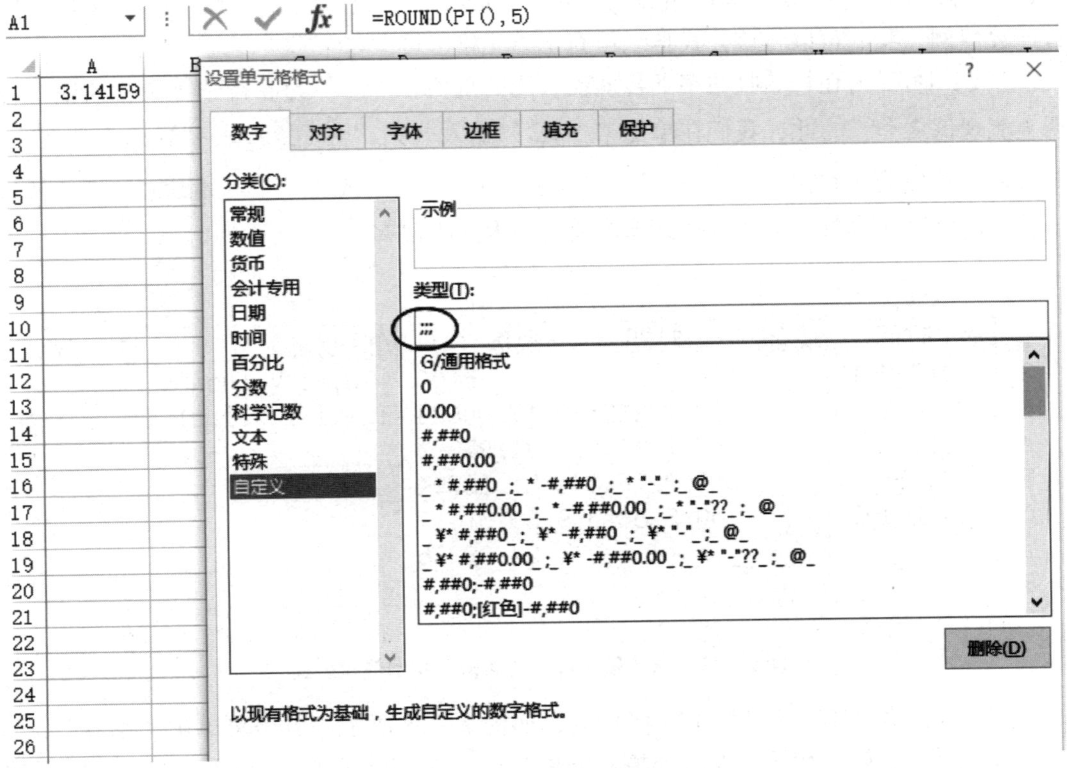

图 2－24　“隐藏”单元格内容

2.9 工作表保护

要保护某工作表，只需将光标移至该工作表名，单击鼠标右键选择“保护工作表”，进行适当选择后，输入两遍密码，即可对工作表进行保护。

2.10 单变量求解

单变量求解（Goal Seek）类似于求一元方程的解。如图 2－25 所示，某项目的初始投资额为 100 万元，经济寿命期内的现金流（含初始投资）有 5 笔。单元格区域“A2：B6”为其发生的时间和现金流的大小，单元格“F1”为内部收益率的初始值（Guess Value）。之所以将内部收益率的初始值设置为“12.37%”，是因为经过单变量求解后，该单元格仍然保留原来的格式，即保留两位小数的百分比。

在单元格区域“C2：C6”，我们利用函数 YearFrac（）计算了在“实际/实际”日计数惯例下各日期（“A3：A6”）距离初始日期（“A2”）的年份数。为此，在单元格“C2”内输入公式“= YearFrac ($A $2, A2, 1)”，这里绝对引用的“$A $2”为开始日期（start_date），相对引用的“A2”为结束日期（end_date），参数“1”表示“实际/实际”的日计数惯例。我们可以将该公式自动填充至单元格区域“C2：C6”。

“D2：D6”为在初始收益率下各期现金流的现值，“D7”为收益率等于初始值时各现金流现值之和。为此，我们在单元格“D2”输入公式“= B2/ (1 +$F $1) ^C2”，并将之自动填充至区域“D2：D6”。单元格“D7”的公式为“= Sum (D2：D6)”。现在我们可以通过单变量求解来计算该项目的内部收益率。

	A	B	C	D	E	F
1	发生时间	现金流	时期	现值	初始收益率	12.37%
2	2017-9-18	-100	0	-100	(Guess Value)	
3	2018-12-5	20	1.213699	17.36024	(Initial Value)	
4	2019-8-20	40	1.920548	31.97301		
5	2020-7-1	50	2.784394	36.13594		
6	2021-4-18	60	3.581599	39.51317		
7				24.98236		
8						

图 2－25 单变量求解前的准备：初始值和公式

选中单元格“D7”（目标单元格）后，如图 2－26 所示，点击菜单项“数据”，在出现的“数据工具”栏目下点击“模拟分析”—“单变量求解”，出现如图 2－27 所示的弹出框。

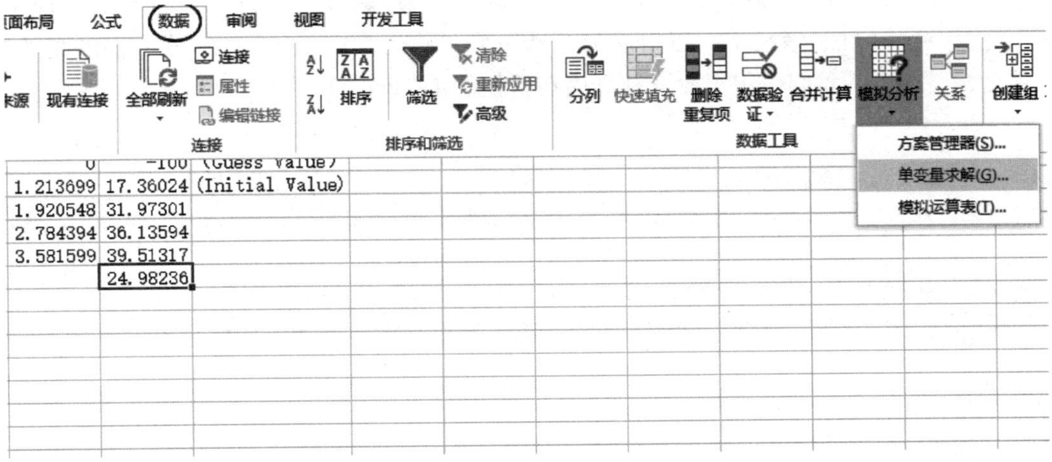

图 2－26　进行单变量求解的菜单项

在图 2－27 的弹出框中，由于我们在实施单变量求解前已经选择了目标单元格，所以“D7”会自动出现在“目标单元格”后的方框内。根据内部收益率的定义，我们将目标值设定为 0；可变单元格为初始收益率所在的单元格，这里为“$F$1”。设定好上述各指标后点击“确定”，“F1”单元格就会出现内部收益率的求解结果“22.56%”。

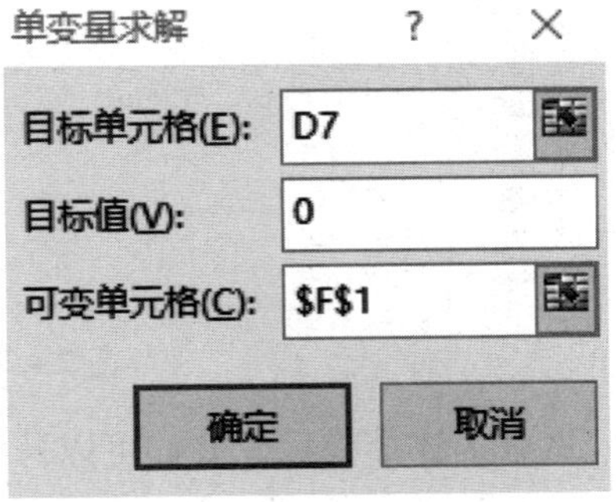

图 2－27　单变量求解：设定目标单元格、目标值和可变单元格

实际上，Excel 已经提供了内部函数 XIRR（）来求解现金流发生时间不规则情况下的内部收益率，我们可以比较这两种方法得到的结果是否存在差异。

2.11　模拟运算表

模拟运算表（Data Table）又称为“数据表”，分为单变量模拟运算表和双变量模拟运算表。假设某上市公司已进入稳定增长阶段，目前以每股 0.5 元支付红利，预计红利的长期增长率为 5%，市场对该股要求的收益率大概为 12%。根据 Gorden 模型，该股票的现值为：

$$P_0 = \frac{0.5 \times (1 + 5\%)}{12\% - 5\%} = 7.5$$

但分析者对该股票确切的增长率和贴现率没有太大的把握，需要测试这两个关键指标的微小变化会如何影响股票的估值，模拟运算表可以帮助他完成这个任务。

如图 2－28 所示，单元格“B4”计算了在预期贴现率和增长率在原先估计值时股票的估值。单元格区域“B6：N6”为可能的红利增长率，“A7：A27”为可能的贴现率，两个变量一个（红利增长率）以行展示，另一个（贴现率）以列展示。在它们的交叉处为单元格“A6”，我们引用了股票计算内在价值的单元格“B4”。

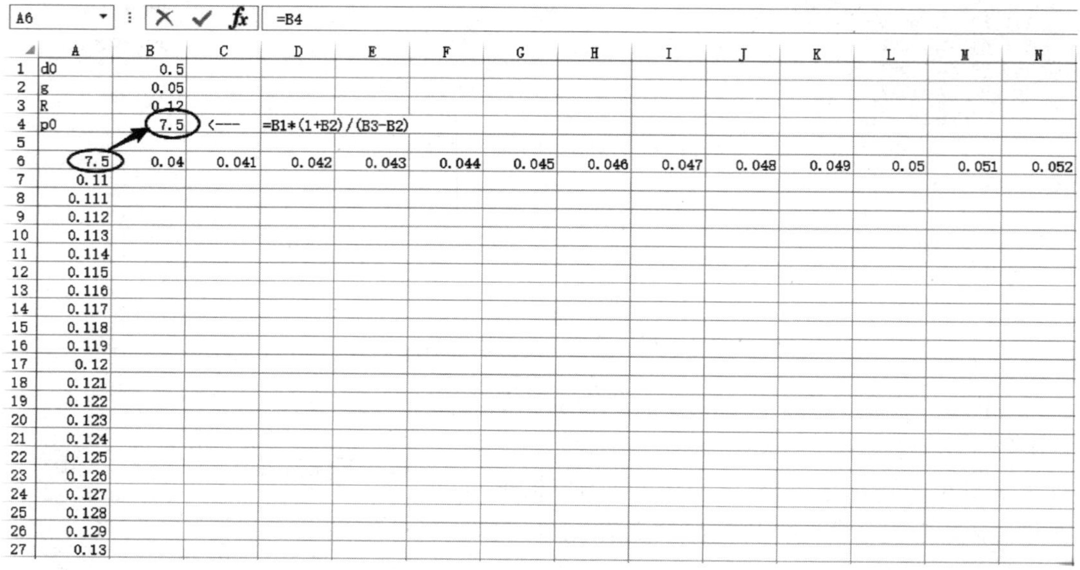

图 2－28　建立模拟运算表前的准备

做好上述准备后，我们可以开始运用模拟运算表了。如图 2－29 所示，首先选中包

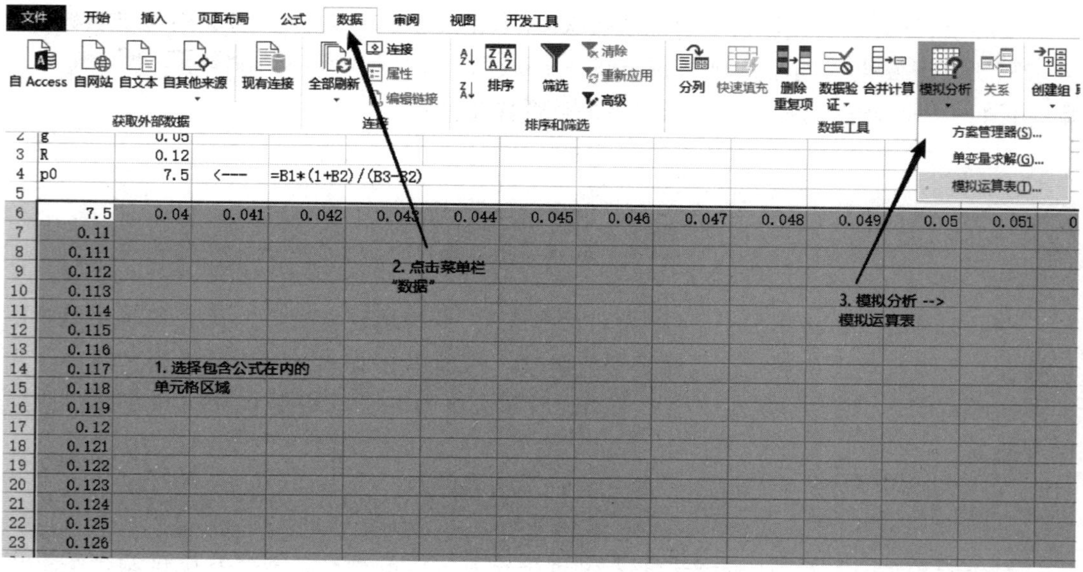

图 2－29　运用模拟运算表需要点击的菜单

括公式在内的单元格区域（“A6：N27”），然后点击菜单栏“数据”，在“数据工具”栏目下点击“模拟分析”—“模拟运算表”，出现如图 2－30 所示的弹出框。

由于模拟运算表区域行变量为“红利增长率”，列变量为“贴现率”，它们在公式所在的单元格“B4”中的引用分别为“B2”和“B3”单元格，因此在标题为“模拟运算表”的弹出框的“输入引用行的单元格”后面的小矩形框内选择单元格“B2”，在“输入引用列的单元格”后面的矩形框内选择单元格“B3”。完成上述选择后点击“确定”，得到如图 2－31 所示的模拟运算表的结果。

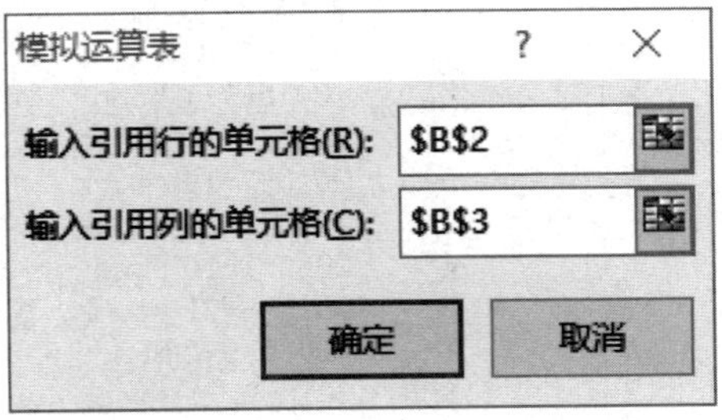

图 2－30 引用行和列的单元格的设定

A6 =B4

	A	B	C	D	E	F	G	H	I	J	K	L	M	N
1	d0	0.5												
2	g	0.05												
3	R	0.12												
4	p0	7.5	<---	=B1*(1+B2)/(B3-B2)										
5														
6	7.5	0.04	0.041	0.042	0.043	0.044	0.045	0.046	0.047	0.048	0.049	0.05	0.051	0.052
7	0.11	7.428571	7.543478	7.661765	7.783582	7.909091	8.038462	8.171875	8.309524	8.451613	8.598361	8.75	8.90678	9.068966
8	0.111	7.323944	7.435714	7.550725	7.669118	7.791045	7.916667	8.046154	8.179688	8.31746	8.459677	8.606557	8.758333	8.915254
9	0.112	7.222222	7.330986	7.442857	7.557971	7.676471	7.798507	7.924242	8.053846	8.1875	8.325397	8.467742	8.614754	8.766667
10	0.113	7.123288	7.229167	7.338028	7.45	7.565217	7.683824	7.80597	7.931818	8.061538	8.195313	8.333333	8.475806	8.622951
11	0.114	7.027027	7.130137	7.236111	7.34507	7.457143	7.572464	7.691176	7.813433	7.939394	8.069231	8.203125	8.34127	8.483871
12	0.115	6.933333	7.033784	7.136986	7.243056	7.352113	7.464286	7.57971	7.698529	7.820896	7.94697	8.076923	8.210938	8.349206
13	0.116	6.842105	6.94	7.040541	7.143836	7.25	7.359155	7.471429	7.586957	7.705882	7.828358	7.954545	8.084615	8.21875
14	0.117	6.753247	6.848684	6.946667	7.047297	7.150685	7.256944	7.366197	7.478571	7.594203	7.713235	7.835821	7.962121	8.092308
15	0.118	6.666667	6.75974	6.855263	6.953333	7.054054	7.157534	7.263889	7.373239	7.485714	7.601449	7.720588	7.843284	7.969697
16	0.119	6.582278	6.673077	6.766234	6.861842	6.96	7.060811	7.164384	7.270833	7.380282	7.492857	7.608696	7.727941	7.850746
17	0.12	6.5	6.588608	6.679487	6.772727	6.868421	6.966667	7.067568	7.171233	7.277778	7.387324	7.5	7.615942	7.735294
18	0.121	6.419753	6.50625	6.594937	6.685897	6.779221	6.875	6.973333	7.074324	7.178082	7.284722	7.394366	7.507143	7.623188
19	0.122	6.341463	6.425926	6.5125	6.601266	6.692308	6.785714	6.881579	6.98	7.081081	7.184932	7.291667	7.401408	7.514286
20	0.123	6.26506	6.347561	6.432099	6.51875	6.607595	6.698718	6.792208	6.888158	6.986667	7.087838	7.191781	7.298611	7.408451
21	0.124	6.190476	6.271084	6.353659	6.438272	6.525	6.613924	6.705128	6.798701	6.894737	6.993333	7.094595	7.19863	7.305556
22	0.125	6.117647	6.196429	6.277108	6.359756	6.444444	6.53125	6.620253	6.711538	6.805195	6.901316	7	7.101351	7.205479
23	0.126	6.046512	6.123529	6.202381	6.283133	6.365854	6.450617	6.5375	6.626582	6.717949	6.811688	6.907895	7.006667	7.108108
24	0.127	5.977011	6.052326	6.129412	6.208333	6.289157	6.371951	6.45679	6.54375	6.632911	6.724359	6.818182	6.914474	7.013333
25	0.128	5.909091	5.982759	6.05814	6.135294	6.214286	6.295181	6.378049	6.462963	6.55	6.639241	6.730769	6.824675	6.921053
26	0.129	5.842697	5.914773	5.988506	6.063953	6.141176	6.220238	6.301205	6.384146	6.469136	6.55625	6.64557	6.737179	6.831169
27	0.13	5.777778	5.848315	5.920455	5.994253	6.069767	6.147059	6.22619	6.307229	6.390244	6.475309	6.5625	6.651899	6.74359

图 2－31 模拟运算表的结果

2.12 数据透视表

数据透视表（Pivot Table）可以方便地对相对更为庞大、更具细节的数据表进行分类汇总。假设某投资机构有 5 个部门，各部门在 2015 年 6 月至 12 月期间购买的股票或债券的价格和数量如图 2－32 所示，其数据存放于工作表“pivotTab”的区域“A1：F24”。现在我们需要汇总该期间各股票或各债券购买的数量。使用数据透视表来实现上述目标，需要经历如下步骤。

步骤 1：选择数据区域的任意单元格，比如单元格“A2”。

步骤 2：如图 2－33 所示，点击菜单栏“插入”—“数据透视表”，会出现一个弹出框，

	A	B	C	D	E	F
1	departID	purchaseDate	assetType	assetTickerSym	price	amount
2	1	2015-6-23	stock	ss600050	7.52	10000
3	1	2015-6-25	stock	ss600009	32.32	17000
4	2	2015-6-30	stock	sz000001	14.14	20000
5	3	2015-7-1	bond	sz100213	99.35	1000
6	4	2015-7-10	stock	sz000001	13.81	30000
7	5	2015-7-10	stock	ss601001	6.53	35000
8	2	2015-7-24	stock	ss601001	8.01	20000
9	4	2015-8-10	bond	sz100213	100.88	300
10	5	2015-8-21	stock	sz002202	16.83	40000
11	2	2015-9-2	bond	sz100303	100.77	500
12	3	2015-9-11	stock	sz002202	14.95	60000
13	1	2015-9-18	stock	ss600973	9.81	25000
14	5	2015-9-23	stock	ss600009	27.82	21000
15	2	2015-9-24	stock	ss600973	11.05	30000
16	3	2015-9-29	stock	sz000006	9.43	20000
17	5	2015-10-9	bond	ss010213	99.85	600
18	1	2015-10-9	bond	ss010213	99.78	700
19	1	2015-11-13	stock	ss600015	11.01	8000
20	2	2015-11-17	stock	sz000006	11.74	60000
21	4	2015-11-17	stock	sz000862	8.43	40000
22	3	2015-11-20	bond	sz100303	101.78	600
23	4	2015-11-26	stock	sz000862	9.35	50000
24	2	2015-12-30	bond	sz100303	103.55	700

图 2－32　某投资机构 2015 年 6 月至 12 月购买资产的价格与数量

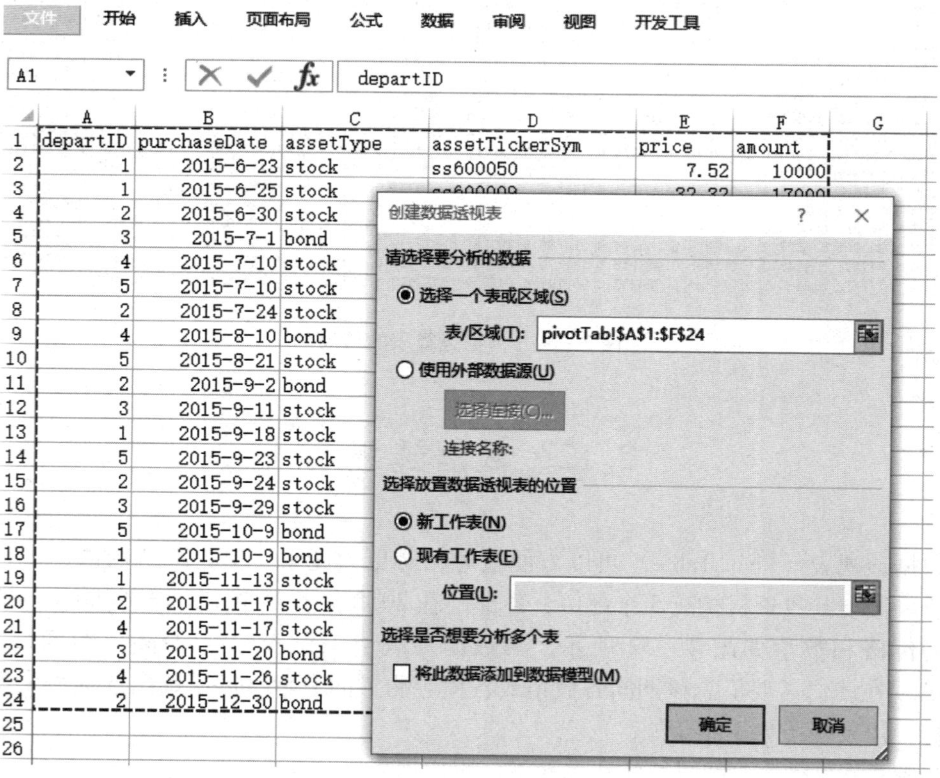

图 2－33　插入数据透视表

在该弹出框“表或区域”后的矩形框内选择默认的区域，即“PivotTab”工作表的“A1：F24”；在“选择放置数据透视表的位置”部分，选择默认的“新工作表”后点击“确定”，这时，会出现一张新的工作表。新工作表的左、右两部分分别如图 2－34 和图 2－35 所示。

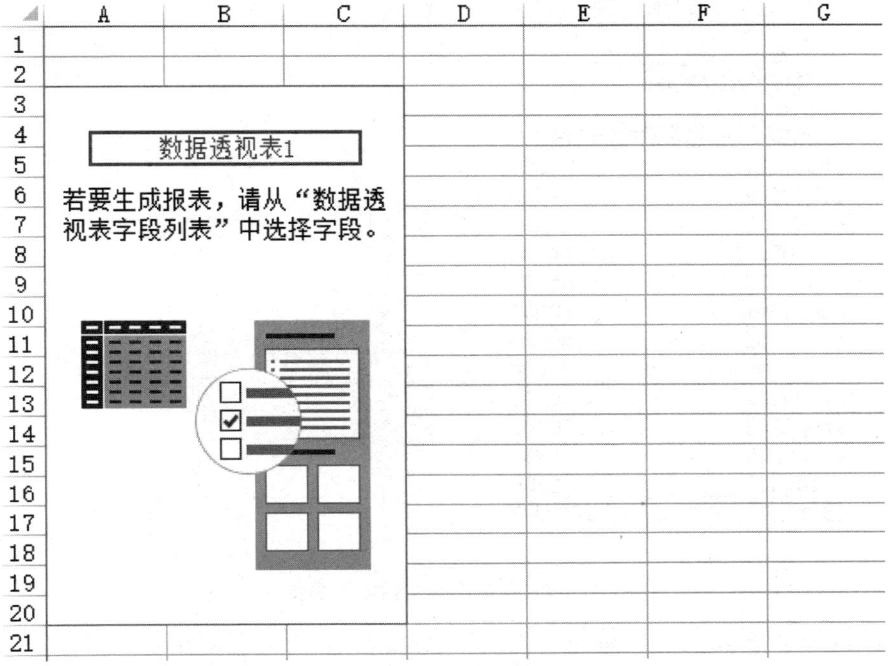

图 2－34　插入的新数据透视表的左边部分

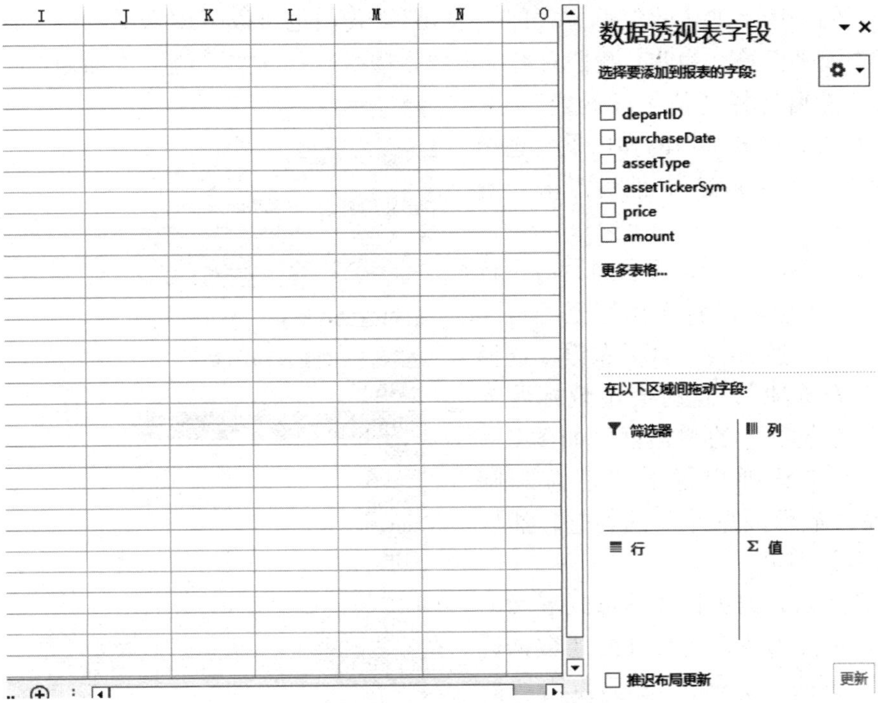

图 2－35　插入的新数据透视表的右边部分

步骤3：如图2－35所示，将光标移至“选择要添加到报表的字段”下面的变量“assetType”，按住鼠标左键，将该变量拖曳至“筛选器”部分；类似地，拖动变量“assetTickerSym”至“行”部分，拖动“amount”至“值”部分。这时，汇总结果生成，如图2－34所示的数据透视表的左边部分变为如图2－36所示。

A	B	C	D	E	F
assetType	(全部)				
行标签	求和项:amount				
ss010213	1300				
ss600009	38000				
ss600015	8000				
ss600050	10000				
ss600973	55000				
ss601001	55000				
sz000001	50000				
sz000006	80000				
sz000862	90000				
sz002202	100000				
sz100213	1300				
sz100303	1800				
总计	490400				

图2－36　各资产购买数量汇总结果

点击图2－36所示的“行标签”右边的向下箭头，可以只显示各股票或各债券的购买数量汇总结果。

上述我们采用了默认的汇总方式即“求和”，我们也可以采用求平均数、计数、求最大值等方式来汇总。为此，我们只需点击数据透视表右下方“值”下面矩形框右侧的向下箭头，然后选择“值字段设置”，这时会出现如图2－37所示的弹出框，选择我们需要的“计算类型”，然后点击“确定”即可。

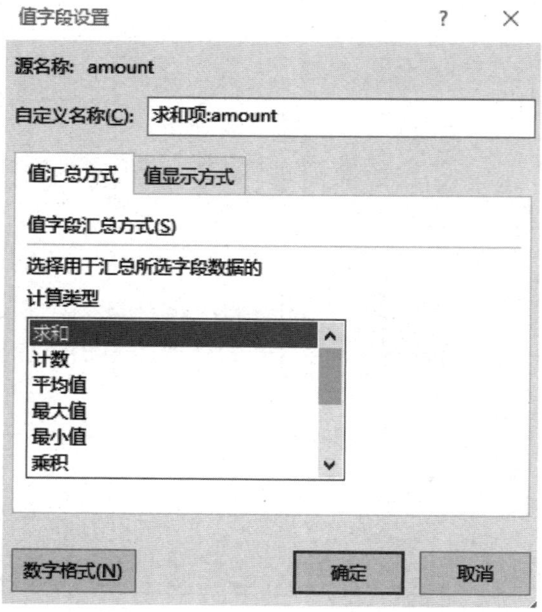

图2－37　数据透视表值字段设置

如果要去掉图2－36所示的最后一行的“总计”，我们可以将光标移至汇总结果的任何地方，然后点击鼠标右键，选择“数据透视表选项”，这时会出现标题为“数据透视表选项”的弹出框。如图2－38所示，点击该弹出框的“汇总和筛选”，去掉“显示列总计”的勾选，然后点击“确定”即可。

如果希望以数据透视图的形式展示汇总结果，可以点击数据透视表的“数据透视表工具”下的“分析”，然后点击“数据透视图”图标即可。

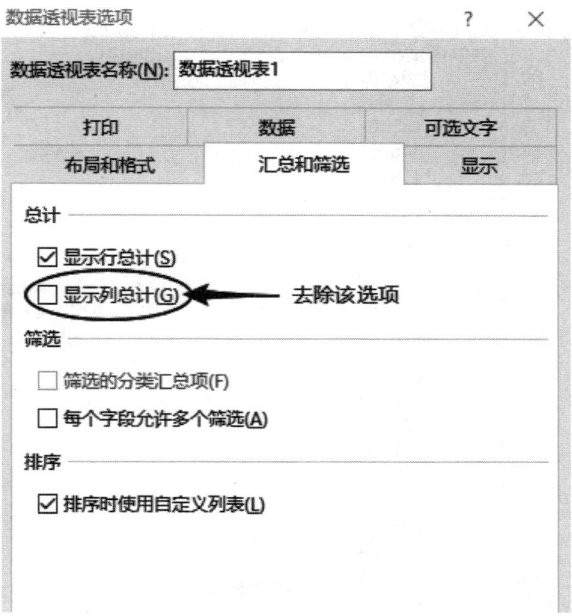

图2-38　清除数据透视表的列总计

2.13　规划求解

规划求解（Solver）广泛应用于各种金融优化决策，本节以大家熟悉的普通最小二乘法为例介绍规划求解的应用，在此基础上，对参数施加某些约束（比如非负约束），重新利用规划求解得到其参数估计值。

如图2-39所示，单元格区域“A2：B26”包含了解释变量x和被解释变量y的数据序列，单元格“G1”和“G2”为参数的初始值。由于最小二乘法的基本原理是最小化残差平方和，所以单元格区域“C2：C26”计算了各观测值对应的残差平方，“C27”为残差平方和。最小二乘法估计的任务是改变“G1：G2”（可变单元格）的值，使“C27”（目标单元格）的值最小。在参数有约束的条件下，其任务为满足约束条件下，改变可变单元格的值，使得目标单元格的值最小。

运用规划求解得到最小二乘法参数估计值的步骤如下：

步骤1：加载规划求解加载项。在默认状态下，Excel并没有加载规划求解加载项。为此，点击菜单栏“文件”—“选项”，在出现的如图2-40所示的标题为“Excel选项”的弹出框左侧，选择“加载项”，在随后出现的“加载项”列表里选择“规划求解加载项”，然后点击“转到”。这时，会出现如图2-41所示的弹出框，勾选加载项列表中的“规划求解加载项”，点击“确定”后，规划求解的菜单就会出现在“数据”菜单的“分析”栏目下。

步骤2：选择目标单元格“C27”，点击菜单栏“数据”，在“分析”栏目下点击“规划求解”，出现如图2-42所示的选择框。在该选择框里，我们保持“设置目标”后

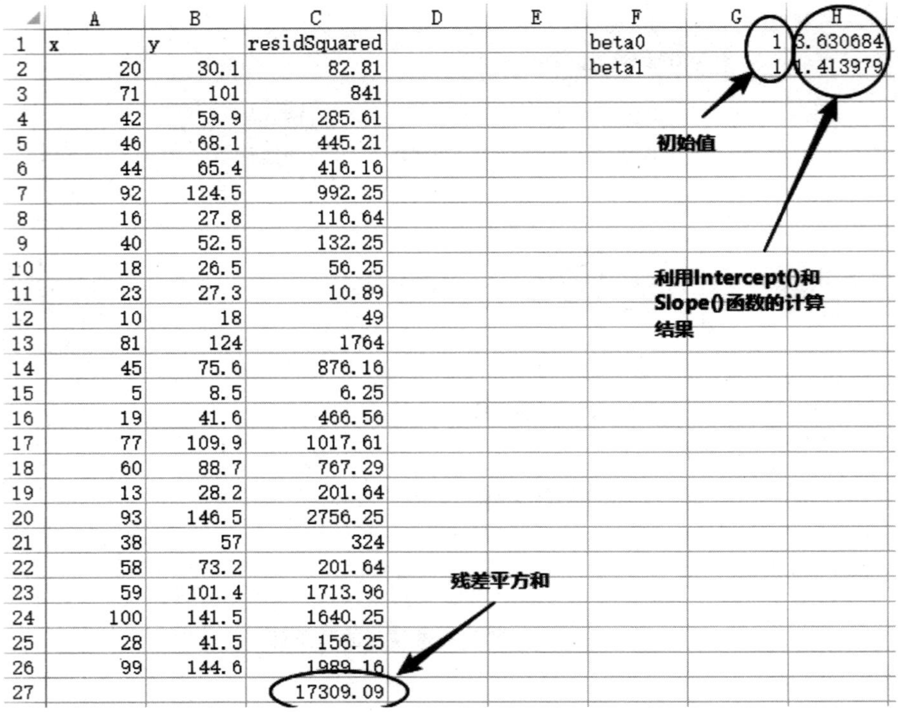

	A	B	C	D	E	F	G	H
1	x	y	residSquared			beta0	1	3.630684
2	20	30.1	82.81			beta1	1	1.413979
3	71	101	841					
4	42	59.9	285.61					
5	46	68.1	445.21					
6	44	65.4	416.16					
7	92	124.5	992.25					
8	16	27.8	116.64					
9	40	52.5	132.25					
10	18	26.5	56.25					
11	23	27.3	10.89					
12	10	18	49					
13	81	124	1764					
14	45	75.6	876.16					
15	5	8.5	6.25					
16	19	41.6	466.56					
17	77	109.9	1017.61					
18	60	88.7	767.29					
19	13	28.2	201.64					
20	93	146.5	2756.25					
21	38	57	324					
22	58	73.2	201.64					
23	59	101.4	1713.96					
24	100	141.5	1640.25					
25	28	41.5	156.25					
26	99	144.6	1989.16					
27			17309.09					

图 2－39　规划求解的准备：设定目标单元格和可变单元格

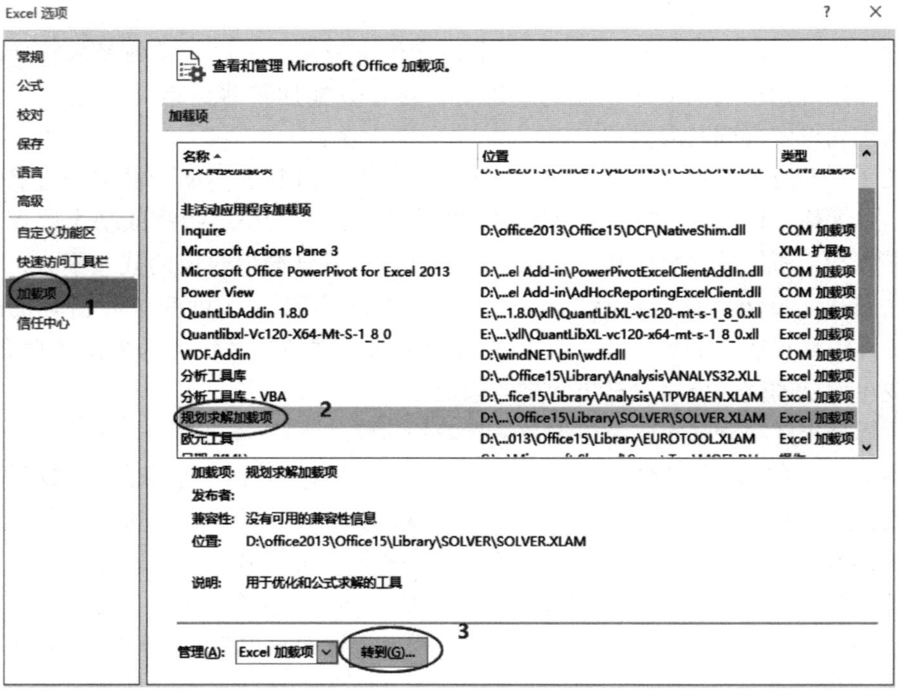

图 2－40　添加“规划求解加载项”

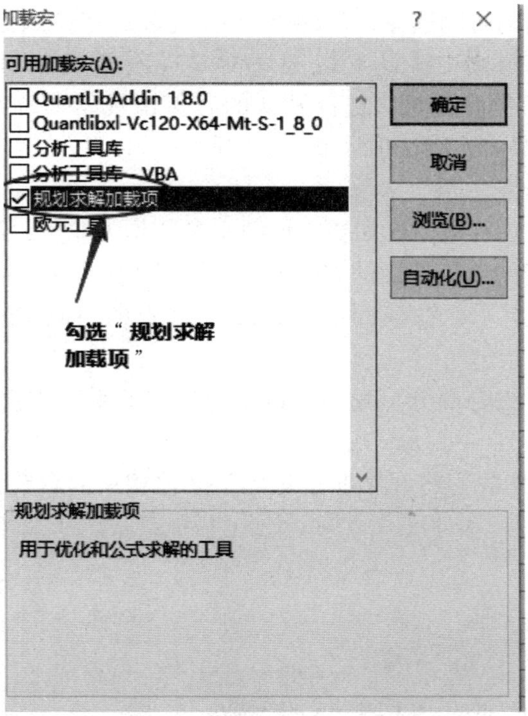

图 2－41　勾选“规划求解加载项”

图 2－42　规划求解目标单元格和可变单元格等的选择

面矩形框的目标单元格的自动选择，并选择“最小值”。在“通过更改可变单元格”下面的矩形框选择单元格区域“＄G＄1：＄G＄2”，然后点击“确定”。这时会弹出标题为“规划求解结果”的弹出框，选择默认的“保留规划求解的解”，然后点击“确定”，即可得到参数的最小二乘法估计值“3.63”和“1.41”，这与通过 Intercept（）和 Slope（）函数得到的结果一致。

如果需要对参数施加约束，比如要求该两个参数均为非负，我们可以在如图 2－42 所示的选择框的“遵守约束”下面的方框内添加约束条件即可。上述问题添加约束条件后的界面如图 2－43 所示，在该问题下，最终得到的有约束的参数估计值仍然为“3.63”和“1.41”。

在第 8 章股票投资组合部分，我们将运用规划求解来解决投资组合优化（Portfolio Optimization）的问题。

有关 Excel 图表制作我们将在第 5 章叙述，其他相关问题在应用各章节时再展开，这里不再赘述。

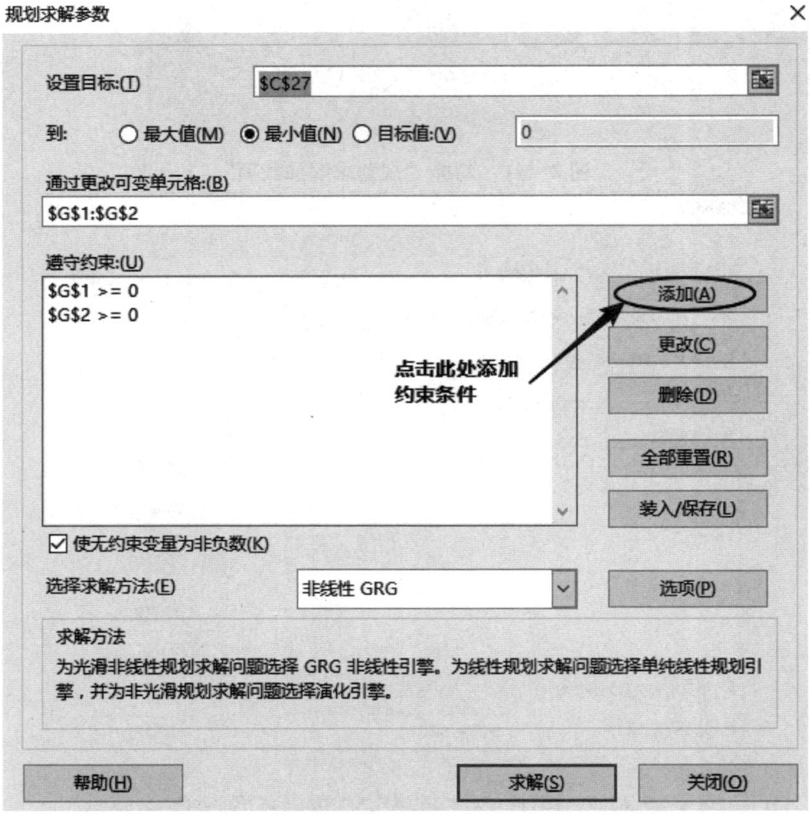

图 2－43　有约束条件的规划求解

本章小结

本章回顾了Excel工作表应用的基础知识，为今后各章的学习奠定基础。

Excel工作簿可以包含若干张工作表，每张工作表由众多单元格组成，单元格区域包含了若干个单元格。单元格的引用样式可以是“A1”引用样式或“R1C1”样式，引用单元格时可以使用单元格的地址（包括绝对引用、相对引用和混合引用），也可以使用区域名称。在Excel金融建模中，我们推荐要尽可能使用以名称方式的引用。

Excel具有丰富的内在函数，这些函数可以分为文本函数、数学函数、统计函数、查询和引用函数和日期函数等。建议读者尽可能边用边熟悉这些函数。

我们可以通过条件格式对符合一定条件的单元格设置特殊的格式，可以使用数字验证来判断所输入的格式是否符合预先设定的要求。

单元格的锁定和隐藏以及工作表的保护可以大大降低模型的维护成本。

排序和筛选是金融数据预处理常用的手段。

单变量求解、模拟运算表、数据透视表和规划求解可以提高数据分析工作的效率，在金融建模中得到广泛的应用。

Excel关键词：工作簿、工作表、单元格、单元格引用、A1引用样式、R1C1引用样式、绝对引用、相对引用、混合引用、条件格式、数据验证、单元格锁定和隐藏、工作表保护、公式、内在函数、单变量求解、模拟运算表、规划求解。

本章习题

1. 在2.8节，当我们保护了工作表后，该工作表包括“A1”在内的所有单元格都被锁定。如何设置才能仅锁定“A1”单元格而其他单元格处于非锁定状态？

如何设置才能使其他单元格均锁定而仅“A1”单元格可编辑？

2. 在单元格区域“A1：E5”输入数据，并将该区域命名为“myRng”，然后在另外一张工作表中的单元格区域“B2：F6”引用区域“myRng”。

3. 从雅虎财经或其他财经网站下载上证综指自2008年10月初至今的交易数据，利用Frequency（）函数了解其收盘价格在该段时间的分布。

4. 为某个工作簿设置打开密码，密码为“finExcel”。

5. 如何使得新建Excel工作簿默认的工作表数为4个而不是1个？

6. 将单元格引用设置为“R1C1”样式，查看在该样式下复制公式是如何变化的？与“A1”引用样式下有什么区别？

7. 下载沪深300指数的历史交易数据，计算其日对数收益率和简单收益率。

8. 请设计一张房贷月还款金额的表格，要求：

（1）贷款金额为10万元至100万元，步长为5万元；

（2）贷款期限为 3 到 20 年，步长为 1 年；

（3）还款方式为每月固定本息和固定利率，利率参考现行银行利率水平。

9. 2020 年 12 月 10 日京东商城华为 Mate40 Pro 手机的报价为 7869 元，若采用 3 期、6 期、12 期和 24 期分期付款方式，则每期（月）分别需支付 2638. 66 元、1338. 85 元、688. 88 元和 363. 92 元。计算这四种分期付款模式下的利率。

进阶阅读

1. 有关 Excel 基础的教材，可以参阅 Excel Home 编著的《Excel 2013 应用大全》，人民邮电出版社，2015 年第 1 版。

另外，网站 http：//www. excelfornoobs. com/有很好的入门教程。

2. 有关 Excel 函数应用，读者可以参阅 Excel Home 编著的《Excel 2013 函数和公式应用大全》，北京大学出版社，2016 年第 1 版；另外，读者也可以参考网站“http：//www. excelfunctions. net/”。

3. 有关 Excel 在财务金融领域的应用，读者可以参考中国金融出版社的《Excel 财务建模手册》，2011 年第 1 版。

4. 使用快捷键可以大大提高工作效率，有关 Excel 快捷键，可以参阅网站“http：//www. keynotesupport. com/excel – basics/excel – keyboard – shortcuts. shtml”。

第3章

Excel VBA 简介

阅读本章前，请读者检查是否已经掌握如下内容：

是否掌握	任务模块
□	Excel VBA 的含义
□	Excel VBA 编辑器（VBE）
□	记录宏（Macro Recorder）
□	变量（Variable）和常量（Constant）
□	数组（Array）
□	VBA 对象（Object）
□	对象变量（Object Variable）
□	子过程和函数（Subroutine and Function）
□	VBA 控制语句
□	VBA 循环
□	字典（Dictionary）
□	数组和单元格区域的互动

VBA 是 Visual Basic for Application 的首字母缩写，是来自微软的事件驱动语言（e-vent - driven language），目前广泛应用于微软办公套件（MS - Excel、MS - Word、MS - PowerPoint 和 MS - Access 等）以及其他软件中。本章主要介绍 Excel VBA 的基本知识，为后续章节的具体金融应用奠定基础。利用 VBA 绘制柱形图、折线图和直方图的方法，将在第 5 章介绍。有关 Excel VBA 的进阶信息，读者可以参考本章末尾的“进阶阅读”部分。

3.1 Excel VBA 编辑器

VBA 编辑器简称 VBE（Visual Basic Editor），是 VBA 的综合开发环境（Integrated Development Environment，IDE）。在 Excel 工作表界面上，可以通过两种方法进入 VBA

编辑器界面。方法一是通过组合键“Alt + F11”在工作表界面和 VBE 界面进行切换；方法二是点击工作表界面菜单栏“开发工具”（Developer），再点击“Visual Basic”。

在 Excel 工作表初始界面下，并没有“开发工具”这一菜单项。为启动“开发工具”菜单项，需要依次点击“文件”—“选项”—“自定义功能区”（Customize Ribbon），在弹出的如图 3－1 所示的窗口右侧勾选“开发工具”，然后点击“确定”即可。

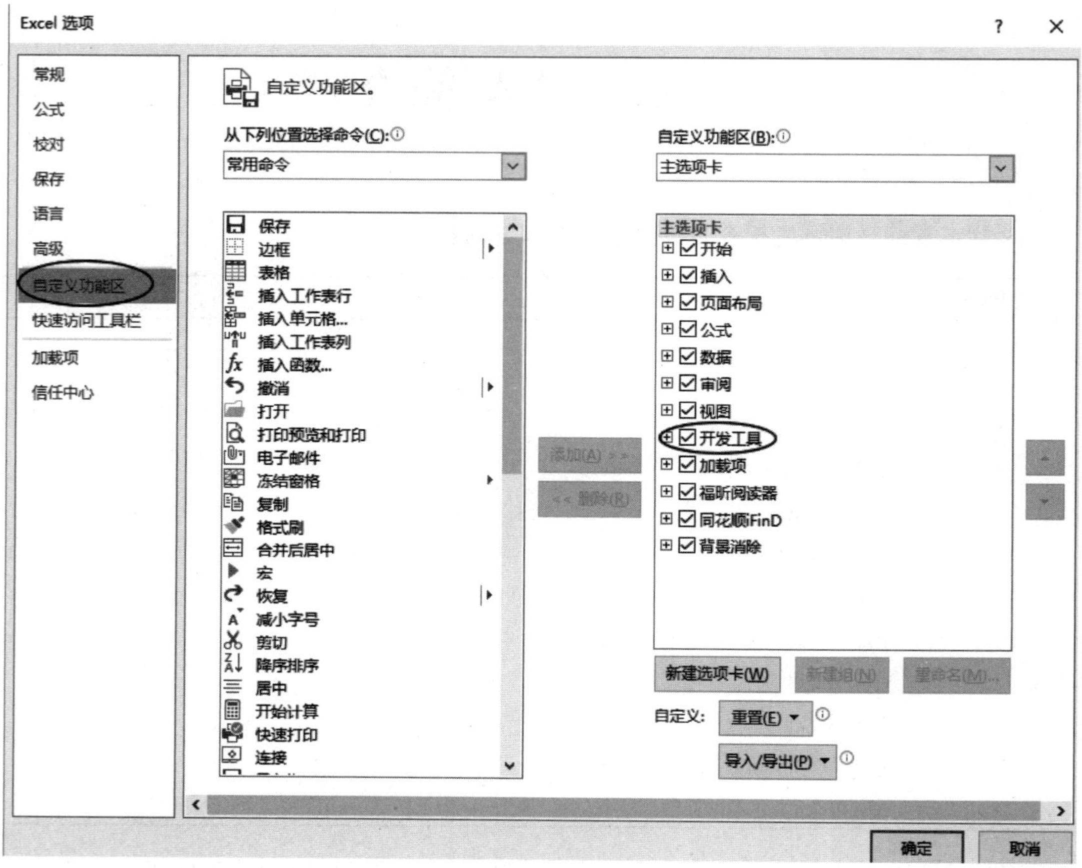

图 3－1　启用“开发工具”菜单项

通过“Alt + F11”或点击菜单项“开发工具”—“Visual Basic”打开 VBE 后，其初始界面如图 3－2 所示。在图中，我们可以看到诸如“文件”（File）、“编辑”（Edit）、“视图”（View）和“插入”（Insert）等菜单项。在菜单栏下面是工具栏。

在 VBE 界面的左边是“工程资源管理器”（Project Window）和“属性”窗口（Properties Window）。可以点击这些窗口右上角的“关闭”按钮来关闭这些窗口，也可以通过点击 VBE 菜单栏“视图”打开需要的窗口，如“代码窗口”（Code Window）、“立即窗口”（Immediate Window）和“本地窗口”（Local Window）等。

“模块”（Module）是用来存放程序（Procedure）的。如果要在新建的“工作簿 1”中新建一个模块，可以点击“工程资源管理器”选择“VBAproject（工作簿 1）”，然后依次点击“插入”—“模块”，这时，在“工程资源管理器”的相应部分会出现“模块

图 3-2 VBE 初始界面

1”（如图 3-3 所示），可以在该模块的“属性”窗口对其修改名字，建议所改的名字能表达其内容。例如，如果模块的任务是进行普通股估值，则可以将模块命名为“stock-Val”或其他类似的名字。一个 Excel 文件可以有多个模块，利用上述方法，可以在该文件中插入其他模块。

为了让读者尽快了解 VBA，我们先介绍一个自 20 世纪 70 年代以来初级程序员学习编程时涉及的第一个小程序“HelloWorld”，见代码段 3.1。

代码段 3.1 HelloWorld 小程序

```
'测试用代码，运行后弹出“Hello, world!”的信息框

Sub helloWld()
  MsgBox "Hello, world!"
End Sub
```

上述代码段中，以“单引号”起始的第一行是注解（Comment）。注解并不进入程序的运行，主要起交流作用，可以方便读者更好地理解该程序。一般地，在程序开始部分，我们会以注释的方式说明该程序的主要目的、作者是谁及最后一次修改日期是哪一天；在程序的关键部分，我们将说明这段代码的主要任务是什么。我们要养成勤注解的习惯。

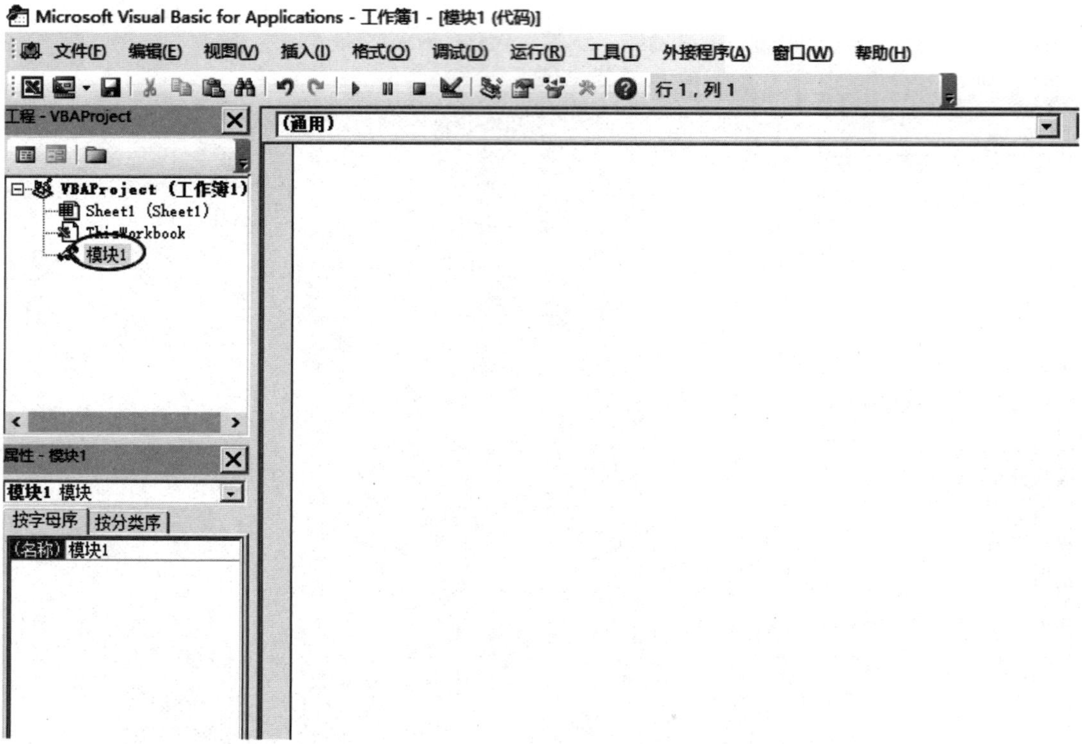

图 3－3　新插入的模块“模块 1”

注解行下面是空白行，插入空白行主要是为了增加程序的可读性，对程序的运行一般没有影响。

关键词 Sub 表示子过程（Subroutine）的开始，Sub 后接一个空格，然后是子过程名“helloWld”，其后的圆括号里可以有参数列表。本子过程不带参数，但圆括号不能忽略。最后一句语句“End Sub”表示子过程的结束。

在“Sub”和“End Sub”语句的中间是可执行语句，“MsgBox”是 VBA 函数，用来产生输出信息框。

将上述代码输入代码窗口后，按快捷键“F5”或点击工具栏中绿色的小三角形按钮，上述代码执行，显示有“Hello，world!”的信息框将弹出。

Sub 是 Excel VBA 编程常用的程序之一，除此之外，Excel VBA 中还经常使用函数程序（Function）。在本章的稍后部分，我们还会对它们进行介绍。

对 Excel VBA 初学者来说，使用“录制宏”可以帮助其更快地了解和掌握 VBA 编程。“录制宏”可以以代码的形式，记录下 Excel 使用者在工作表界面上的每一步操作。要录制一个宏，需要如下主要步骤：

步骤 1：在工作表界面菜单栏点击“开发工具”，在“代码”区块点击“录制宏”，出现如图 3－4 所示的弹出框。在该弹出框中，可以修改宏名，可以设置运行该宏的快捷方式。在这里，我们没有做任何修改，直接点击“确定”，开始宏的录制。

步骤 2：在 Excel 工作表界面进行操作。如在工作表“Sheet1”的“A1”单元格输入 1，在“A2”单元格输入 2，然后在“A3”单元格求“A1”和“A2”单元格的和。最后，我们将“A3”单元格的字形设置为“加粗”，将其字号设置为 12 号字，将字体颜色设置为“红色”。完成这一系列操作后，点击工具栏“停止录制”按钮。

步骤 3：察看和编辑代码。按快捷键“Alt + F8”或点击菜单栏“开发工具”，在“代码”区块点击“宏”按钮，在随后出现的弹出框里选择刚刚录制的“宏 1”，点击“编辑”，在“代码窗口”就显示了我们刚刚录制的宏的代码，如图 3－5 所示。对所录制的宏作适当编辑，按“F5”快捷键运行编辑后的子程序。

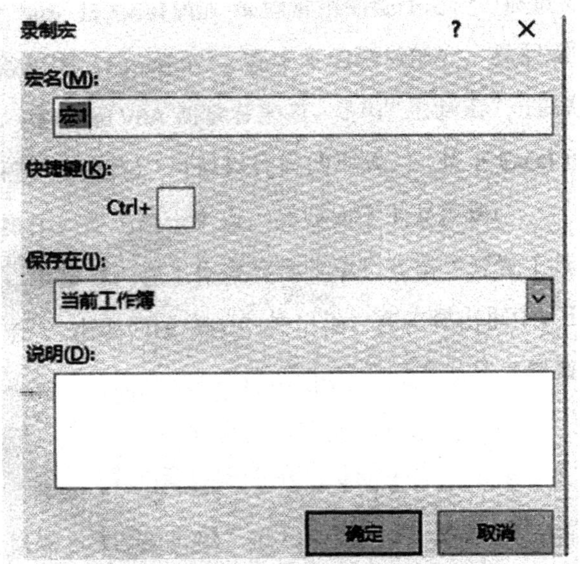

图 3－4　“录制宏”弹出框

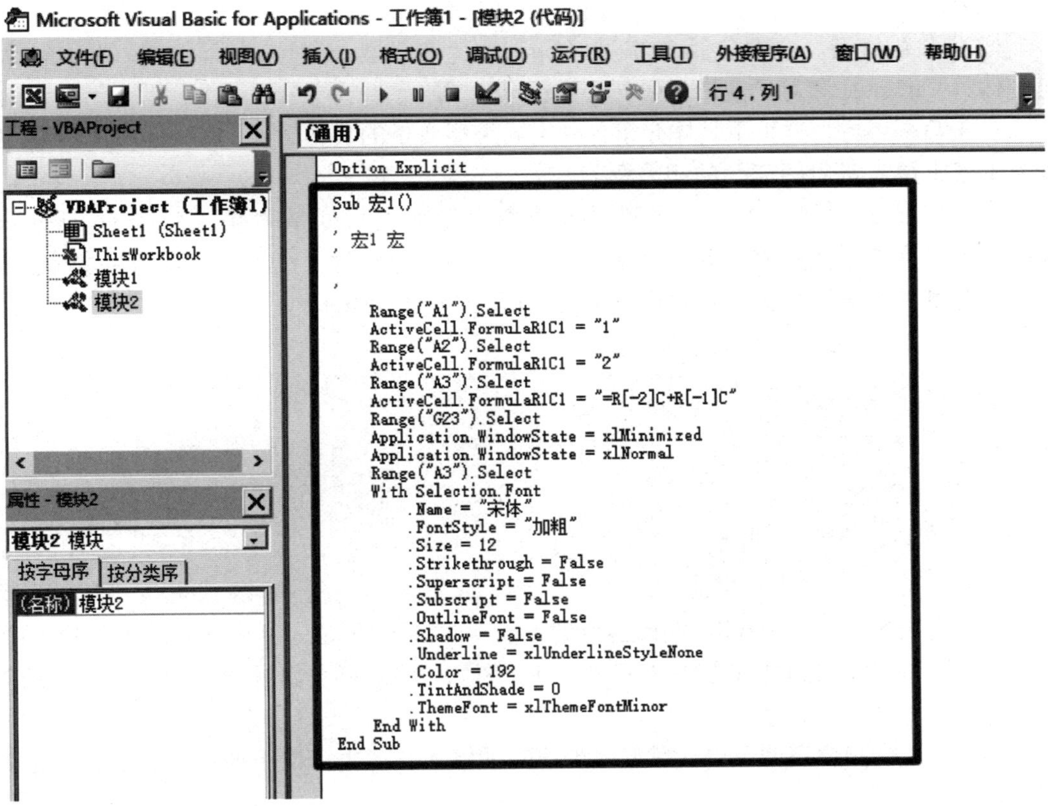

图 3－5　所录制的宏的代码

3.2 变量、常量和运算符

3.2.1 变量和常量

变量和常量是内存中有名字的位置（Named Location），用来存放数据。在程序运行过程中，变量的值可以变化，而常量的值不能变化。

变量和常量的命名需要遵循如下规则：

第一，以字母（可以是汉字）开头；

第二，名字中间不能出现空格、圆点（.）、“$”和“?”等字符；

第三，名字的长度不能超过255个字符；

第四，不能使用诸如“Function”“End”和“And”等VBA保留字。

不同的数据类型在计算机内存中有不同的存储模式。在金融建模中，经常使用如下数据类型。

（1）数值型。主要包括整型（Integer）、长整型（Long）、单精度（Single）和双精度（Double）等。

（2）非数值型。主要包括文本型（String）、日期型（Date）、布尔型（Boolean）、可变体（Variant）和对象变量（Object Variable）等。

出于篇幅考虑，这里不具体介绍各种不同类型变量的具体含义，有兴趣的读者可以参考本章末尾“进阶阅读”的相关章节。

默认情况下，VBA并没有强制要求使用变量前进行变量声明（Variable Declaration）。如果在变量使用前，事先没有对变量的类型进行声明，VBA将它视为可变体。这种声明变量的方式称为变量的“隐含声明”（Implicit Declaration）。

代码段3.2 变量的隐含声明

```
Sub varImpDec()
   hgt = 5.5
   wdt = 4
   area = hgt * wdt
End Sub
```

在代码段3.2中，当VBA编译器遇到hgt，wdt和area时，由于它们既非VBA的保留字，也不是对象的属性或方法（下文会有介绍），VBA将它们视为类型为可变体的新的变量，并对之进行赋值。

尽管变量的隐含声明可以让我们减少语句的输入，但由于以下原因，我们并不推荐使用隐含声明：

第一，一般情况下，可变体占用更大的内存空间；

第二，隐含声明会增加代码错误的机会。比如，某个程序包含几百条代码，在这些代码的多个地方需要使用变量名 tempVar。但在程序的某个地方，程序员将 tempVar 错误地拼写为 temVar。在隐含声明的情况下，VBA 会将 temVar 视为一个类型为可变体的新的变量，而不会报错。

因此我们更推荐使用变量的“外显声明”（Explicit Declaration），即在变量使用前事先进行变量声明。为了强制“外显声明”，可以在代码窗口任何程序开始前写上“Option Explicit”，或者在 VBE 界面的“工具”—“选项”处勾选“要求变量声明”，如图 3－6 所示。这样，每次打开代码窗口时，“Option Explicit”会自动添加。

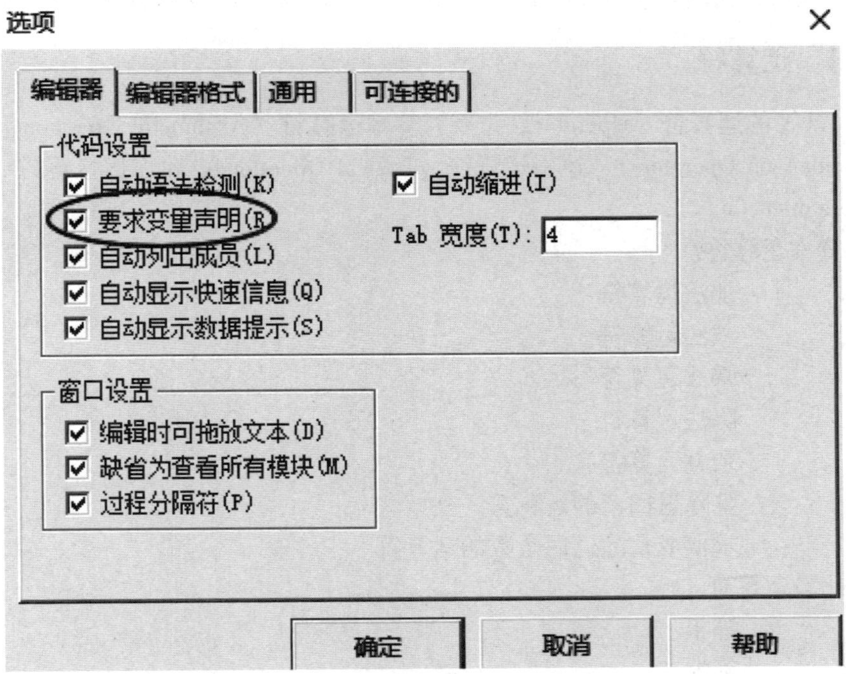

图 3－6　强制变量声明选项

变量声明的语法如下：

Dim <变量名> As <变量类型>

常量声明的语法为：

Const <常量名> As <常量类型> = <常量值>

代码段 3. 3　变量和常量的外显声明

```
Sub varDec()
   Dim courseName As String
   Dim yr As Integer, res As String
   Const pi As Double = 3.1415926535
   courseName = "finExcel"
   yr = 2017
```

```
    res = courseName & yr
End Sub
```

在代码段3.3中，我们声明了三个变量，即文本型变量courseName和res，整型变量yr。我们还声明了一个双精度型的常量pi，其值为3.1415926535。

变量声明后，计算机就给它们在内存中分配了位置，并且有了初始值。对文本型变量来说，其初始值为空字符；对于数值型变量来说，其初始值则为0。

变量声明后，我们对它们进行了赋值。赋值后，计算机用新的值替代原来的初始值。

3.2.2 运算符

Excel VBA的运算符（Operator）主要有算术运算符（Arithmetic Operators）、比较运算符（Comparison Operators）、逻辑运算符（Logical Operators）和连接运算符（Concatenation Operators）等。

（1）算术运算符。

+ 加法运算符

- 减法运算符

* 乘法运算符

/ 除法运算符

^ 乘方运算符

\ 整除返回商的运算符

Mod 求模或整除返回余数的运算符

（2）比较运算符。

= 等于

< > 不等于

> 大于

< 小于

> = 大于等于

< = 小于等于

（3）逻辑运算符。

And 逻辑与

Or 逻辑或

Not 逻辑非

Xor 异或

异或运算符是运算符两边的表达式中有一个并且只有一个为真时其值为真，其余均为假。如“10 > 0 Xor 8 > 5”返回False，而“10 > 0 Xor 8 < 5”返回True，“0 > 10 Xor 8 < 5”返回False。

（4）连接运算符。

连接运算符有“&”和“+”，当运算符两边均为文本型变量时，运算符“&”和

“+”作用相同。当运算符两边的数据类型存在非文本型时，不能使用“+”运算符。如在代码段3.4中，变量a为文本型，c为数值型，使用“&”作为连接符，可以将变量c的值转化为文本，然后再连接；而使用“+”作为连接符，由于“+”两边变量类型不同而出错。

3.3 数组

前述基本变量一次只能储存一个数值。有时候，我们需要处理具有内在联系的多个变量，比如某班级有40位同学，我们需要储存这40位同学的身高信息。如果使用基本变量，我们需要声明40个变量，如height01，height02，…，height40。

使用数组可以更方便地处理上述问题。数组（Array）是一组具有相同数据类型、具有内在联系、共享相同名字的变量集合，构成数组的每一个变量或条目（Item）称为数组的元素（Element），数组的每一个元素都有一个唯一的索引值（Index Number），我们可以通过该索引值来访问数组的特定元素。

代码段3.4　连接运算符

```
Sub concatenationOp()
   Dim a As String, b As String, c As Integer
   a = "Hello"
   b = "wang"
   c = 88
   MsgBox a & b   '返回 Hellowang
   MsgBox a + b   '返回 Hellowang
   MsgBox a & c   '返回 Hello88
   MsgBox a + c   '返回错误提示
End Sub
```

数组可以分为静态数组（Static Array）和动态数组（Dynamic），其中静态数组在数组声明时就已经知道其长度，而动态数组的长度需要在程序运算过程中才能获知和设置。比如前述用来处理40位同学身高信息的数组，在数组声明时，其长度40已经知晓，因此可以使用静态数组。而债券未来的现金流量，其长度需要根据债券的到期日、付息频率、结算日等具体信息，在程序执行过程中计算后才能获知其长度，在这种情况下，我们应该使用动态数组。

数组还可以分为一维（1 - dimensional）、二维（2 - dimensional）和多维（Multi - dimensional），金融建模中经常使用一维和二维数组。

在代码段3.5中，我们利用Dim语句声明了一维静态数组tickCode，其长度为10，其数据类型为文本型。与基本变量的声明不同，我们需要在数组名后加一对圆括号，括号内是数组起始索引值（Start Index）和结束索引值（End Index），它们用逗号来分隔。

在 VBA 中，数组的默认起始索引值为 0。前述代码段中数组 tickCode 的起始索引值为 1，结束索引值为 10，其长度为 10。对前述长度为 10 的数组，我们也可以这样声明：“Dim tickCode（9）As String”，其索引号分别为 0、1、2…9。

代码段 3.5　静态数组的声明

```
Sub useStaticArray()
   Dim tickCode(1 To 10) As String
   Dim mngIncome(1 To 10, 1 To 3) As Single

   tickCode(1) = "000001"
   tickCode(2) = "600050"

   mngIncome(1, 1) = 100.2
   mngincome(1, 2) = 210081.3
   mngIncome(1, 3) = 0.067
End Sub
```

我们可以通过“Option Base 1”语句将默认的起始索引号调整为 1。为增加程序的可读性，我们建议不对默认起始索引值进行调整，而是在数组声明时外显地设定起始索引值。

在代码段 3.5 中，我们还声明了一个二维数组 mngIncome，其第 1 维的起始索引值和结束索引值分别为 1 和 10，第 2 维的起始索引值和结束索引值分别为 1 和 3。

代码段 3.5 的其他语句对上述两个数组的部分元素进行了赋值，我们可以通过这种方式对长度较小的数组进行赋值，对于元素较多的数组，采用这种方法进行赋值，显然是不现实的。在现实金融建模中，我们往往面对的数据规模较大，并且往往事先已经存放于数据文件中。在本章的后续各节，我们将介绍如何实现把工作表单元格区域的数据导入到数组中，以及如何将数组中的数据输出到工作表单元格区域；在第 4 章 4.1.2 节中，我们将介绍如何把储存于文本文件中的数据导入到数组之中。

在代码段 3.5 中，我们介绍了静态数组的简单应用，接下来我们介绍动态数组。我们需要用数组来储存工作表中所有工作表名（假设我们只打开一个 Excel 工作簿）。由于我们事先不知道工作簿中包含多少张工作表，因此，我们无法使用静态数组。

在代码段 3.6 中，与静态数组的声明不同，在动态数组的声明中，由于我们事先并不知道数组的长度，所有声明时数组名后的圆括号中没有包含数组的起止索引值。在代码段的第 3 行，我们得到了数组的长度值。在第 4 行，我们使用关键词 ReDim 对该数组重新声明，这时，数组 arrShtNms 就建立了。如果读者不熟悉代码段 3.6 其他语句的含义，大可不必焦虑，读完本章所有内容，回过头来，相信大家很容易理解这段代码的具体含义了。

代码段 3.6　动态数组的声明

```
Sub dynArray()
```

```
    Dim arrShtNms() As String, nsht As Long, i As Long
    nsht = Worksheets.Count
    ReDim arrShtNms(1 To nsht)

    For i = 1 To nsht
        arrShtNms(i) = Worksheets(i).Name
    Next i
End Sub
```

我们可以使用函数 LBound（）读取数组的起始索引值，用 UBound（）读取数组的结束索引值。比如，如果一维数组 arr 的起始索引值为 0，结束索引值为 10，则 LBound（arr）为 0，UBound（arr）为 10。对于二维数组 arr2d，若其第 1 维的起始和结束索引值分别为 0 和 20，第 2 维的起始和结束索引值分别为 1 和 3，则 LBound（arr2d，1）为 0，UBound（arr2d，1）为 20，LBound（arr2d，2）为 1，UBound（arr2d，2）为 3。

3.4　VBA 对象

尽管 Excel VBA 并非真正意义上的面向对象编程（Object - oriented Programming，OOP），但 VBA 编程时需要经常使用对象。前述 VBA 基本变量（Basic Variables）仅起到一个目的，即在应用运行时存储数据，可以将数据赋值给变量或从变量中读取数据。而 VBA 对象是数据和程序的组合（A Grouping of Data and Procedures），程序（函数或子过程）用来对相关数据执行某种任务。VBA 对象包含三个主要部分，属性（Properties）、方法（Methods）和事件（Events）。属性用来描述对象的某种特性，如工作表某一行的行高（Row Height）、某工作表是否隐藏（Visible）和某工作簿的名称（Name）等；方法是对对象执行某个操作，如工作簿的打开（Open）和关闭（Close）、对工作表某个区域的选择（Select）等；事件是发生在对象上的事情，也可以是用户对对象所做的操作或系统对某个对象的操作，如单击按钮、拖动对象、改变对象大小等。

上述对对象的表述是否太过抽象？为方便大家对对象的理解，我们以大家熟悉的汽车作类比。汽车是一个对象，我们可以用颜色、排气量等来描述该汽车的主要特征，因此，颜色、排气量是汽车对象的属性。我们可以启动汽车、加速和刹车，这是对汽车施加的行为，因此它们属于汽车对象的方法。启动汽车，这中间有大量复杂的过程，如燃料的注入、压缩、点火和活塞的运转等，这些细节隐藏在汽车内部，普通驾驶者并不理解整个过程。他们只需要知道转动钥匙汽车启动，踩下油门汽车加速，脚踩刹车汽车减速停止即可。正像我们不需要知道运行“ActiveSheet.delete”后计算机将要完成多少复杂的过程，只需要知道该代码运行后将删除活动工作表就可以了。

VBA 对象具有层级结构，如工作簿对象包含工作表对象，工作表对象包含单元格对象等。

VBA 对象往往以集合（Collections）的形式出现，如 Workbooks 表示所有已经打开的工作簿，Worksheets 表示某个工作中所有的工作表等。

本节主要介绍 Excel 金融建模中常用的对象，即 Application 对象、Workbook 对象、Worksheet 对象和 Range 对象，另外，我们还介绍字典（Dictionary）对象。在后续各章节中，我们还将介绍 Microsoft ActiveX Data Object 等对象。另外，我们还可以通过类模块（Class Module）来创建自定义对象，有兴趣的读者可以参见 Kelly（2016）的网文。

3.4.1 Application 对象

Application 对象就是 Excel 应用本身。在 Excel 金融建模中，Application 对象主要应用于：

1. 引用工作表函数。在 VBA 中引用工作表函数，需要在函数名前添加“Application. WorksheetFunction”，也可以仅在函数名前冠以“Application”或“WorksheetFunction”。如代码段 3.7 引用了工作表函数 Correl（）计算两个序列的相关系数。

代码段 3.7　在 VBA 中引用工作表函数

```
Sub useWorksheetFun ()
  Dim vcoef As Single
  vcoef = Application.Correl (Range ("A2: A20"), _Range ("B2: B20"))
  Debug.Print vcoef
End Sub
```

2. 改变某些选项。比如，当我们需要经常在 VBA 和工作表单元格互动，这时，关闭屏幕更新可以加快运行速度：Application. ScreenUpdating = False。

3.4.2 Workbook 对象

对工作簿的操作主要有新建工作簿、打开一个已经保存的工作簿、访问某一个已经打开的工作簿、保存工作簿和关闭打开的工作簿等。

1. 新建 Excel 文件。新建一个 Excel 文件或工作簿的语法为：

```
Workbooks.Add
```

其中 Workbooks 是所有已经打开的工作簿所构成的集合，Add 为该集合的方法，它们中间的圆点用来连接对象和对象的方法，以后我们还会看到用圆点连接对象和对象的方法以及对象与其下一级对象的例子。

上述命令将在现有工作簿基础上新添一个新的空工作簿，其名称默认为“工作簿 2”“工作簿 3”等。

2. 打开已有的工作簿。比如，如果在路径“E:\ExcelClass”下存在一个 Excel 文件“fl. xlsx”，则我们可以使用下述代码打开该文件：

```
Workbooks.Open "E:\ExcelClass\fl.xlsx"
```

上述命令 Open 方法后带了一个参数“FileName”，这是必需参数（Mandatory Argument)，我们不能忽略。该方法还有许多可选参数，如“PassWord”等，这里没有给出该参数的取值，意味着采用其默认值，即空字符串。

上述命令中我们采用了位置参数的方法，即根据该方法（函数或子过程）中各参数的位置给出各参数值。我们还可以采用命名参数的方法或位置参数和命名参数相结合的方法给出参数值。我们的建议是对于某函数或子过程的前几个大家都比较熟悉的参数采用位置参数的方法，而其他参数则采用命名参数的方法。

命名参数的语法为：

<参数名>：=<参数值>

上述例子中如果文件“f1. xlsx”设置了密码“finExcel”，我们可以对“FileName”参数采用位置参数，而“PassWord”则采用命名参数，则其代码为：

```
Workbooks. Open "E:\ExcelClass \ f1. xlsx", _
    PassWord: ="finExcel"
```

3. 访问打开的工作簿。我们可以通过索引号（Index）或文件名来访问某工作簿，索引号按文件建立或打开的顺序分别为1、2、3等。比如若工作簿“f1. xlsx”为第二个打开的工作簿，则我们可以用“Workbooks（2）”或“Workbooks（“f1. xlsx”）”来访问它。为了增加代码的可读性，我们建议来用工作簿名的方式。

另外，“ThisWorkbook”用来表示代码所在的工作簿，“ActiveWorkbook”则表示当前活动工作簿。

4. 保存工作簿。保存工作簿可以使用工作簿的“Save”方法，我们还可以使用“SaveAs”即“另存为”的方法来保存已有的工作簿，该方法带有“FileName”和“PassWord”等参数。

5. 关闭工作簿。关闭工作簿可以使用“Close”方法，该方法含有“SaveChanges”参数，用来选择是否在关闭前保存该Excel文件。

6. 统计已打开的工作簿数量。我们可以使用“Count”方法返回已打开工作簿的数量。

代码段3.8新建一个工作簿，并将它以文件名“f11. xlsx”保存于路径“E：\ExcelClass”下，并给它加密，密码为“finExcel”。然后统计已打开的工作簿的数量，将它赋值给整型变量“nbk”，并以信息框形式输出。

代码段3.8　工作簿的应用

```
Sub useWorkbk ()
   Dim nbk As Integer
   Workbooks. Add
   ActiveWorkbook. SaveAs  "E: \ExcelClass \f11. xlsx",   _
PassWord: ="finExcel"
nbk = Workbooks. Count
   MsgBox "There are" & nbk& "open workbooks. "
End Sub
```

3.4.3 Worksheet 对象

某工作簿所有的工作表对象构成了工作表集合 Worksheets，集合 Sheets 既包括工作表，也包括图表（Chart Sheet）。对工作表的操作主要有添加新的工作表、删除工作表、保护工作表、对工作表解除保护、隐藏工作表、对工作表解除隐藏和访问工作表等。

1. 工作表的代码名和工作表名。如图 3－7 所示，在 VBA 的工程资源管理器窗口，每张工作表都包含两个名字，括号外的为代码名（Code Name），括号内的为工作表名（Sheet Name）。工作表名显示在 Excel 工作表界面的底部。

选中工程资源管理器的该工作表，我们可以在属性窗口看到该工作表的基本属性，如图 3－8 所示。

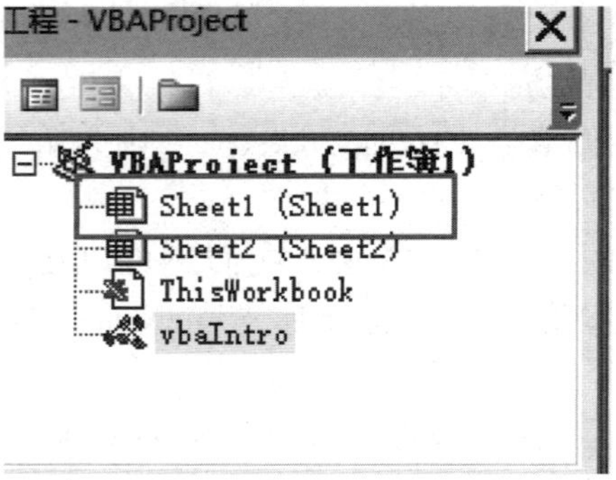

图 3－7　工程资源管理器下工作表的代码名和工作表名

图 3－8　属性窗口下的工作表 Sheet1

我们可以在属性窗口下修改工作表的代码名和工作表名。另外，我们也可以在工作表界面下修改其工作表名。

工作表对象的"Code Name"为只读属性，我们可以通过该属性读取该工作表的代码名，但不能通过代码对其重新赋值。工作表的"Name"属性为可读可写属性，我们不仅可以通过该属性读取某工作表的工作表名，还可以对其重新赋值。

在代码段 3.9，我们首先将工作表 Sheet1 的工作表名重新赋值为"newSht"，然后通过"codeName"属性读取该工作表的代码名。

代码段 3.9　工作表的 Code Name 和 Sheet Name

```
Sub codeName _ sheetName ()
  Worksheets ("Sheet1"). Name = "newSht"
  Debug. Print Worksheets ("newSht"). CodeName
End Sub
```

2. 访问工作表。在 Excel VBA 中，可以通过如下方式访问工作表：

第一，通过工作表索引号（Index）来访问工作表。一个 Excel 工作簿的所有工作表从左到右，其索引号分别为 1、2、3 等。因此，Worksheets（1）指的是该工作簿的最左边的工作表，Worksheets（2）为从左数的第 2 张工作表。本章习题 2 要求给出访问最右边一张工作表的代码，相信读者很快能得到问题的答案。

第二，通过工作表的工作表名（Sheet Name）来访问工作表。如果某工作表的工作表名为“srcData”，则我们可以通过 Worksheets（“srcData”）来访问它。

第三，通过工作表的代码名（Code Name）来访问工作表。如果某工作表的代码名为“shtData”，则我们可以直接使用该代码名来访问该工作表。但敬请注意，代码名不能跨工作簿使用。比如，我们已打开的两个工作簿，分别为“wb1. xlsx”和“wb2. xlsx”，工作簿“wb1. xlsx”为代码所在工作簿，工作簿“wb2. xlsx”包含一张代码名为“shtRef”的工作表，则无论使用“shtRef”还是“Workbooks（“wb2. xlsx”）. shtRef”都不能访问“shtRef”工作表。

3. 添加新的工作表。使用 Worksheets 的 Add 方法可以添加新的工作表，该方法包含“Before”“After”和“Count”等几个参数。比如，下述代码将在代码所在工作簿的工作表 Sheet1（代码名）后新添加两张工作表。

```
ThisWorkbook.Worksheets.Add After: =Sheet1, Count: =2
```

4. 删除工作表。可以使用 Worksheets 的 Delete 方法来删除工作表。在代码段 3. 10 中，我们删除工作表“anaRes”（Sheet Name），为避免弹出警告信息，我们事先将“显示警告信息”的选项设置为假。

代码段 3. 10　删除工作表举例

```
Sub delSheet ()
  Application.DisplayAlerts = False
  Worksheets ("anaRes"). Delete
  Application.DisplayAlerts = True
End Sub
```

5. 工作表的隐藏和解除隐藏。我们可以通过 Worksheets 的“Visible”属性来设置工作表是否隐藏，该属性的取值分别为：

（1）xlSheetVisible，这是“Visible”属性的默认取值，这时我们可以在工作表界面的底部看到该工作表。

（2）xlSheetHidden，在该取值下，工作表被隐藏，但我们仍然能够通过“取消隐藏”来使该工作表重新显示。

（3）xlSheetVeryHidden，在该取值下，工作表被隐藏，并且不能通过“取消隐藏”来使该工作表重新显示，我们只能通过重新设置“Visible”属性的取值来对该工作表解除隐藏。

在代码段 3. 11 中，我们假设某工作簿包含三张工作表，其代码名分别为默认的

“Sheet1”“Sheet2”和“Sheet3”，我们将“Sheet2”的“Visible”属性设置为“xlSheetHidden”，而将“Sheet3”的“Visible”属性设置为“xlSheetVeryHidden”。工作表“Sheet2”和“Sheet3”都被隐藏，但在工作表界面下，我们可以将光标移到“Sheet1”处，然后通过鼠标右键选择“解除隐藏”来显示“Sheet2”，但不能通过该方式来显示“Sheet3”，如图3－9所示。

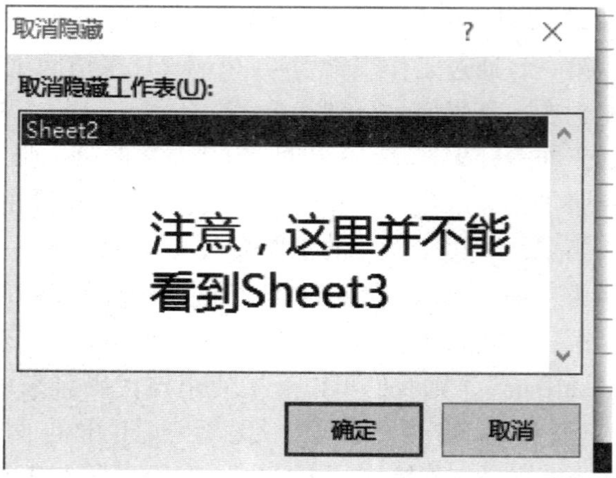

图3－9　工作表的 Visible 属性为 xlSheetVeryHidden 时不能在工作表界面下解除隐藏

代码段3.11　工作表的隐藏和解除隐藏

```
Sub shtHidden ()
   Sheet2.Visible = xlSheetHidden
   Sheet3.Visible = xlSheetVeryHidden
End Sub
```

6. 工作表的保护和解除保护。有时候，我们需要对关键的工作表进行保护，这可以用 Worksheets 的“Protect”方法来实现，如下述代码对工作表 Sheet1（Code Name）进行保护，密码为“finExcel”。

```
Sheet1.Protect "finExcel"
```

对工作表解除保护使用“UnProtect”方法。

3.4.4　Range 对象

工作表单元格区域 Range 对象无疑是 Excel VBA 编程中最为常用的对象。Range 可以是单个单元格（Cell），可以是工作表的某一行或某几行，可以是某一列或某几列，也可以是某一特定区域。需要注意的是，与工作簿和工作表对象不同，Range 对象总是以单数形式出现。

对 Range 对象的操作主要有访问 Range（Access the Range），其他重要操作包括设置区域格式（如设置区域底色、设置行高列宽、设置字体大小和颜色等）、区域单元格个数的计数等。

1. 区域的访问。根据区域的不同特点，对单元格区域的访问可以有许多方法，这里仅介绍在金融建模中最常用的区域访问方式。

（1）访问某一具体单一的单元格。比如，我们现在需要访问单元格“F5”，显然该单元格位于第5行第6列，则我们可以通过“Range（“F5”）”或“Cells（5，6）”来对它进行访问。请注意，Range 是单数，Cells 是复数，Cells 的第1个参数为单元格所在的行号（这里为5），第2个参数是单元格所在的列号（这里为6）。

（2）访问某特定的行或列。比如，我们要访问某第6行，我们可以使用“Rows（6）”“Rows（“6”）”或“Range（“6：6”）”来访问该行。

类似地，如果我们要访问“D”列（第4列），则可以使用“Columns（4）”“Columns（“4”）”或“Range（“D：D”）”。

（3）访问若干行或若干列。如果要访问连续的若干行，如第3行至第5行，我们可以使用“Rows（“3：5”）”或“Range（“3：5”）”来访问。

要访问不连续的若干行，如第3行和第5行，则可以使用“Range（“3：3，5：5”）”，也可以使用“Union（Rows（3），Rows（5））”，这里“Union（）”用来合并两个区域。

如何访问若干列（连续或不连续），完成本章习题3后读者很快就有答案。

（4）访问区域。如果要访问的区域是连续的，比如“A1：F4”，可以使用“Range（“A1：F4”）”，也可以使用“Range（Cells（1，1），Cells（4，6））”。对于后者，“Cells（1，1）”和“Cells（4，6）”分别是区域“A1：F4”的左上角单元格和右下角单元格。

如果要访问的区域是非连续的，比如由“A1：C3”和“F7：H10”合并而成的区域，可以表示为“Range（“A1：C3，F7：H10”）”，当然，也可以表示为“Union（Range（“A1：C3”），Range（“F7：H10”）”。

如果某单元格区域已经命名，比如区域的名字叫“myRng”（假设适用于整个工作簿），则我们可以通过“Range（“myRng”）”来访问它。

（5）EntireRow 和 EntireColumn。某一区域的“EntireRow”返回该区域所在的整行，“EntireColumn”返回该区域所在的整列。比如，对于区域“A1：C4”，“Range（“A1：C4”）. EntireRow”返回由第1行至第4行构成的区域，即“Rows（“1：4”）”；类似地，“Range（“A1：C4”）. EntireColumn”则返回由第“A”列至第“C”列构成的区域，即“Columns（“A：C”）”。

（6）Resize。区域的“Resize”属性以原区域的左上角单元格为基础，改变单元格区域的大小。比如“Range（“C3：E5”）. Resize（8，5）”将区域“C3：E5”以左上角单元格“C3”为基础扩展为8行5列的区域，即区域“C3：G10”。

（7）Offset。区域的“Offset”属性有两个可选参数，即“RowOffset”和“ColumnOffset”，分别表示行和列的偏移数。当“RowOffset”取值为正数时，表示向下偏移若干行；当“RowOffset”取值为负数时，表示向上偏移若干行；“RowOffset”默认取值为0，表示行方向上没有发生偏移。

类似地，当“ColumnOffset”取值为正数时，表示区域向右偏移若干列；当“ColumnOffset”取值为负数时，表示区域向左偏移若干列；“ColumnOffset”默认取值为0，表示在列方向上没有发生偏移。

比如，“Range（“D4：H7”）. Offset（2，-3）”表示保持区域“D4：H7”的大小不变（即4行5列），向下偏移2行，向左偏移3列，这样，偏移后的区域变为“A6：E9”。“Range（“D4：H7”）. Offset（，3）”表示行方向上不发生偏移，将原区域“D4：H7”向右偏移3列，得到区域“G4：K7”。“Range（“D4：H7”）. Offset(2)”表示列方向上不发生偏移，将原区域“D4：H7”向下偏移2行，得到区域“D6：H9”。

（8）UsedRange。工作表对象的“UsedRange”返回该工作表的已用区域。比如，工作表“Sheet1”（Sheet Name）的“A1：D879”有数据，则可以用“Sheet1. UsedRange”来表示该区域。

（9）CurrentRegion。单元格的“CurrentRegion”属性返回该单元格所在的区域。比如某工作表的区域“A1：D20”和“G6：K18”有数据，其他单元格为空。则“Cells（1，1）. CurrentRegion”返回区域“A1：D20”，“Cells（7，7）. CurrentRegion”返回区域“G6：K18”。

（10）End属性。End属性包含参数“Direction”，其取值可以是“xlUp”“xlDown”“xlToLeft”和“xlToRight”，该属性类似于工作表界面的组合键“Ctrl”加上下左右方向键。如果读者对该组合键不熟悉，请参阅第2章相关内容。

例如，某工作表“A”列的连续区域“A2：A100”有数据，“A101”为空，则“Cells（2，1）. End（xlDown）”返回单元格“A100”。

如何通过VBA来实现组合键“Ctrl + Shift”加上下左右键的功能？请读者完成本章习题4。

2. 区域单元格数、行数、列数的计数。我们可以通过区域的“Cells. Count”属性来对区域单元格数进行计数，通过“Rows. Count”属性来对区域的行数进行计数，通过“Columns. Count”属性来对区域的列数进行计数。比如，“Range（“A1：C5”）. Cells. Count”返回15。

但如果某区域由若干个子区域（Areas）构成，如“Range（“A1：C5，F6：J9”）”包含两个子区域，即区域“A1：C5”（共15个单元格）和“F6：J9”（共20个单元格）。“Range（“A1：C5，F6：J9”）. Cells. Count”返回35，而“Range（“A1：C5，F6：J9”）. Rows. Count”返回5，“Range（“A1：C5，F6：J9”）. Columns. Count”返回5，都是第一个子区域的行数或列数。

3. 单元格区域格式的设置。Excel的一大优势是集计算分析和结果展示于一体，因此，金融建模中经常需要设置各种各样的格式，这里仅罗列最常用的格式设置。

（1）行高和列宽的设置。行高和列宽是整行或整列的属性，因此对某区域设置行高或列宽时，我们经常需要使用区域的“EntireRow”或“EntireColumn”属性将区域对象扩展为整行或整列的区域，然后再使用“RowHeight”或“ColumnWidth”来设置其行高或列宽。“RowHeight”的单位是“Point”，1 point 大约为1/72英寸或0.35毫米，“RowHeight”的默认值为12.75 points（大约4毫米）；“ColumnWidth”的单位是正常字符的宽度。我们也可以使用“Width”属性来设置列宽，“Width”的单位是“Point”。代码段3.12将区域“A1：C10”的第一行的行高设置为15 points，将第一列的列宽设置为正常列宽的1.5倍。第3行的“ _”（空格加下划线）表示当某一行代码太长时作换行处理。

代码段3.12　行高和列宽的设置

```
Sub setColumWidth_RowHeight ()
Range ("A1: C10"). Rows (1). EntireRow.RowHeight = 15
Range ("A1: C10"). Columns (1). EntireColumn.ColumnWidth = 1.5 * _
    Range ("A1: C10"). Columns (1). EntireColumn.ColumnWidth
End Sub
```

（2）区域底色的设置。在叙述底色设置前，首先介绍 Excel VBA 是如何处理颜色的。在 VBA 中，常用以下 4 种方法来设置颜色：

第一，使用颜色索引号（ColorIndex），即用序号来表示调色板里的 56 种颜色。如 ColorIndex 等于 1 时表示黑色，等于 2 时表示白色，等于 3 时表示红色，诸如此类。

第二，使用 vb 常量。在 VBA 中，有关颜色的 vb 常量有 8 个，分别为 vbBlack、vbRed、vbGreen、vbYellow，vbBlue、vbMagenta、vbCyan 和 vbWhite。

第三，使用 RGB 函数。该函数有三个参数，分别为红绿蓝三种颜色，其取值范围为 0 到 255。如 RGB（255，0，0）表示红色，RGB（0，255，0）表示绿色。

第四，使用 RGB 常量，如 rgbRed 表示红色，rgbGray 表示灰色。RGB 常量非常丰富，我们平时所需要的颜色都存在 RGB 常量。

上述第一种颜色设置方式使用“ColorIndex”属性，后三种方式都使用“Color”属性。对于对色彩不是很熟悉的一般读者，个人推荐使用 RGB 常量来表示颜色。

设置区域底色，可以使用“Interior. Color”或“Interior. ColorIndex”。如下述代码行将单元格“A1”的底色设置为海军蓝。

```
Range ("A1"). Interior.Color = rgbNavy
```

（3）单元格字体的设置。字体的格式包括字体名称（Name）、字号（Size）、字体颜色（Color）、是否加粗（Bold）、是否倾斜（Italic）等，字号的单位为 Point。

代码段3.13　字体的设置

```
Sub fontSetting ()
   Cells (1, 1). Font.Name = " 隶书"
   Cells (1, 1). Font.Size = 20
   Cells (1, 1). Font.Bold = True
End Sub
```

代码段3.13将单元格“A1”的字体设为“隶书”，字号设为 20 points，字体加粗。

（4）文本对齐方式的设置。水平对齐方式和纵向对齐方式分别用属性“HorizontalAlignment”和“VerticalAlignment”来设置，其取值可以是 Excel 常量 xlLeft、xlCenter 和 xlRight。以下代码将单元格“A1”的文本水平对齐方式设置为居中对齐。

```
Cells (1, 1). HorizontalAlignment = xlCenter
```

（5）边框的设置。单元格的边框包括上边框、下边框、左边框、右边框和内边框等。“Borders”属性返回 Borders 集合（Borders Collection），使用“Borders（index）”可以返回单个 Border 对象，index 可以是以下 Excel 常量：xlEdgeTop（上边框）、xlEdgeBottom（下边框）、xlEdgeLeft（左边框）、xlEdgeRight（右边框）、xlInsideHorizontal（内水平边框）和 xlInsideVertical（内纵向边框）等。

边框的设置主要包括线的类型（lineStyle）、线的粗细（weight）和线的颜色（color）等。lineStyle 可以是 xlContinuous（实线）、xlDash（短划虚线）、xlDot（点虚线）、xlDashDot（点划线）、xlDouble（双线）和 xlLineStyleNone（不显示边框线）等。weight 的取值可以是 Excel 常量 xlHairline（极细线）、xlThin（细线）、xlMedium（粗细一般）或 xlThick（粗线）。

代码段 3.14 将区域“A1：C5”的下边框线的类型设置为实线，线的粗细设置为粗线，线的颜色为深灰色。

代码段 3.14　单元格区域边框的设置

```
Sub setBorder ()
   Range ("A1: C5"). Borders (xlEdgeBottom). LineStyle = xlContinuous
   Range ("A1: C5"). Borders (xlEdgeBottom). Weight = xlThick
   Range ("A1: C5"). Borders (xlEdgeBottom). Color = rgbDarkGray
End Sub
```

4. Value 属性。Value 属性是单元格区域的默认属性，一般情况下，可以忽略该属性。但涉及存在多个单元格的区域时，源区域的 Value 属性不能忽略。

请读者在活动工作表的单元格区域“A1：B2”输入数据，然后分别尝试如下代码，辨别不同代码运行的效果有什么不同。

代码 1：Range（"E1"）= Range（"A1"）

代码 2：Range（"E1"）= Range（"A1"）. Value

代码 3：Range（"E1"）. Value = Range（"A1"）

代码 4：Range（"E1"）. Value = Range（"A1"）. Value

代码 5：Range（"E1：F2"）= Range（"A1：B2"）

代码 6：Range（"E1：F2"）= Range（"A1：B2"）. Value

代码 7：Range（"E1：F2"）. Value = Range（"A1：B2"）

代码 8：Range（"E1：F2"）. Value = Range（"A1：B2"）. Value

5. Formula，FormulaR1C1，FormulaArray 属性。在 Excel VBA 中，可以使用“Formula”属性来表示“A1”引用样式下的公式，使用“FormulaR1C1”属性来表示“R1C1”引用样式下的公式，使用“FormulaArray”属性来表达数组公式。为了方便读者理解 VBA 公式的应用，请大家先尝试代码段 3.15。

代码段 3.15　公式的应用

```
Sub useFormula ()
   Cells (1, 1) = 5
   Cells (2, 1) = 10
```

```
    Cells (1, 2) = 3
    Cells (2, 2) = 8

    Cells (4, 1) = Cells (1, 1) + Cells (2, 1)
    Cells (5, 1). Formula = "=A1+A2"
    Cells (6, 1). FormulaR1C1 = "=r[-3]c+r[-2]c"
    Range ("d1: d2"). FormulaArray = "= a1: a2 + b1: b2"
End Sub
```

在代码段3.15中，活动工作表的单元格“A1”赋值为5，单元格“A2”赋值为10，单元格“B1”赋值为3，单元格“B2”赋值为8。单元格“A4”为单元格“A1”和“A2”之值的和，这里省略了单元格默认属性“Value”。在工作表界面下，单元格“A4”的公式栏里只显示求和结果15。

单元格“A5”和“A6”分别用“A1”和“R1C1”引用样式输入求和公式，结果，在工作表界面下的单元格“A5”和“A6”的公式栏里均只显示求和公式“=A1+A2”。

在区域“D1：D2”，我们输入了数组公式，得到了区域“A1：A2”和“B1：B2”向量求和结果。

6. 区域的命名。可以使用区域的“Name”属性定义区域的名称，如下述代码将区域“Range（“A1：A2”）”的名称定义为全局的（在整个工作簿有效）“rngA”。

```
Range ("A1: A2"). Name = "rngA"
```

我们还可以使用“expression. Names. Add”的方法给工作簿或工作表添加名称，如果“expression”为工作簿对象，则该名称在整个工作簿有效，如果“expression”为工作表对象，则该名称在该工作表有效。“Names. Add”方法有许多参数，其中“Name”参数为区域名称，“RefTo”参数为该名称指向的区域。下述代码在代码所在工作簿添加了名称“rngNew”，该名称指向工作表Sheet1（代码名）的区域“A1：C5”。

```
ThisWorkbook.Names.Add Name: ="rngNew", _
RefTo: =Sheet1.Range ("A1: C5")
```

7. Copy 和 Paste 方法。区域赋值可以使用“Copy”方法，粘贴可以使用“Paste”方法，选择性粘贴可以使用“PasteSpecial”方法。其中“PasteSpecial”方法包含粘贴类型“Paste”和是否转置“Transpose”等参数。参数“Paste”可以取值 xlPasteAll（默认）、xlPasteValues 或 xlPasteFormulas 等。代码段3.16将活动工作表区域“A1：B5”的值选择性粘贴到区域“E1：I5”，并使用了“转置”选项。

代码段3.16 选择性粘贴

```
Sub usePasteSpecial ()
   Range ("A1: B5"). Copy
   Range ("E1: I5"). PasteSpecial xlPasteValues, Transpose: =True
End Sub
```

8. Clear，ClearContents，ClearFormats 方法。使用“Clear”“ClearContents”或“ClearFormats”方法，可以将单元格区域清除所有、仅清除内容或仅清除格式。如下述代码将工作表 Sheet1 包括内容、公式和格式的所有信息清除。

```
Sheet1. Cells. Clear
```

9. 行或列的隐藏。利用 Hidden 属性可以对某一或若干行（列）进行隐藏（Hidden 值为真）或解除隐藏（Hidden 值为假）。比如下述代码将第 1 到第 3 行隐藏。

```
Rows ("1: 3"). Hidden = True
```

3.4.5 With 语句块

读到此处，读者是否发现前述代码有些显得太过冗长？比如代码段 3.14，短短三条语句，区域对象“Range（“A1：C5”）”就重复了三遍，这违背了编程中的一个重要原则“不要重复自己”（Don't Repeat Yourself，DRY）。当某个程序集中地多次使用某对象时，我们可以使用“With 语句块”（With Statement Block）来避免这种重复输入。不仅如此，使用“With 语句块”还可以增加代码的可读性，并且可以加快程序的运行。

“With 语句块”以“With <对象>”开始，以“End With”结束，在“With 语句块”中间，以圆点（.）来替代该对象。如利用“With 语句块”，代码段 3.14 可以改写为：

代码段 3.14 _ 1　用 With 语句块来重写代码段 3.14

```
Sub setBorder ()
   With Range ("A1: C5"). Borders (xlEdgeBottom)
 . LineStyle = xlContinuous
       . Weight = xlThick
       . Color = rgbDarkGray
   End With
End Sub
```

你能使用“With 语句块”来重写代码段 3.13 吗？这是本章习题 5 的任务。

3.4.6 对象变量

使用对象变量是减少重复输入、增加代码可读性的另外一种有效手段。使用对象变量一般需要经历三个阶段，即变量声明、变量建立和赋值。

代码段 3.17　对象变量的使用

```
Sub useObjVar ()
   Dim shtData As Worksheet
   Set shtData = ThisWorkbook. Worksheets ("srcData")
```

```
    shtData.Rows (1).RowHeight = 20
    Debug.Print shtData.UsedRange.Rows.Count
End Sub
```

声明对象变量的语法是：Dim 对象变量 As 对象类型；建立对象变量需要使用"Set"关键词，并且不能忽略。

代码段3.17声明了一个类型为 Worksheet 的对象变量 shtData，并将工作表"srcData"对象赋值给该变量，在程序的其他部分，我们可以使用该变量来替代工作表对象。

与基本变量不同的是，计算机只是将对象变量的指针指向相应的对象，并没有将对象的内容赋值给变量。

3.5　函数

本章第一节我们介绍了 VBA 编程中两种主要程序之一子过程，本节介绍另外一种程序：函数程序（Function）。

在第2章中我们接触了很多工作表函数，如平均数函数 Average ( )、日期序列函数 Date ( ) 和查询函数 VLookup ( ) 等。在本章前述部分，我们也使用了一些 VBA 函数，如 MsgBox ( ) 和 InputBox ( ) 等。在一般的金融分析中，使用 Excel 和 VBA 自带的函数（Built - in Functions）足够应付了。但有时候，我们经常会重复分析解决类似的复杂问题，这时候，使用用户自定义函数（User - defined Functions）大大地方便了我们的工作。在介绍用户自定义函数之前，我们首先罗列金融分析中常用的 VBA 自带函数，而不涉及其具体用法，有兴趣的读者可以参考各函数的帮助文件，也可以参考本章末尾"进阶阅读"的相关文献。

3.5.1　VBA 函数

1. 文本函数

(1) Format ( )，返回一定格式的文本；

(2) InStr ( )，返回子文本在文本中第一次出现的位置；

(3) InStrRev ( )，返回子文本在文本中从右边数第一次出现的位置；

(4) LCase ( )，将文本转化为小写；

(5) UCase ( )，将文本转化为大写；

(6) StrConv ( )，根据参数值，将文本转换为小写、大写或首字母大写；

(7) Left ( )，返回从左开始数的一定长度的子字符串；

(8) Right ( )，返回从右开始数的一定长度的子字符串；

(9) Mid ( )，返回从中间某位置开始数的一定长度的子字符串；

(10) Trim ( )，去除字符串两端的空字符；

(11) LTrim ( )，去除字符串左端的空字符；

（12）RTrim（），去除字符串右端的空字符；

（13）Len（），返回字符串的长度；

（14）Replace（），将字符串中某一特定子字符串替换为给定的字符串；

（15）Split（），将字符串按指定分隔符拆为数组。

2. 日期时间函数

（1）Date（），返回当前日期。值得注意的是，工作表同名函数 Date（）根据给定的参数年、月和日，返回一个日期序列；

（2）DateAdd（），返回在给定日期基础上增加若干期间（interval，年、月、周、日等）日期后的日期序列；

（3）DateDiff（），返回两个日子之间的期间数，期间可以是年（yyyy）、季度（q）、月（m）、周（ww）、日（d）、小时（h）、分（n）和秒（s）等；

（4）DateSerial（），根据给定的年月日值，返回日期序列，类似于工作表函数 Date（）；

（5）TimeSerial（），根据给定的时、分、秒信息返回时间序列；

（6）Year（），从日期序列中返回用 4 位数表示的年份值；

（7）Month（），从日期序列中返回用 1 到 12 表示的月份值；

（8）Day（），从日期序列中返回用 1 到 31 表示的日期值；

（9）Hour（），根据给定的时间序列，返回用 0 到 23 表示的小时值；

（10）Minute（），根据给定的时间序列，返回用 0 到 59 表示的分钟值；

（11）Second（），根据给定的时间序列，返回用 0 到 59 表示的秒数值；

（12）Now（），返回系统当前日期时间。

3. 数学函数

（1）Abs（），求绝对值；

（2）Sqr（），求平方根，注意对应的工作表函数为 Sqrt（）；

（3）Log（），求自然对数，注意：工作表函数 Log（）求任意底的对数，参数 Base（底）的默认值为 10，VBA 函数类似于工作表函数 Ln（）；

（4）Exp（），求以 e 为底的指数；

（5）Round（），四舍五入；

（6）Sin（），求正弦值；

（7）Cos（），求余弦值；

（8）Tan（），求正切值；

（9）Rnd（），返回 0 到 1 之间的随机数。

4. 信息函数

（1）IsEmpty（），是否为空；

（2）IsError（），是否为错误值；

（3）IsNull（），是否为 NULL；

（4）IsNumeric（），是否为数值；

（5）IsDate（），是否为有效日期值。

5. 金融函数

（1）PV（），求现值；

（2）FV（），求终值；

（3）IRR（），求内部收益率；

（4）MIRR（），调整的内部收益率；

（5）NPV（），求净现值；

（6）PMT（），等额本息贷款的每期还贷额；

（7）PPMT（），等额本息贷款的每期还贷额的本金偿还部分；

（8）IPMT（），等额本息贷款的每期还贷额的利息部分。

6. 数据类型转换函数

（1）CInt（），转换为整型；

（2）CLng（），转换为长整型；

（3）CSng（），转换为单精度；

（4）CDbl（），转换为双精度；

（5）CDate（），转换为日期型；

（6）Cstr（），转换为字符型；

（7）CBool（），转换为布尔型。

7. 文件管理函数

（1）MkDir（），新建文件夹；

（2）FileLen（），返回以字节（Bytes）为单位的文件大小；

（3）FileDateTime（），返回文件建立或最近修改的日期时间。

3.5.2　用户自定义函数

用户自定义函数是指用户自己使用 VBA 函数程序编写的函数。函数程序的一般结构为：

```
Function <函数名> (<参数列表>) As <返回值数据类型>
语句 1
语句 2
        …
End Function
```

函数名的基本要求与一般变量名类似，比如以字母开头、中间不要有空格、不要出现非法字符等。<函数名>和其后的圆括号之间没有空格。

<参数列表>中每个必需参数的格式为：

```
<参数名> As <参数数据类型>
```

可选参数前需要加关键词 Optional，并给其赋值，其格式为：

```
Optional <可选参数名> As <参数数据类型> = <默认值>
```

不同的参数用逗号（,）分隔，可选参数一般置于参数列表的后面部分。

如果没有对参数或函数返回值指定类型，则将该参数或函数返回值视为默认的可变体（Variant）。

函数体中可以包含许多语句，但最后一条语句必须将返回值赋值给与函数名同名的变量。

代码段 3.18 定义了求三角形面积的函数，该函数包含两个双精度参数 triBase 和 triHeight，函数的返回值即三角形面积也为双精度。

代码段 3.18　计算三角形面积的函数

```
 Function triangleArea (triHeight As Double, triBase As Double)
As Double
    triangleArea = triBase *  triHeight / 2
  End Function
```

代码段 3.19 类似于 Excel 和 VBA 自带函数 PV（），用来计算一笔现金流的现值。该函数包含 fv（终值）和 rate（利率）两个必需参数，一个可选参数 nPeriod（期数），其默认值为 1。

代码段 3.19　自定义现值函数 PValue（）

```
Function PValue (fv As Double, rate As Double, _
Optional nPeriod As Integer = 1) As Double
  PValue = fv *  (1 + rate) ^ ( - nPeriod)
End Function
```

在本节结束段，我们对函数作一小结。

在第 2 章，我们提到不存在内在的工作表函数来判别某一单元格或区域是否为有效的日期值，但我们知道 VBA 函数 IsDate（）可以实现这一功能。代码段 3.20 的自定义函数 IsDate2（）可以调用 VBA 函数 IsDate（），而自定义函数既可以在 VBA 中使用，也可以在工作表中使用。

代码段 3.20　自定义现值函数 IsDate2（）

```
Function IsDate2 (rng As Range) As Boolean
  IsDate2 = IsDate (rng)
End Function
```

第一，我们可以将 Excel 和 VBA 函数分为三类，即工作表内在函数（Worksheet Built - in Functions）、VBA 内在函数（VBA Built - in Functions）和用户自定义函数（User - defined Function）。

第二，在工作表界面下，我们可以像工作表内在函数一样调用用户自定义函数，但不能直接调用 VBA 内在函数。

第三，在 VBA 中，我们可以直接使用 VBA 内在函数，也可以直接使用用户自定义函数。如果要调用工作表函数，需要在工作表函数名前加 Application 对象。

第四，有些 VBA 函数与工作表函数同名，并且具有相同的功能，如 NPV 函数。

第五，有些 VBA 函数尽管在工作表中存在同名函数，但两者的功能不同。如 VBA 中的 Date 函数返回当前日期，类似于工作表函数 Today（），而工作表函数 Date 返回的是日期序列，它类似于 VBA 函数 DateSerial。

第六，有些 VBA 函数与具有相同功能的工作表函数有不同的函数名。如同样是生成 0 到 1 的随机数，工作表函数为 Rand，而 VBA 函数为 Rnd。

最后，在 VBA 中，我们要优先使用 VBA 函数。

3.6 VBA 决策语句

在金融建模中，我们经常需要根据条件来作出判断。比如，在估算投资回收期时，我们需要判断包括初始投资在内的累计净现金流是否大于等于 0。Excel VBA 的决策（Decision Making）语句用来控制代码的执行流（Execution Flow），该执行由一句或多句条件语句来控制。VBA 决策语句的结构可以用图 3－10 表示。

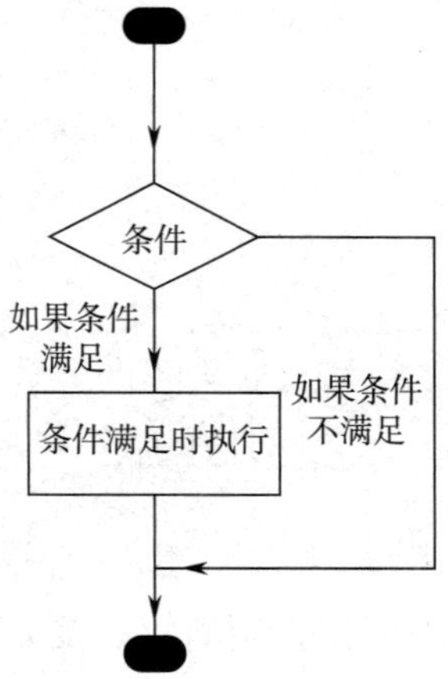

图 3－10 VBA 决策语句结构图

在 Excel VBA 中，我们经常用两种控制语句，即 If 语句和 Select Case 语句。

本节内容基于如下例子展开。在活动工作表区域“B1：B41”，是某班级上学期“Excel 金融应用”课程的成绩（0 到 100 分），其中“B1”单元格是标题。由于对该专业学生来说，该课程是考查课，教务部门要求以等级（优、良、中、及格和不及格）来给定成绩。我们的任务是在“C”列将“B”列的百分制分数转化为等级分数，其转化标准是：如果分数大于等于 90，记为优；如果分数小于 90 但大于等于 80，记为良；分数小于 80 但大于等于 70，记为中；分数小于 70 但大于等于 60，记为及格；分数小于 60，记为不及格。

3.6.1 If 语句

If 语句的一般结构为：

```
If <条件 1 >为真 Then
条件 1 满足时执行
ElseIf <条件 2 >为真 Then
条件 2 满足时执行
…
Else
其他情况下执行
```

```
End If
```

代码段 3.21　使用 If 语句将百分制分数转换为五档等级分数的函数

```
Function score2grade (score As Single) As String
  Dim grade As String

  If score > = 90 Then
     grade = "优"
  ElseIf score > = 80 Then
     grade = "良"
  ElseIf score > = 70 Then
     grade = "中"
  ElseIf score > = 60 Then
     grade = "及格"
  Else
     grade = "不及格"
  End If

  score2grade = grade
End Function
```

有时候，判断较为复杂，可能存在多个 ElseIf，甚至嵌套几重 If 判断。而有时候，需要判断的状态很少，可能不需要 ElseIf 甚至不需要 Else。当 If 语句只有一条语句时，可以忽略 End If。

代码段 3.21 利用 If 判断定义了将百分制分数转换为五档等级分数的函数。该函数利用 If 语句，根据学生分数的高低，将分数转换为五档等级，并将它赋值给中间变量 grade。函数体的最后一条语句将 grade 的值赋值给与函数名同名的变量 score2grade。

在 VBA 模块中输入上述函数程序后回到工作表界面，如图 3－11 所示，我们就可以像工作表内在函数一样方便地使用自定义函数 score2grade（）了。

3.6.2　Select Case 语句

Select Case 语句的一般结构为：

```
Select Case <判断变量>
  Case <条件 1>
```

满足条件 1 时执行

```
  Case <条件 2>
```

满足条件 2 时执行

```
…
    Case Else
```

不满足上述条件下执行

```
End Select
```

当条件中包含比较运算符如“>”“<”“>=”“<=”“=”或“<>”等时，VBA 会自动在 Case 后添加关键词“Is”。用 Select Case 语句改写前述用户自定义函数 score2grade ( )，其代码见代码段 3.22。

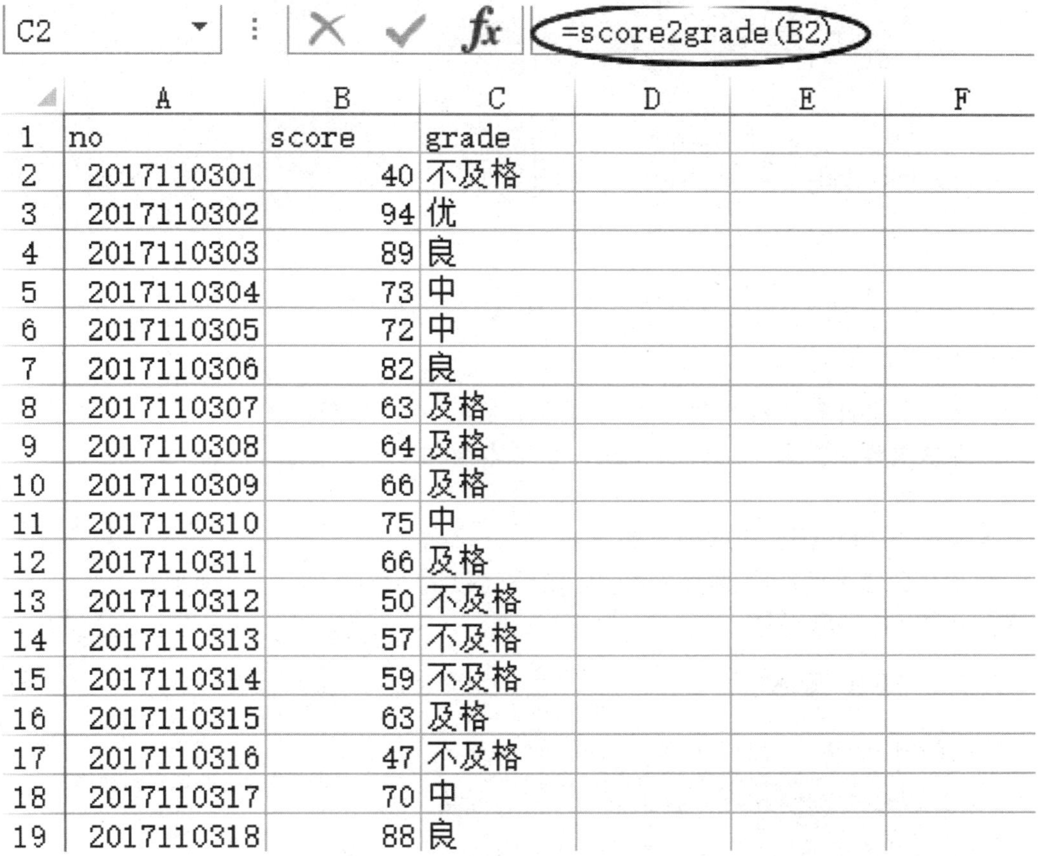

C2 =score2grade(B2)

	A	B	C	D	E	F
1	no	score	grade			
2	2017110301	40	不及格			
3	2017110302	94	优			
4	2017110303	89	良			
5	2017110304	73	中			
6	2017110305	72	中			
7	2017110306	82	良			
8	2017110307	63	及格			
9	2017110308	64	及格			
10	2017110309	66	及格			
11	2017110310	75	中			
12	2017110311	66	及格			
13	2017110312	50	不及格			
14	2017110313	57	不及格			
15	2017110314	59	不及格			
16	2017110315	63	及格			
17	2017110316	47	不及格			
18	2017110317	70	中			
19	2017110318	88	良			

图 3-11　在工作表界面使用用户自定义函数

代码段 3.22　使用 Select Case 语句将百分制分数转换为五档等级分数的函数

```
Function score2grade2 (score As Single) As String
  Dim grade As String

  Select Case score
     Case Is > = 90
       grade = "优"
```

```
        Case Is > = 80
          grade = "良"
        Case Is  > = 70
          grade = "中"
        Case Is > = 60
          grade = "及格"
        Case Else
          grade = "不及格"
    End Select

    score2grade2 = grade
End Function
```

3.7 VBA 循环语句

循环无疑是计算机程序最有吸引力的功能之一了。循环是重复执行若干代码若干次，其基本结构如图 3－12 所示。

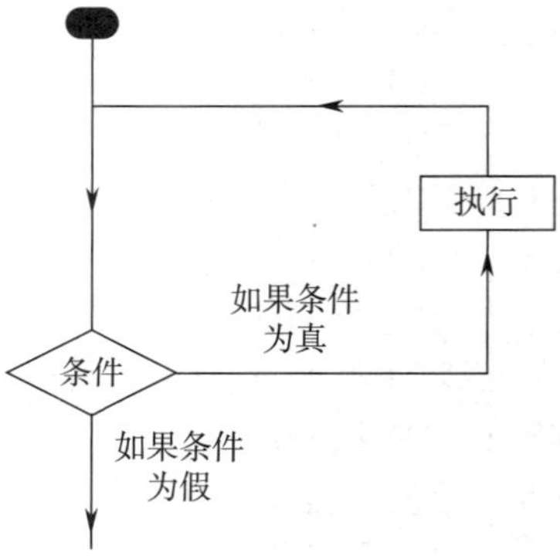

图 3－12　循环语句结构

本节主要介绍 VBA 的两类重要循环，即 For 循环（包括其变体 For Each 循环）和 Do 循环（包括 Do While 和 Do Until 循环）。

3.7.1 For 循环

For 循环的基本结构如下：

```
  For <循环变量> = <起始值> To <结束值>Step <步长>
     …
  Next <循环变量>
```

步长可以是正数，也可以是负数。当步长是正数时，要求结束值大于起始值；当步长为负数时，要求结束值小于起始值。当步长为默认值 1 时，我们可以忽略“Step <步长>”。关键词“Next”后面的<循环变量>并不是必需的，但出于代码可读性的考虑，我们建议关键词“Next”后面始终跟随所用的<循环变量>。

在 For 循环下，程序执行循环变量等于<起始值>时相关语句，然后循环变量变为“<起始值> + <步长>”，再然后为“<起始值> + <步长> * 2”，依此类推，直到达到<结束值>为止。

代码段 3.23 使用 For 循环，用子过程完成前述百分制分数转换为五档等级分数。首先，我们利用 End 属性获得了“A”列中行号最大的非空单元格（即“A41”）所在的行号，该行号减 1（第 1 行为标题行）为学生人数（即 40），然后将该数值赋值给长整型变量 nstu。由于步长是默认的 1，使用可以忽略关键词“Step”。由于要频繁引用单元格“B2”，所以我们将之放入 With 语句块。“Offset (i - 1)”中只有行偏移数“i - 1”而没有列偏移数，意味着 Select Case 变量是位于“B”列的相关单元格的数值，“Offset (i - 1, 1)”意味着转换后的等级分数输入百分制分数所在列的右边一列。

代码段 3.23　用 For 循环将百分制分数转换为五档等级分数的子过程

```
Sub score2grade _ forLoop ()
  Dim nstu As Long, i As Long

  nstu = Cells (2, 1). End (xlDown). Row - 1

  For i = 1 To nstu
    With Cells (2, 2)
      Select Case . Offset (i - 1). Value
        Case Is > = 90
          . Offset (i - 1, 1). Value = "优"
        Case Is > = 80
          . Offset (i - 1, 1). Value = "良"
        Case Is > = 70
          . Offset (i - 1, 1). Value = "中"
        Case Is > = 60
          . Offset (i - 1, 1). Value = "及格"
        Case Else
          . Offset (i - 1, 1). Value = "不及格"
      End Select
    End With
  Next i
End Sub
```

For 循环可以嵌套使用（Nested for Loops）。如代码段 3.24 使用嵌套 For 循环定义了协方差矩阵函数。

在代码段 3.24 中，函数 CovMat 包含两个参数，即必需参数 rng 和可选参数 byCol。其中 rng 是 Range 对象变量，用来定义数据区域；可选参数 byCol 为布尔型变量，其默认值为真，用来表示是否按列来计算相关系数。函数返回值为单精度的数组，所以函数 CovMat（）属于数组函数，使用时需要使用“Ctrl + Shift + Enter”组合键来完成输入。

我们首先声明了变量 nrow 和 ncol，分别用来存储数据区域的行数和列数。然后声明了动态数组 res，其长度取决于 rng 的大小和是否按列计算。

当按列计算协方差时，我们使用工作表函数“Covariance. S”循环计算第 i 列和第 j 列的协方差。注意，由于圆点在 VBA 中有特殊含义，在 VBA 中使用带圆点的工作表函数时，一般需要用下划线（_）来替代圆点（.）。

我们将计算结果赋值给数组 res（），最后再将 res 赋值给 CovMat。

代码段 3.24　利用嵌套 For 循环计算协方差矩阵

```
  Function covMat (rng As Range, Optional byCol As Boolean = True) As
Single ()
     Dim nrow As Long, ncol As Long, i As Long, j As long
     Dim res () As Single

     nrow = rng. rows. count
     ncol = rng. columns. count

     If byCol Then
        ReDim res (1 To ncol, 1 To ncol)
        For i = 1 To ncol
      For j = 1 To ncol
      res (i, j) = Application. Covariance _ P (rng. Columns (i),
rng. Columns (j))
  Next j
        Next i
     Else
        ReDim res (1 To nrow, 1 To nrow)
        For i = 1 To nrow
      For j = 1 To nrow
     res (i, j) = Application. Covariance _ P (rng. Rows (i), rng. Rows
(j))
  Next j
        Next i
     End If

     covMat = res
  End Function
```

当我们需要对集合或数组等的元素进行循环时，使用 For Each 循环相对更为便利。For Each 循环的基本结构如下：

```
For Each <循环变量> In <集合、数组等>
  …
Next <循环变量>
```

其中循环变量和集合中元素的变量类型相同。如果集合为 Workbooks，则循环变量应该属于 Workbook；如果集合为 Worksheets，则循环变量应该属于 Worksheet。如果集合中的元素有不同的类型，如 Sheets 既包含 Worksheet，也包含 Chart Sheet，这时可以将循环变量声明为可变体。

代码段 3.24　For Each 循环举例

```
Sub useForEach ()
  Dim stuName As Variant, arr As Variant
  stuName = Array ("Tom", "Mary", "John", "Hillary", "Bill")

  For Each arr In stuName
     debug. Print arr
  Next arr
End Sub
```

代码段 3.25 利用 For Each 循环在立即窗口依次数组 stuName 中每一个元素的值。由此可以看出，对于集合、字典（下节会有介绍）和数组等，使用 For Each 循环使得代码更加简洁。

但比较于 For 循环，For Each 循环也存在诸多不便之处。比如，我们不能只对集合或数组的部分元素进行循环。

另外，无论 For 循环还是 For Each 循环，我们都可以通过"Exit For"来退出循环体。

3.7.2　Do 循环

在使用 For 循环前，我们预先知道循环次数。但有时候，我们事先不可能知道需要循环多少次。如利用迭代法计算现金流的内部收益率时，我们不知道需要迭代的次数，因此不能使用 For 循环。在这种情况下，我们需要使用 Do 循环。

Do 循环可以有以下几种形式：

形式 1：

```
Do
  …
Loop While <条件>
```

形式 2：

```
Do While <条件>
  …
Loop
```

形式3：

```
Do
   …
Loop Until <条件>
```

形式4：

```
Do
   …
Loop While  <条件>
```

对于形式1和形式3，当条件满足（或直到条件满足）运行了一次或多次；对于形式2和形式4，当条件满足（或直到条件满足）运行了零次或多次。

与For循环类似，上述四种形式的Do循环中间，都可以通过“Exit Do”退出循环体。

假设某次债券预计发行100亿元，拟采用荷兰式（单一价格）价格招标，6家投标单位按价格从高到低顺序的报价分别为99.5、99.4、99.3、99.2、99.1和99.0（单元格“A2”到“A7”），对应的承销量（亿元）分别为22、27、32、29、34和28（单元格“B2”到“B7”），问最终承销价格等于多少。

上述问题的实质是将按价格从高到低排序后相应的承销量累加，当累计的承销量等于或大于100亿元时，对应的边际价格就是最终的承销价格。因此，我们可以使用Do循环来解决该问题，参见代码段3.26。

代码段3.26　利用Do循环求承销价格

```
Sub biddingPrice ()
   Dim amount As Long, i As Integer

   amount = 0
   i = 2

   Do
      amount = amount + Cells (i, 2)
      i = i + 1
   Loop While amount < 100

   Debug. Print "The price of the bond is" & Cells (i - 1, 1)
End Sub
```

代码段3.26采用了形式1的Do循环，即“Do … Loop While”。对该问题，我们也可以使用“Do”循环的其他三种形式，这里不再赘述。

3.8　字典

在上一节我们看到，我们可以使用数组处理具有关联的一系列具有相同类型的变量，并且可以使用下标（Index）来访问数组中的某个元素，但数组的下标只能是整数0、1、2、3 …。有时候，我们需要使用更为灵活的变量作为下标，这时候可以使用VBA集合（Collection）或字典（Dictionary）。字典可以实现集合所具有的大多数功能，并且包含了集合所难以具备的特性，因此，本节仅介绍字典的应用。

想象一下我们平时接触的现实中的英文字典，如果要查找某个单词的意思和用法，我们会以该单词作为索引（Key），找到该单词所在的页码，该单词的意思和用法为该单词的条目（Item）。

我们也可以用字典表示某交易日上海证券交易所所有A股交易信息，股票代码或简称可以作为字典的索引，该股票对应的开盘价、最高价、最低价、收盘价和成交量等信息（可以表示为数组）作为字典的条目。

VBA字典的索引可以是数字、文本等，其条目可以是数字、文本、数组甚至可以是字典。以下我们简单介绍字典的基本使用方法，有兴趣的读者可以参阅本章末尾“进阶阅读”中的相关资料。

3.8.1　事前绑定和事后绑定

由于字典不是Excel VBA本身自带的，在使用前需要加载该功能，可以采用两种方法，即事前绑定（Early Binding）和事后绑定（Late Binding）。

1. 事前绑定。事前绑定的主要步骤如下。

步骤1：添加对Microsoft Scripting Runtime的引用。在VBA界面下，点击“工具”—“引用”，如图3－13所示，在弹出框里勾选“Microsoft Scripting Runtime”后点击“确定”。

步骤2：声明。声明一个字典变量与一般的对象变量没有什么区别，关键词“Dim”后接<字典变量名>，然后是关键词“As”，最后是对象类型（这里是Scripting. Dictionary）。下述代码声明了一个名叫“cnStock”的字典变量。

```
Dim cnStock As Scripting.Dictionary
```

步骤3：建立。与一般的对象变量一样，建立对象变量需要关键词“Set”。但与前述工作簿、工作表或单元格区域等对象不同，建立字典变量时，关键词“New”不能省略。这样，建立字典变量“cnStock”的代码应该是：

```
Set cnStock = New Scripting.Dictionary
```

我们也可以用如下代码将步骤2和步骤3合并为一步：

```
Dim cnStock As New Scripting.Dictionary
```

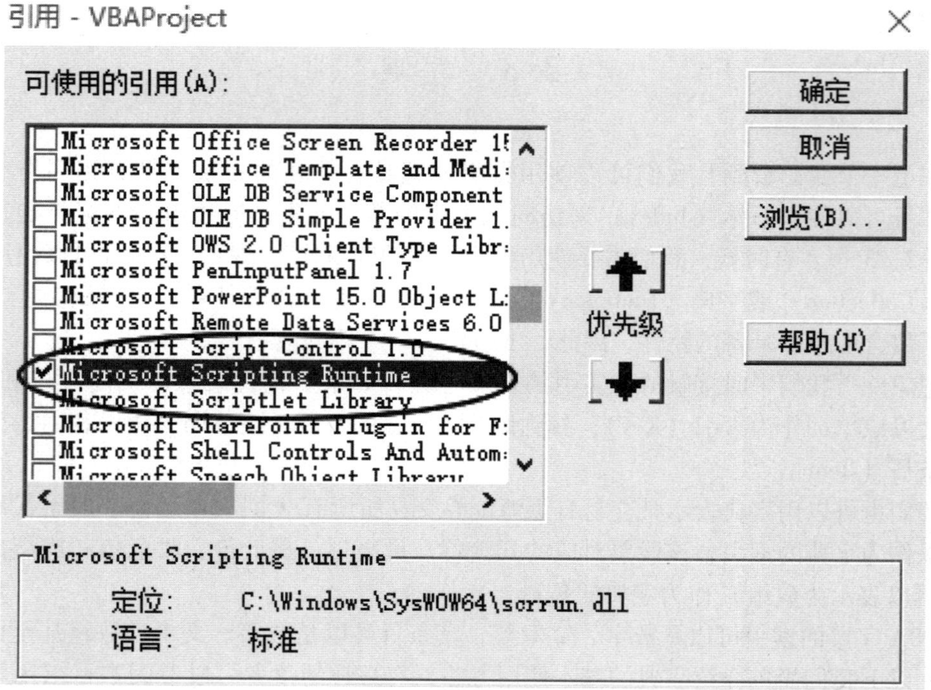

图3－13　添加“Microsoft Scripting Runtime”的引用

2. 事后绑定。在这种方式下，建立字典变量不需要再添加引用，只需两步，即声明和建立。

步骤1：声明。其代码为：

```
Dim cnStock As Object
```

步骤2：建立。其代码为：

```
Set cnStock = CreateObject ("Scripting.Dictionary")
```

那么，什么时候采用事前绑定，什么时候采用事后绑定呢？由于事前绑定下代码编写过程中会自动智能提示（Intellisense）而事后绑定则不会出现该提示，但事前绑定需要事先加载“Microsoft Scripting Rruntime”的引用。所以我们推荐在代码编写过程中优先使用事前绑定，当代码测试成功后可以改为事后绑定。另外，用整个Excel文档与合作者交流时可以考虑采用事前绑定，而仅仅用代码文件与人交流，则采用事后绑定更为方便。当然，这只是习惯问题，读者可以根据自己的特点，坚持使用一种绑定方式。

3.8.2　给字典添加条目

我们可以通过字典的“Add”方法给字典添加条件，也可以通过赋值的方法来添加。

1. “Add”方法添加条目。其语法为：

```
<字典变量名>.Add Key: = <索引值>, Item: = <条目值>
```

2. 赋值法添加条目。其语法为：

```
<字典变量名> (<索引值>) = <条目值>
```

值得注意的是，如果某索引值已经存在，使用“Add”方法给字典添加条目，会出现错误提示；而使用赋值法时，则会用新的条目值替代原来值。

3.8.3 判断索引值是否已经存在

如果 <索引值>已经存在，则 <字典变量名>. Exists (“<索引值>”) 返回 True，否则返回 False。

3.8.4 条目数量的计数

使用字典的“Count”方法可以计数字典包含多少条目，其语法为：

```
<字典变量名>. Count
```

3.8.5 条目的移除

使用字典的“Remove”方法可以根据索引值移除该索引值对应的条目，其语法为：

```
<字典变量名>. Remove <索引值>
```

使用“RemoveAll”方法可以移除字典中所有条目。

3.8.6 读取索引值和条目值

比如我们要读取某字典的第 2 条索引值和条目值，可以分别使用“<字典变量名>. Keys (1)”和“<字典变量名>. Items (1)”。这里，使用“1”而不是“2”是因为与数组类似，字典的计数从 0 开始（即 Base 0）。

需要注意的是，上述方法读取索引值或条目值需要采用事前绑定的方式，若事后绑定，则会出现错误提示。

代码段 3.27 通过事后绑定声明并建立了对象变量“cnStock”，然后通过赋值的方法给该字典添加了索引值为“000001”（股票代码）、条目值为“Array (11.49, 481276)”（价格，成交量）。然后通过“Add”方法添加了另一条目，最后在立即窗口输出该字典条目数。

代码段 3.27 字典的使用

```
Sub useDict ()
  Dim cnStock As Object
  Set cnStock = CreateObject ("Scripting. Dictionary")

  cnStock ("000001") = Array (11.49, 481276)
  cnStock. Add "000002", Array (25.79, 795768)
  Debug. Print cnStock. Count
End Sub
```

3.9 数组与单元格区域的互动

在实际金融建模中，我们经常需要将单元格区域的数据读入到数组，通过计算分析后又将数组数据输出到单元格区域。

3.9.1 通过循环实现数组与单元格区域的互动

通过循环实现单元格区域和数组的互动比较简单。代码段3.28通过For循环将活动工作表的区域“A2：D40”的数据读入名为arr的数组中。

由于频繁地访问工作表单元格将大大降低代码运行效率，所有在读取单元格数据前，我们关闭屏幕更新以提高代码运行效率。当数据读取完毕后，我们重新打开屏幕更新。

使用循环将数组数据输出到工作表单元格的过程类似，这里不做赘述。

代码段3.28 利用For循环将单元格区域数据读入数组

```
Sub range2array_loop ()
    Dim rng As Range
    Dim nrow As Long, ncol As Long, i As Long, j As Long
    Dim arr () As Single

    Set rng = ActiveSheet.Range ("A2: D40")
    nrow = rng.Rows.Count
    ncol = rng.Columns.Count
    ReDim arr (1 To nrow, 1 To ncol)

    Application.ScreenUpdating = False

    For i = 1 To nrow
        For j = 1 To ncol
      arr (i, j) = rng.Cells (i, j)
        Next j
    Next i
    Application.ScreenUpdating = True
End Sub
```

3.9.2 将单元格区域的值读入数组

由于频繁地访问工作表单元格是一项成本高昂的操作，所以我们更倾向于将所需要的单元格数据一次性读入数组。代码段 3. 29 不使用循环，将区域“A2：D40”的数据读入数组 arr。

将单元格数据读入数组时，需要注意三点：

第一，我们需要将数组声明为可变体；

第二，无论单元格是否仅有 1 行或 1 列，数据读入后数组总是二维的，第 1 维的长度是单元格区域的行数，第 2 维的长度是单元格区域的列数；

第三，无论 Base 选项是 0 还是 1，读入数据后的数组每一维的起始索引号总是 1。

代码段 3. 29　将单元格数据一次性读入数组

```
Sub range2array_no_loop ()
    Dim rng As Range
    Dim arr As Variant
    Set rng = ActiveSheet.range ("A2: D40")
    arr = rng.Value
End Sub
```

3. 9. 3　将数组的值输出到单元格区域

将数组的数据输出到单元格区域，要保证输出的单元格区域的行数等于数组第 1 维的长度，区域的列数等于数组第 2 维的长度。特别需要注意的是，在 VBA 中，一维数组被当做行向量来处理。因此，若 arr 是长度为 10 的一维数组，把其数据输出到活动工作表中以单元格“D1”为起始单元格的列中时，我们可以使用如下代码：

```
ActiveSheet.Cells (1, 4). Resize (10, 1) =_
        Application.Transpose (arr)
```

代码段 3. 30 将数组 arr 的数值输出到活动工作表以“F1”为左上角的区域内。

代码段 3. 30　将数组数值一次性输出到单元格区域

```
Sub array2range_no_loop ()
    Dim rng As Range
    Dim arr As Variant
    Set rng = ActiveSheet.Range ("A2: D40")
    arr = rng.Value

    'back to range start with F1
    ActiveSheet.Cells (1, 6). Resize (UBound (arr, 1), _
UBound (arr, 2)) = arr
End Sub
```

本章小结

本章我们学习了 Excel VBA 的基本知识，为今后金融建模奠定一定的基础。

变量是命名的内存空间，用来存放数据，在程序运行时，变量的值可以变动，而常量在程序运行过程中，其值不能变化。变量可以分为数值型和非数值型，数值型包括整型、长整型、单精度和双精度等；非数值型包括文本型、日期型、布尔型和可变体等。变量使用前最好事先声明，声明变量使用“Dim”关键词。

基本变量一次只能存储一个数值。而数组是具有相同数据类型、具有相同名字的一系列变量的组合。数组可以是一维的，也可以是多维的；可以是静态数组，也可以是动态数组。

对象是数据和程序的结合。对象一般以集合的形式出现，对象一般有属性和方法。金融建模中最常用的对象包括 Application 对象、工作簿对象、工作表对象和单元格区域对象，另外，我们也经常使用字典等 Excel VBA 本身自带的对象，这些对象在使用前需要加载，加载可以事前绑定，也可以事后绑定。

判断语句根据条件的真假来决定执行什么操作，我们经常使用 If … Else 判断和 Select Case 判断。

循环是 VBA 的一项重要功能，常见的循环有 For 循环、For Each 循环和 Do 循环。在循环次数已知情况下，可以使用 For 循环及其变体 For Each 循环，若循环次数未知，则需要使用 Do 循环。

VBA 常用的程序有子过程和函数程序，通常，函数将返回数值，而子过程不返回。

VBA 关键词：程序、子过程、函数、变量、常量、数组、集合、字典、对象、循环、判断。

本章习题

1. 先猜测如下代码中变量 var1、var2 和 var3 的类型，然后通过“逐语句运行”（快捷键 F8）在本地窗口观察该三个变量的实际类型。

```
Sub ex1 ()
  Dim var1, var2, var3 As Long
End Sub
```

2. 如何访问某工作簿最右边一张工作表，请给出代码。

3. 请写出完成如下任务的代码：

（1）选择第 3 列至第 6 列；

（2）选择第 2 行、第 6 行和第 9 行。

4. 如何通过 VBA 来实现组合键“Ctrl + Shift”加上下左右键的功能？提示：利用 Range 对象和 End 属性。

5. 利用“With 语句块”重写代码段 3.13。

6. 利用 Do 循环的形式 3（即 Do While <条件> … Loop）重写代码段 3.25，分别按 F8 键逐句运行代码，在本地窗口观察循环次数是否有差异，为什么？

7. 尝试用 For Each 循环在某文本型数组的每个元素前添加前缀“ele”。按 F8 键逐句运行代码，在本地窗口观察其实际效果是什么，为什么？

8. 利用 For 循环，将某一单元格区域每隔 3 行，将底色设置为浅灰色。能否用 For Each 循环来完成该任务呢？为什么？

9. 编写一个用户自定义函数，计算投资的静态投资回收期。

10. 尝试如下代码段，看看其运行结果，它达到了你的预期效果了吗？分析其原因并修改代码，以达到预期效果。

```
Sub Test
  Dim arr (1 To 3) As Long
  Dim i As Long
  For i = 1 To 3
     arr (i) = i
  Next i
  ActiveSheet.Cells (1, 1).Resize (3, 1) = arr
End Sub
```

11. 下述列表是某日某一水果店各种水果按销售时间排列的销售金额，利用字典统计该日每种水果的销售额。

苹果	35	桃子	38	枣子	62	荔枝	42
香蕉	18	西瓜	34	枣子	77	荔枝	28
梨	40	西瓜	28	西瓜	32	西瓜	18
苹果	67	梨	25	香蕉	12	苹果	34

12. 编写函数判断某个整数是否为质数，并利用该函数返回 1 到 200（包含）的质数。

进阶阅读

1. 有关 VBA 的基础知识，读者可以阅读：郭刚等编著的《Excel VBA 从入门到精通》，化学工业出版社，2011 年第 2 版；我要自学网：《Excel VBA 基础教程》，网址为 http：//www.51zxw.net/list.aspx？cid=392。

2. 有关边框的设置，可以参考微软开发平台的相关内容，网址为 https：//msdn.microsoft.com/en-us/library/office/aa172926（v=office.11）.aspx。

3. 有关 VBA 自带函数的用法，读者可以参考 techonthenet 网站，网址为 https：//www. techonthenet. com/excel/formulas/index _ vba. php/。

4. 有关字典的有趣介绍，请参见 Paul Kelly 的网文 Excel VBA Dictionary ——a Complete Guide，网址为 https：//excelmacromastery. com/vba – dictionary/。

5. 有关使用类模块定义自定义对象，请参考 Paul Kelly 的网文 VBA Class Modules ——The Ultimate Guide，网址为 https：//excelmacromastery. com/vba – class – modules/。

第 4 章

金融数据的获取和预处理

阅读本章前，请读者检查是否已经掌握如下内容：

是否掌握	任务模块
□	通过菜单模式将本地文本文件读入工作表单元格
□	通过 VBA 代码将本地文本文件读入工作表单元格
□	通过 VBA 代码将本地文本文件读入 VBA 数组
□	通过菜单模式读入网络表格数据
□	通过 VBA 代码将存放于网络的文本文件读入工作表单元格
□	通过 VBA 代码读取网络表格数据
□	通过菜单模式对数据进行排序
□	通过 VBA 代码对数据进行排序
□	通过菜单模式对数据进行筛选
□	通过 VBA 代码对数据进行筛选
□	通过菜单模式对时间序列数据进行频率转化
□	通过 VBA 代码对时间序列数据进行频率转化
□	通过菜单模式完成两个数据表的数据合并
□	通过 VBA 代码完成两个数据表的数据合并

利用 Excel 进行金融建模，首先需要获取金融数据。实践中，金融数据主要保存于：（1）以文本文件（. txt 或 . csv）形式存放于本地文件夹；（2）以文本文件或 Excel 文件形式存放于网络（在网页中点击下载链接）；（3）以网页表格等形式显示于网页中；（4）以 JSON 或 XML 形式存放于网络中；（5）保存于数据库中。本章第 1 节主要讲解如何通过菜单模式和 VBA 代码导入本地文本档数据，第 2 节介绍如何通过互联网获取常用的金融数据。由于篇幅所限，本章不涉及如何通过 Excel 访问和查询数据库。

无论什么形式的金融数据，很少有直接为数据使用者准备的。因此，在利用金融数据进行分析前，往往需要对数据进行预处理（Preprocessing）。检查数据是否存在错误、数据排序、筛选、频率转换和数据合并等，是数据预处理过程中常见的问题。本章第 3 节介绍如何通过菜单模式和 VBA 代码实现数据的排序；第 4 节介绍数据的筛选；第 5

节介绍如何对金融时间序列数据进行常见的频率转换，如将日数据转化为周数据或月数据等；第 6 节介绍如何通过菜单模式和 VBA 代码完成两个数据表的数据合并。

4.1　本地文本文件的导入

假设在本地“E：\ data”文件夹下，有一个扩展名为“txt”的文件“fl04 _ 01. txt”，有一个扩展名为“csv”的文件“fl04 _ 02. csv”，两个文件的首行均为变量名（Header），末行均为空行，表示文件的结束，两个文件都使用回车键表示一行的结束。“fl04 _ 01. txt”在 Excel 中，使用 Tab 键来分割不同的列，“fl04 _ 02. csv”为“csv”文件（Comma – separated Values，逗号分割值文件），按定义，其列分隔符为逗号“,”。图 4 – 1 和图 4 – 2 分别显示在文本编辑器 Notepad + + 下两个文件的截图。

```
1  date        time        price
2  2016-12-08  09:30:12    5.78
3  2016-12-08  09:30:25    5.76
4  2016-12-08  09:30:46    5.87
5  2016-12-08  09:31:05    5.59
6  2016-12-08  09:31:40    5.65
7  2016-12-08  09:31:54    5.69
8  2016-12-08  09:32:11    5.78
9  2016-12-08  09:32:24    5.77
10
```

图 4 – 1　txt 文件截图

```
1  date,time,price
2  2016-12-08,09:30:12,5.78
3  2016-12-08,09:30:25,5.76
4  2016-12-08,09:30:46,5.87
5  2016-12-08,09:31:05,5.59
6  2016-12-08,09:31:40,5.65
7  2016-12-08,09:31:54,5.69
8  2016-12-08,09:32:11,5.78
9  2016-12-08,09:32:24,5.77
10
```

图 4 – 2　csv 文件截图

4.1.1　菜单模式导入本地文本文档数据

我们将以文件“fl04 _ 01. txt”为例，演示如何通过菜单模式导入本地文本文档数据。导入 CSV 文档“fl04 _ 02. csv”数据的过程与导入“txt”文档数据类似，我们只需将分隔符号从“Tab 键”等改为“逗号”即可。

将文本文档导入 Excel，主要有三种情景，即（1）以新的 Excel 文档打开；（2）导入至已经打开的 Excel 文档的新的工作表；（3）导入至已打开的 Excel 文档的已有的工作表。

对于情景 1，主要有以下步骤。

步骤 1：打开 Excel，点击“文件”—“打开”—“浏览”，在“文件类型”选择框里选择“所有文件”，找到目标文件，双击，这里会出现如图 4 -3 的弹出框。

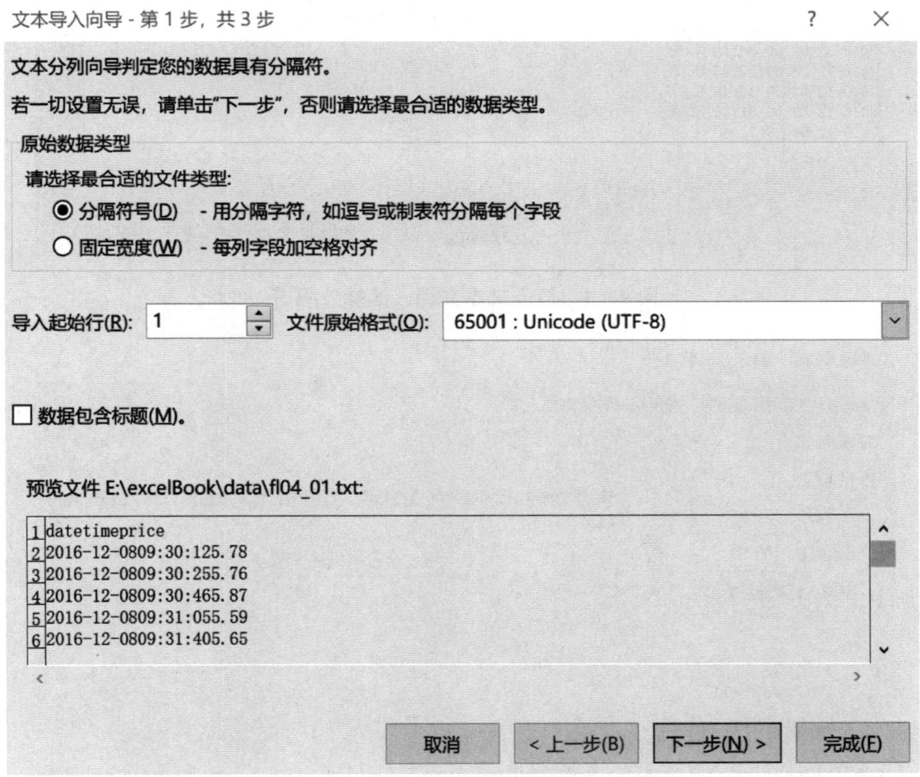

图 4 -3　Excel 中打开文本文档

步骤 2：在弹出框的“文件类型”部分，选择默认的“分隔符号”；在标记“导入起始行”右边的方框里，输入或选择“1”；在“文件原始格式”右边的选择框里选择文本文件的编码，如“unicode”；勾选“数据包含标题”后，选择“下一步”，出现如图 4 -4 所示的弹出框。

步骤 3：在弹出框的“分隔符号”部分，选择合适的分隔符，如“Tab 键”，然后点击“下一步”，出现如图 4 -5 所示的弹出框。

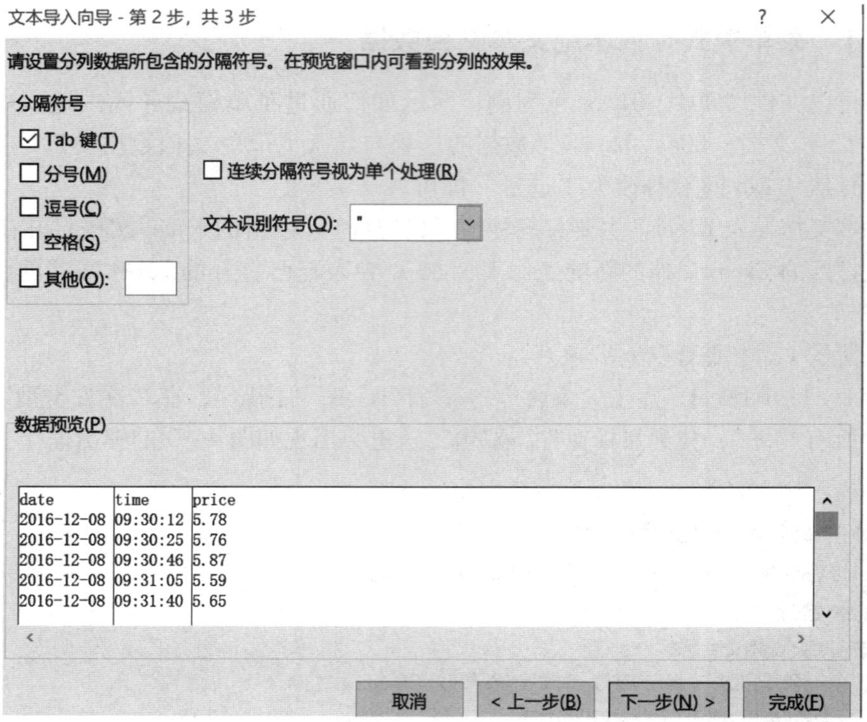

图 4 –4　打开文本文档：选择分隔符

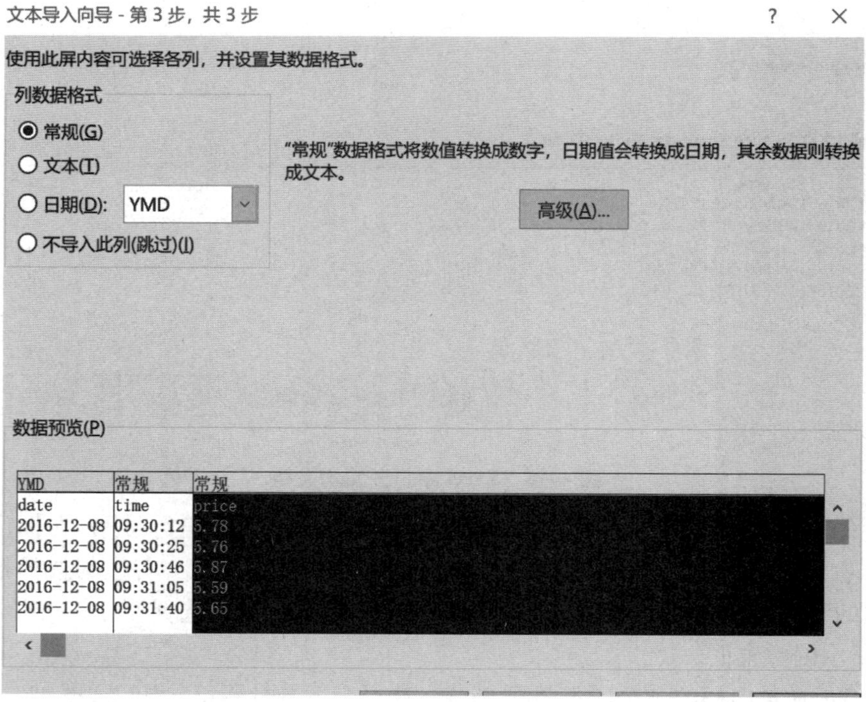

图 4 –5　打开文本文档：选择列数据格式

步骤4：在弹出框里，对数据的每一列选择合适的数据类型，然后点击“确定”，完成数据的导入，这时出现了一个新的工作簿，如图4－6所示。

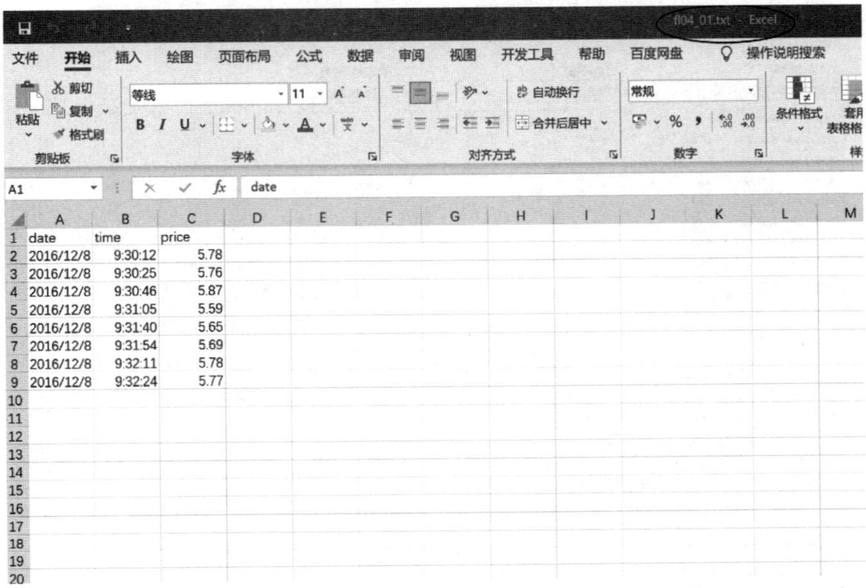

图4－6　打开文本文档的最终结果

对于情景2，我们需要将文本文档数据导入至已打开的工作簿的新的工作表，我们需要如下步骤。

步骤1：点击菜单“数据”（Data）下的“获取和转换数据”（Get & Transform Data）组中的“从文本/CSV”（From Text/CSV），见图4－7。

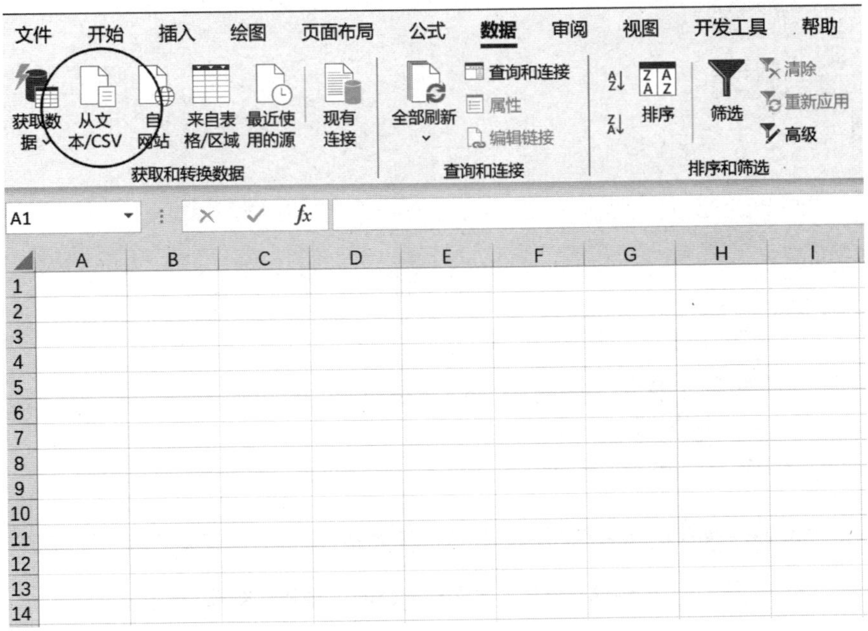

图4－7　导入外部文本文档数据

步骤2：导航至文本文档所在的路径，双击需要打开的文本文档，出现如图4-8所示的弹出框。

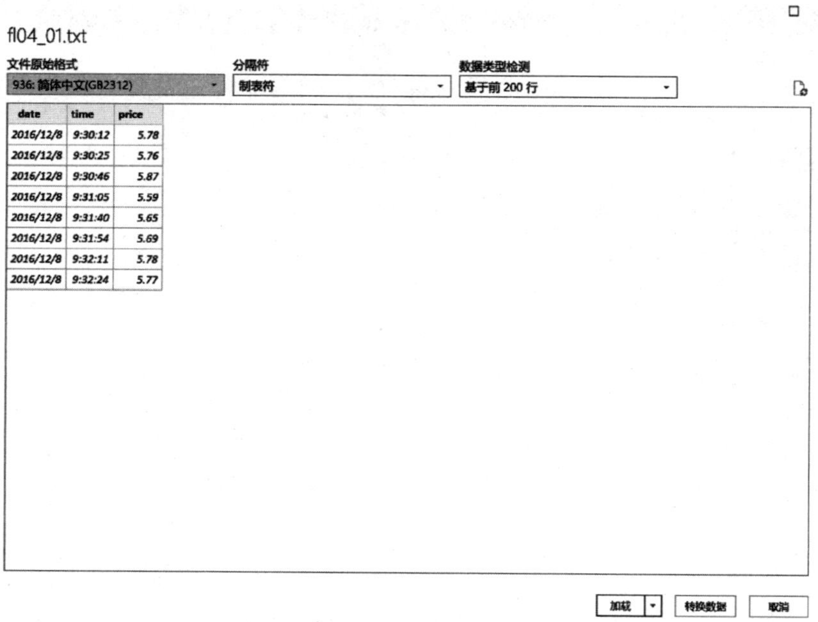

图4-8　导入文本文档至新的工作表

步骤3：点击默认的“加载”后，Excel工作簿插入了一张名为fl04_.01的工作表，其结果如图4-9所示。

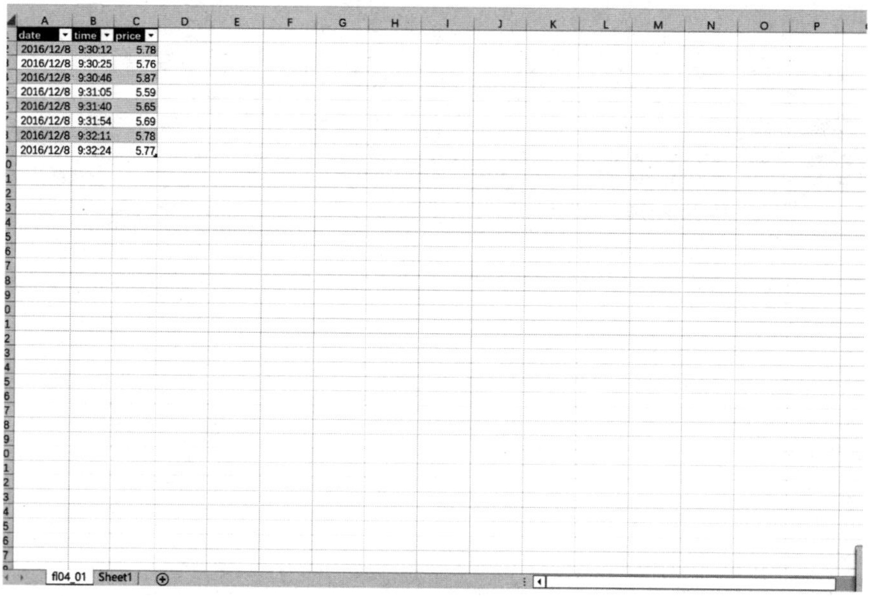

图4-9　导入文本文档至新的工作表的结果

对于情景 3，我们需要将文本文档导入至已打开的工作簿的已有的工作表（如 Sheet1）。要完成上述任务，其步骤 1 和步骤 2 与情景 2 完全相同。

步骤 1：同情景 2 步骤 1。

步骤 2：同情景 2 步骤 2。

步骤 3：在弹出框的右下角选择“加载到”而不是“加载”，这时出现如图 4-10 所示的弹出框。在弹出框的“显示方式”部分选择“表”，在“数据的放置位置”部分选择“现有的工作表”，并选择数据放置的左上角单元格（$A $1），按“确定”完成数据的导入。

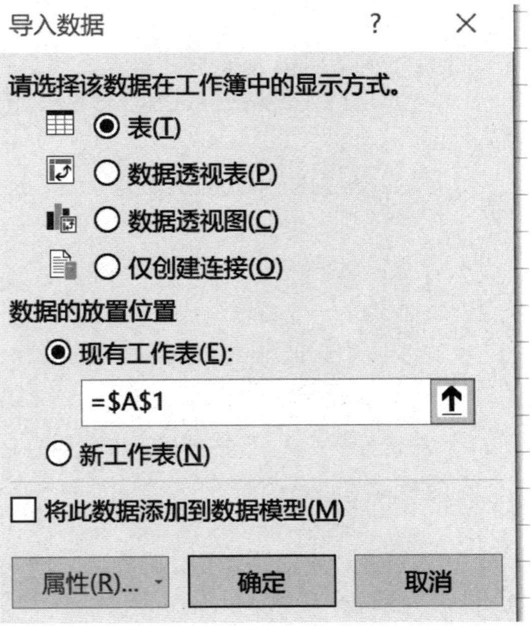

图 4-10　导入文本文档至已有工作表：选择数据放置位置

4.1.2　使用 VBA 导入本地文本文档数据

由上一小节可知，通过菜单模式导入本地文件数据并不复杂。但有时候，金融模型的使用者对 Excel 可能并不熟悉；而且，有时候使用者并不需要将源数据导入到 Excel 工作表单元格中，而希望将数据直接读入内存，然后进行计算分析，最后将结果返回到 Excel 工作表。在这种情况下，使用 VBA 代码读入文本文件数据就成为必要。

利用 Excel VBA 读入本地文本文件数据有多种方法，如使用 Open 语句、使用 QueryTable、使用 FileSystemObject 或 ADODB. Stream 等方法。如果源数据文件仅仅包含 ASCII 字符，采用 Open 语句来导入文本文档数据相对较为简单。如果源文档存在中文，则需要通过 ADODB. Stream 等方法来导入本地文本文件。

假设需要导入的文件仍为上一小节的“fl04 _ . 01. txt”，它位于与主 Excel 文件相同路径下的文件夹 data 中，即若主 Excel 文件位于“E：\\ myProject”，则文本文件“fl04 _ . 01. txt”位于“E：\\ myProject \ data”。

我们先介绍如何通过 Open 语句将 fl04 _ . 01. txt 文档的数据导入到 Excel 文档的活动工作表以“A1”为左上角单元格的区域。

代码段 4. 1　利用 Open 语句将本地文本文件数据导入到工作表单元格

```
Sub importtextfile ()
Dim flpth As String, textfile As Integer, str As String
Dim arr As Variant, tl As Range
Dim i As Long, j As Long, nc As Long
```

```
    flpth = ThisWorkbook.Path & " \data\fl04 _.01.txt"
    textfile = FreeFile
    Set tl = ActiveSheet.Cells (1, 1)

    Open flpth For Input As#textfile

    i = 0
    Do Until EOF (textfile)
        Line Input #textfile, str
        arr = Split (str, vbTab)
        For j = LBound (arr) To UBound (arr)
            tl.Offset (i, j). Value = arr (j)
        Next j
        i = i + 1
    Loop

    Close #textfile
End Sub
```

在代码段4.1，“ThisWorkbook.Path”返回主Excel文件的存储路径，故“flpth”返回文本文档的完整名字（fullname，包括路径与文件名）。

“FreeFile”提供一个还没有使用的文件序号，类似于“工作表1”“工作表2”。

Open语句的语法为：Open *pathname* For *mode* As ［#］*filenumber*。其中“pathname”为需要打开的文件路径。“mode”为打开方式，其取值可以是Input、Output或Append等，取值为Input表示读取文档的内容；Output为写入文档，并覆盖原文档的内容；Append为在文档末尾添加内容。filenumber为文档序号，如“#1”、“#2”等。

Do循环为止至文档末尾（EOF（textfile））前，逐行读入数据到一个名为“str”的字符串。利用Split（）函数将字符串以Tab键进行分割，得到一个名为“arr”的数组。利用For循环将数组的每一个元素输出到工作表单元格。

数据完全读入后，我们利用“Close #textfile”关闭打开的文档“textfile”。

接下来我们阐述如何使用ADODB.Stream将文本文档“fl04 _.01.txt”的数据读入数组，具体参见代码段4.2。

使用“代码段4.1”前，请确保已经添加了“Microsoft ActiveX Data Objects Libray”的引用。其方法是：在VBE窗口，点击“工具”—“引用”，在出现的列表中找到相应版本的“Microsoft ActiveX Data Objects Libray”（如6.1），在前面的小方框内打“√”，如图4-11所示。

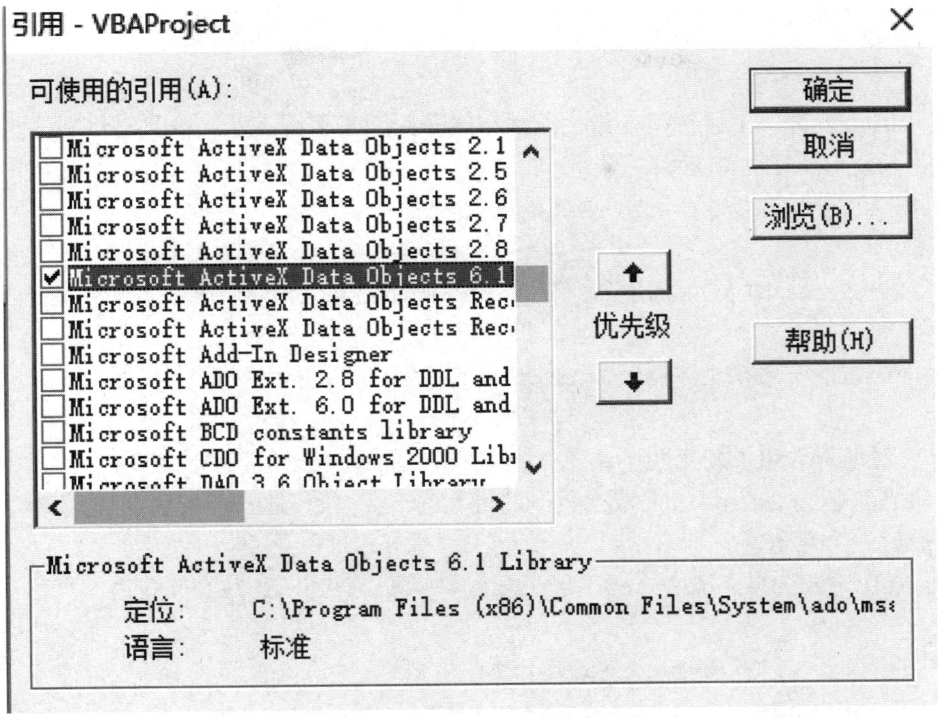

图 4－11　添加 Microsoft ActiveX Data Objects 6.1 Library 的引用

代码段 4.2　利用 ADODB. Stream 将本地文本文件数据导入数组

```
Sub importTextFile2Array ()
  Dim adoStrm As ADODB.Stream
  Dim filePath As String
  Dim strData As String
  Dim arrStrs As Variant
  Dim arrHdr As Variant
  Dim arrRes () As String
  Dim i, j As Long

  Set adoStrm = New ADODB.Stream
  filePath = ThisWorkbook.Path & "\data\f104_01.txt"

  With adoStrm
     .Charset = "UTF-8"        '源文件为 UTF-8 编码
     .Open
     .LoadFromFile filePath
     strData = .ReadText
```

```
    End With

  'strData 是一个字符串变量，以回车键分割为若干行，下一行代码将之分割
  '为长度等于字符串行数的数组
    arrStrs = Split (strData, vbCrLf)

    'arrStrs (0) 为标题行，下一句代码将之以 Tab 键分割为长度等于列数的数组
    arrHdr = Split (arrStrs (0), vbTab)

    '对动态数组重新声明，注意 arrStrs 中最后一个元素为空字符串，我们应该
  '将之忽略。Ubound () 获得数组的最大的下标（index），减去 1 表示忽略
  '最后一个元素。
    ReDim arrRes (UBound (arrStrs) - 1, UBound (arrHdr))

    For i = 0 To UBound (arrStrs) - 1
      For j = 0 To UBound (arrHdr)
        arrRes (i, j) = Split (arrStrs (i), vbTab) (j)
      Next j
    Next i
End Sub
```

最后得到的 arrRes 为二维字符串数组，使用时我们可以根据相应变量类型进行变量类型转化。

代码段 4.3 将上述文本文件直接导入到工作表“Sheet1”左上角单元格为“A1”的区域中。

代码段 4.3　利用 ADODB. Stream 将本地文本文件数据导入单元格区域

```
Sub importTextFile2range ()
  Dim adoStrm As ADODB. Stream
  Dim filePath As String
  Dim strData As String
  Dim arrStrs As Variant
  Dim arrHdr As Variant
  Dim arrRes () As String
  Dim i, j As Long

  filePath = ThisWorkbook. Path & " \ data \ f104 _ 01. txt"
```

```
    Set adoStrm = New ADODB.Stream

    adoStrm.Charset = "UTF-8"
    adoStrm.Open
    adoStrm.LoadFromFile filePath
    strData = adoStrm.ReadText

    arrStrs = Split (strData, vbCrLf)
    arrHdr = Split (arrStrs (0), vbTab)

    With Sheet1.Cells (1, 1)
      '导入标题行
      For i = 0 To UBound (arrHdr)
          .Offset (0, i). Value = arrHdr (i)
      Next i

      '依次导入各列，导入前进行相应的格式转换
      For i = 1 To UBound (arrStrs) - 1
        .Offset (i, 0). Value = CDate (Split (arrStrs (i), vbTab)
(0))
        .Offset (i, 1). Value = CDate (Split (arrStrs (i), vbTab)
(1))
        .Offset (i, 2). Value = CDbl (Split (arrStrs (i), vbTab)
(2))
      Next i
    End With

    '自动调整已用区域的列宽
    Sheet1.UsedRange.Columns.EntireColumn.AutoFit

End Sub
```

4.2　从互联网获取金融数据

互联网中包含大量的金融数据，只要用心挖掘，许多常用的金融数据都可以免费地获取。当然，网络信息浩瀚无穷，从网络信息海洋中获取需要的信息，需要长期的经验

积累，仅阅读本章是不可能一夜之间成为数据爬取高手的。另外，网络世界是动态的，处于不断变化之中。因此，今天你能从网络的某个地方成功地获取数据，并不能保证未来也一定能够。

本节分为两部分：第 4.2.1 部分介绍通过菜单方式从网络获取金融数据，第 4.2.2 部分介绍如何通过 VBA 从互联网获取金融数据。

4.2.1　通过菜单方式从网络获取金融数据

在这一部分里，我们将以从“新浪财经”获取的“中国联通”（600050）最近的资产负债表数据为例，介绍如何通过菜单方式获取金融数据。

步骤 1：浏览“新浪财经”网页，获得“中国联通”资产负债表数据所在的网址信息。在本教材编写期间，其网址是：http：//vip. stock. finance. sina. com. cn/corp/go. php/vFD _ BalanceSheet/stockid/600050/ctrl/part/displaytype/4. phtml。

步骤 2：如果希望将数据导入至工作表“Sheet1”左上角单元格为“A1”的区域，则选择工作表“Sheet1”的“A1”单元格。选中后单击菜单项“数据”，点击“获取和转换数据”组的“自网站”（From Web）。在如图 4 – 12 所示的弹出框的网址框内输入网址，然后按确定。

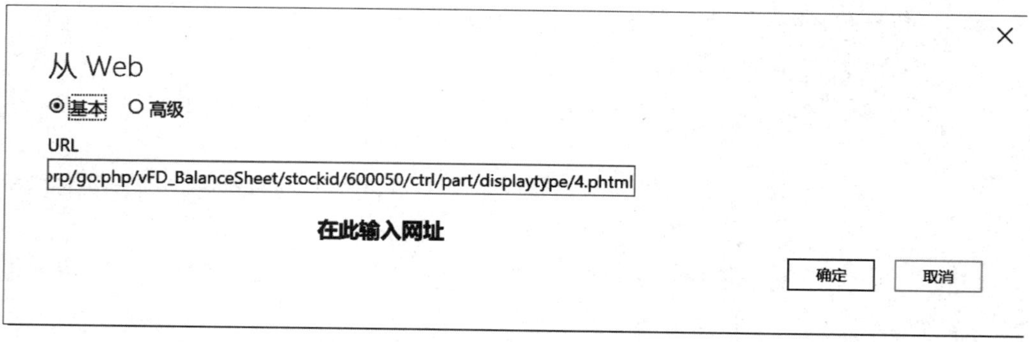

图 4 – 12　通过 Web 查询获取网站数据

步骤 3：在弹出的题为“导航器”的界面下，查看和选择左边的各选项，在这里选择“Table8”，这时候的画面如图 4 – 13 所示。点击“加载”将数据导入 Excel 文档的新的工作表，选择“加载到”并点击，然后选择数据放置选项，将数据导入到你指定的区域。完成导入后的画面如图 4 – 14 所示。

4.2.2　使用 VBA 从互联网获取金融数据

金融数据以多种形式出现在网络中，常见的形式有：（1）文本文档（txt 或 csv 等）或 Excel 文档。当我们点击该链接，可以下载该文件。（2）JSON 或 XML 等形式储存的数据。（3）网页中以表格形式显示的数据。

本节我们以网易和腾讯股票历史交易数据的获取为例，介绍如何利用外部对象 MSXML2. XMLHTTP 建立网络链接从而获取金融数据。

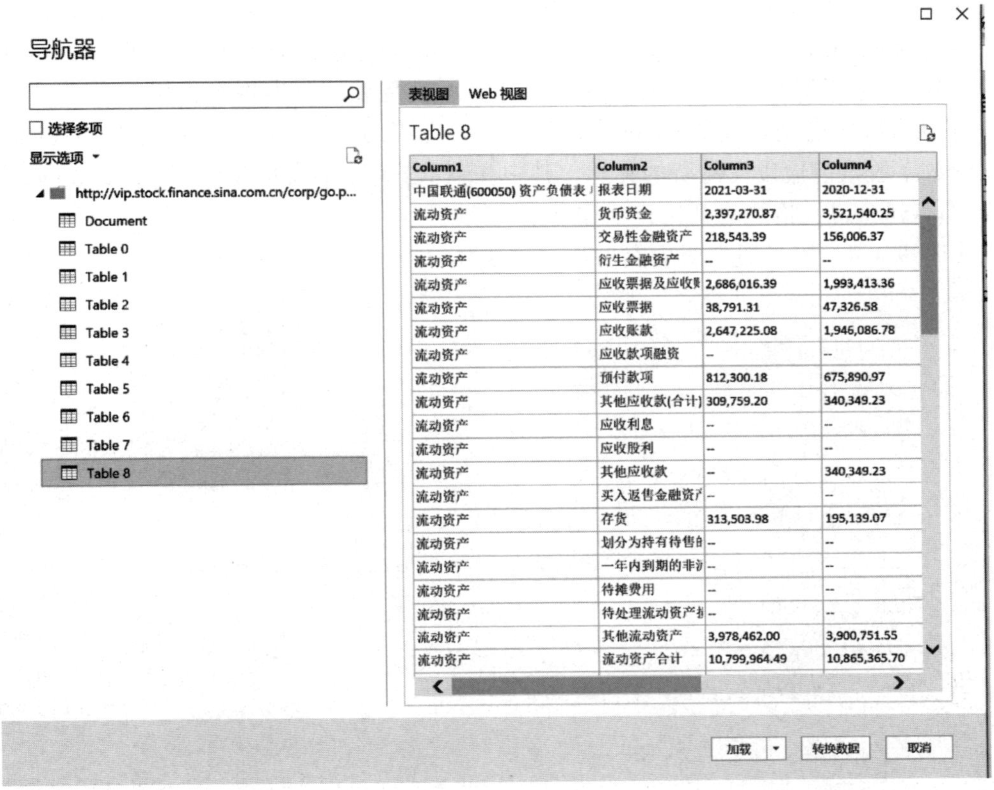

Column1	Column2	Column3	Column4
中国联通(600050) 资产负债表	报表日期	2021-03-31	2020-12-31
流动资产	货币资金	2,397,270.87	3,521,540.25
流动资产	交易性金融资产	218,543.39	156,006.37
流动资产	衍生金融资产	--	--
流动资产	应收票据及应收账	2,686,016.39	1,993,413.36
流动资产	应收票据	38,791.31	47,326.58
流动资产	应收账款	2,647,225.08	1,946,086.78
流动资产	应收款项融资	--	--
流动资产	预付款项	812,300.18	675,890.97
流动资产	其他应收款(合计)	309,759.20	340,349.23
流动资产	应收利息	--	--
流动资产	应收股利	--	--
流动资产	其他应收款	--	340,349.23
流动资产	买入返售金融资产	--	--
流动资产	存货	313,503.98	195,139.07
流动资产	划分为持有待售的	--	--
流动资产	一年内到期的非流	--	--
流动资产	待摊费用	--	--
流动资产	待处理流动资产损	--	--
流动资产	其他流动资产	3,978,462.00	3,900,751.55
流动资产	流动资产合计	10,799,964.49	10,865,365.70

图 4－13　Web 查询获取网络数据：导航器

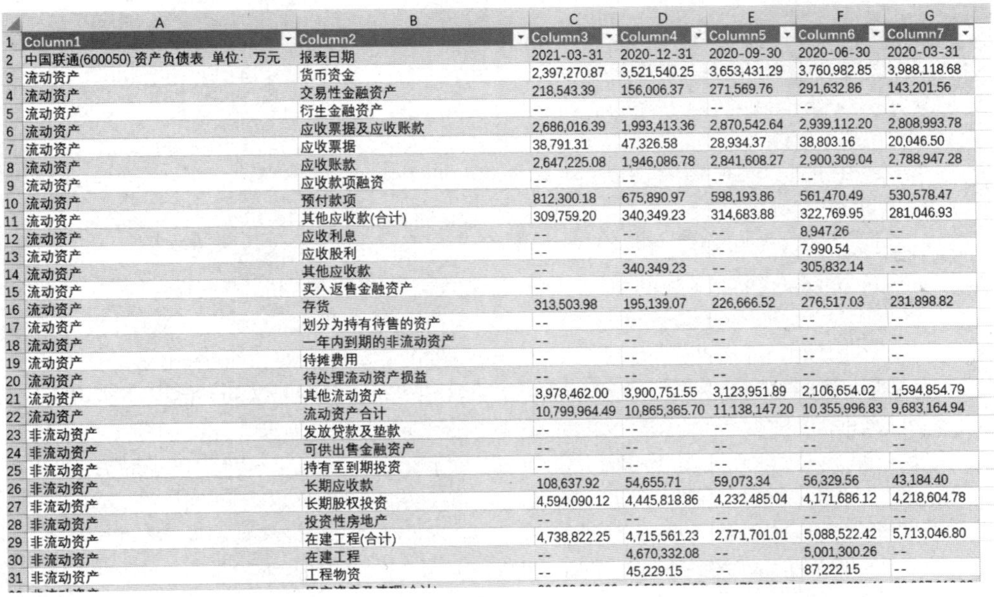

	A	B	C	D	E	F	G
1	Column1	Column2	Column3	Column4	Column5	Column6	Column7
2	中国联通(600050) 资产负债表 单位：万元	报表日期	2021-03-31	2020-12-31	2020-09-30	2020-06-30	2020-03-31
3	流动资产	货币资金	2,397,270.87	3,521,540.25	3,653,431.29	3,760,982.85	3,988,118.68
4	流动资产	交易性金融资产	218,543.39	156,006.37	271,569.76	291,632.86	143,201.56
5	流动资产	衍生金融资产	--	--	--	--	--
6	流动资产	应收票据及应收账款	2,686,016.39	1,993,413.36	2,870,542.64	2,939,112.20	2,808,993.78
7	流动资产	应收票据	38,791.31	47,326.58	28,934.37	38,803.16	20,046.50
8	流动资产	应收账款	2,647,225.08	1,946,086.78	2,841,608.27	2,900,309.04	2,788,947.28
9	流动资产	应收款项融资	--	--	--	--	--
10	流动资产	预付款项	812,300.18	675,890.97	598,193.86	561,470.49	530,578.47
11	流动资产	其他应收款(合计)	309,759.20	340,349.23	314,683.88	322,769.95	281,046.93
12	流动资产	应收利息	--	--	--	8,947.26	--
13	流动资产	应收股利	--	--	--	7,990.54	--
14	流动资产	其他应收款	--	340,349.23	--	305,832.14	--
15	流动资产	买入返售金融资产	--	--	--	--	--
16	流动资产	存货	313,503.98	195,139.07	226,666.52	276,517.03	231,898.82
17	流动资产	划分为持有待售的资产	--	--	--	--	--
18	流动资产	一年内到期的非流动资产	--	--	--	--	--
19	流动资产	待摊费用	--	--	--	--	--
20	流动资产	待处理流动资产损益	--	--	--	--	--
21	流动资产	其他流动资产	3,978,462.00	3,900,751.55	3,123,951.89	2,106,654.02	1,594,854.79
22	流动资产	流动资产合计	10,799,964.49	10,865,365.70	11,138,147.20	10,355,996.83	9,683,164.94
23	非流动资产	发放贷款及垫款	--	--	--	--	--
24	非流动资产	可供出售金融资产	--	--	--	--	--
25	非流动资产	持有至到期投资	--	--	--	--	--
26	非流动资产	长期应收款	108,637.92	54,655.71	59,073.34	56,329.56	43,184.40
27	非流动资产	长期股权投资	4,594,090.12	4,445,818.86	4,232,485.04	4,171,686.12	4,218,604.78
28	非流动资产	投资性房地产	--	--	--	--	--
29	非流动资产	在建工程(合计)	4,738,822.25	4,715,561.23	2,771,701.01	5,088,522.42	5,713,046.80
30	非流动资产	在建工程	--	4,670,332.08	--	5,001,300.26	--
31	非流动资产	工程物资	--	45,229.15	--	87,222.15	--

图 4－14　Web 查询获取网络数据之结果

如果我们需要下载“平安银行”（000001）2020 年初至 2021 年 6 月底的历史交易数据，其网址为 http：//quotes. money. 163. com/service/chddata. html？ code = 1000001&start = 20200101&end = 20201031，在浏览器地址栏输入该网址，会出现平安银行 2020 年初至 2021 年 6 月底历史交易数据 Excel 文档的下载。在该网址中，code 后面为股票代码（普通 6 位数字股票前冠以交易所的标志，其中 0 表示沪市，1 表示深市）；start 和 end 后分别为“yyyymmdd”格式的开始日期和结束日期。

代码段 4. 4　网易股票历史交易数据的获取

```
Sub gethist163 (sym As String, startdate, enddate, _.
                    tl As Range, Optional fields As Variant = NULL)
    Dim baseurl As String, sstartdate As String, senddate As String
    Dim url As String
    Dim req163 As Object, str As String
    Dim fld _. full As Variant, fld As Variant, nfld As Long
    Dim i As Long, fld _. indx () As Long
    Dim arr As Variant, tmp As Variant, nr As Long
    Dim j As Long, res () As Variant

   Baseurl = "http: //quotes. money. 163. com/service/chddata. html?
code = "
   sstartdate = Format (startdate, " yyyymmdd")
   senddate = Format (enddate, " yyyymmdd")
   url = baseurl & sym & " &start =" & sstartdate & " &end =" & senddate

   Set req163 = CreateObject (" msxml2. xmlhttp")

   With req163
      . Open " get", url, False
      . send
      If . Status = 200 Then str = StrConv (. responsebody, vbUnicode)
   End With
   Set req163 = Nothing

   fld _. full = Array (" closeprice", " highprice", " lowprice", "
openprice", " prevclose", " chg", _.
```

```
                    " pchg", " turnover", " volume", " amount", " to-
talcap", _
                    " marketcap", " lots")   ' number of elements: 13

    If IsNull (fields) Then
      nfld = 13
      ReDim fld_.indx (0 To 12)
      For i = 0 To 12
        fld_.indx (i) = i
      Next i
    Else
      fld = Split (fields, ";")
      nfld = UBound (fld) - LBound (fld) + 1
      ReDim fld_.indx (0 To nfld - 1)
      For i = 0 To nfld - 1
        fld_.indx (i) = Application.Match (fld (i), fld_.full, 0) - 1
  ' return value of match (): 1 -based
      Next i
    End If

    ' split str firstly by row, then by column
    arr = Split (str, vbCrLf)
    nr = UBound (arr) - LBound (arr) + 1

    ' arr index: 0, chinese header, skip;
    '              nr - 1: final complete (blank) line, skip
    ' index of effective data lines: from 1 to nr -2

    ' number of columns to output: nfld + 2   (ticker_.sym and trd_.date)
    ' number of rows to output: nr - 1   (plus header line)
    ReDim res (1 To nr - 1, 1 To nfld + 2)

    ' header line
    res (1, 1) = " tickersym"
    res (1, 2) = " trddate"
    For j = 3 To nfld + 2
```

```
        res (1, j) = fld_.full (fld_.indx (j - 3))
    Next j

    For i = 2 To nr - 1
        tmp = Split (arr (nr - i), ",")    ' raw data: recent first
        res (i, 1) = tmp (1)    ' tickersym
        res (i, 2) = tmp (0)    ' trddate
        For j = 3 To nfld + 2
            res (i, j) = tmp (fld_.indx (j - 3) + 3)    ' the first 3 columns
in raw data are " trddate", " tickersym", " sharename"
        Next j
    Next i

    tl.Resize (nr - 1, nfld + 2).Value = res
End Sub
```

在代码段 4.4 中，子过程有 sym（股票代码）、startdate（开始日期）、enddate（结束日期）和 tl（输出区域的左上角单元格）等必需参数，开始日期和结束日期可以采用一般的日期格式，如“2020 - 05 - 06”。该子过程还有一个可选参数 fields，该可选参数为默认值时，表示获取该股票可得的所有相关字段（如开盘价、收盘价、成交量等）。

我们建立了一个名叫 req163 的 MSXML. XMLHTTP 对象，我们使用该对象的 Open 方法打开了网络链接，Send 发送请求，当传输完成后，将返回的 responseBody 赋值给文本变量 str。

然后我们通过 split（）函数将数据文本进行分拆，得到整理后的数组 res。最后我们将数组 res 输出到以 tl 为左上角单元格的工作表单元格区域中。

腾讯的股票历史交易数据以 JSON 形式储存。例如，当我们在浏览器输入网址 https://data.gtimg.cn/flashdata/hushen/daily/20/sz000001.js 时，出现如图 4 - 15 所示的界面。


```
daily_data_20="\n\
200102 16.65 16.87 16.95 16.55 1530231\n\
200103 16.94 17.18 17.31 16.92 1116194\n\
200106 17.01 17.07 17.34 16.91 862083\n\
200107 17.13 17.15 17.28 16.95 728607\n\
200108 17.00 16.66 17.05 16.63 847824\n\
200109 16.81 16.79 16.93 16.53 1031636\n\
200110 16.79 16.69 16.81 16.52 585548\n\
200113 16.75 16.99 17.03 16.61 872133\n\
200114 16.99 16.76 17.27 16.76 1304493\n\
200115 16.79 16.52 16.86 16.45 859439\n\
200116 16.52 16.33 16.57 16.20 1028104\n\
200117 16.38 16.39 16.55 16.35 605436\n\
200120 16.43 16.45 16.61 16.35 746074\n\
200121 16.34 16.00 16.34 15.93 896603\n\
200122 15.92 16.09 16.16 15.71 719464\n\
200123 15.92 15.54 15.92 15.39 1100592\n\
200203 13.99 13.99 14.70 13.99 2259194\n\
200204 14.05 14.60 14.66 14.02 1706172\n\
200205 14.59 14.63 14.89 14.32 1491380\n\
200206 14.81 14.77 14.87 14.51 1185815\n\
200207 14.60 14.62 14.69 14.41 924852\n\
200210 14.51 14.50 14.53 14.30 1339495\n\
200211 14.60 14.79 14.94 14.56 1407507\n\
200212 14.79 14.77 14.82 14.60 1070503\n\
200213 14.71 14.65 14.88 14.61 1013205\n\
200214 14.75 15.03 15.14 14.70 1512434\n\
```


图 4 - 15　腾讯股票历史交易数据

分析上述网址，我们发现主要由这几部分构成：（1）基本网址（https：//data. gtimg. cn/flashdata/hushen）；（2）数据频率，可以是 monthly、weekly 或 daily，当频率为 daily 时，其后必需跟一个两位数的年份，即腾讯只允许你下载一年的日数据；（3）股票代码（在传统的6位数代码前冠以交易所标志，其中 sh 表示沪市，sz 表示深市。）

代码段4.5　腾讯股票历史交易数据的获取

```
Sub gethistqq (sym As String, tl As Range, _.
           Optional freq As String = " daily", _.
           Optional yr = Null)
    Dim baseurl As String, qqfreq As String, url As String
    Dim reqqq As Object, strs As String
    Dim arr As Variant, nr As Long, hdr As Variant, res () As Variant
    Dim i As Long, j As Long, tmp As Variant

    ' url
    baseurl = " http: //data. gtimg. cn/flashdata/hushen/"

    If IsNull (yr) Then
        yr = Right (Year (Date), 2)
    Else
        yr = Right (yr, 2)
    End If

    ' frequency
    Select Case LCase (Left (freq, 1))
        Case " d"
            qqfreq = " daily/" & yr & " /"
        Case " w"
            qqfreq = " weekly/"
        Case " m"
            qqfreq = " monthly/"
        Case Else
            Exit Sub
    End Select
    url = baseurl & qqfreq & sym & " .js"

    ' retrieve data from tencent
    Set reqqq = CreateObject (" MSXML2. XMLHTTP")
```

```
        With reqqq
            .Open "GET", url, False
            .Send
            If .Status = 200 Then strs = .ResponseText
        End With
        Set reqqq = Nothing

        ' data string - - > array
        arr = Split (strs, " \n\" & vbLf)
        nr = UBound (arr) - LBound (arr) + 1
        ' index of effective data line: from 1 to nr - 2   (0 -based)
        hdr = Array ("tickersym", "trddate", "open", "high", "low",
"close", "vol")
        ReDim res (1 To nr - 1, 1 To 7)

        'header
        For i = 1 To 7
            res (1, i) = hdr (i - 1)
        Next i

        'effective data
        For i = 2 To nr - 1
            res (i, 1) = sym
            tmp = Split (arr (i - 1), " ")
            res (i, 2) = yymmdd2date (tmp (0))
            For j = 3 To 7
                res (i, j) = tmp (j - 2)
            Next j
        Next i

        tl.Resize (nr - 1, 7) = res
    End Sub
```

代码段4.5与代码段4.4类似，主要区别是网络请求反馈的是文本，故用Response-Text来替代ResponseBody，请大家好好体会。

其他金融媒体也有类似的数据结构，只要你找到规律，利用上述方法，可以很方便地从互联网获取金融经济数据。

4.3　数据的排序

很少有数据资源是为某一特定使用者的目的服务的，所以在使用数据进行分析前，我们经常需要对数据进行各种形式的整理。本节主要介绍如何利用 Excel 和 VBA 进行数据的排序，接下来的三节分别介绍数据的筛选、时间序列数据频率转换和数据的合并。

本节以文件“fl04 _ 03 _ marginTrading _ szse _ 20161209. xlsx”作为分析对象，该文件包含 2016 年 12 月 9 日深圳证券交易所上市公司的融资融券交易数据，文件下载地址为“http：//www. szse. cn/szseWeb/ShowReport. szse？ SHOWTYPE = xlsx&CATALOGID = 1837 _ xxpl&tab2PAGENUM = 1&ENCODE = 1&TABKEY = tab2”。该文件前若干行的截图如图 4 – 16 所示。

	A	B	C	D	E	F	G	H
1	证券代码	证券简称	融资买入额	融资余额	融券卖出量	融券余量	融券余额	融资融券余额
2	000001	平安银行	285,265,442	3,643,167,021	204,600	711,108	6,862,192	3,650,029,213
3	000002	万 科A	171,704,365	[illegible]	[illegible]	1,270,700	31,526,067	2,705,170,255
4	000006	深振业A	[illegible]	[illegible]	[illegible]	424,900	3,955,819	1,567,373,796
5	000009	中国宝安	154,500,314	[illegible]	[illegible]	523,800	5,567,994	3,013,351,970
6	000012	南 玻A	173,058,838	[illegible]	[illegible]	127,500	1,593,750	1,671,759,614
7	000027	深圳能源	17,038,687	[illegible]	[illegible]	148,173	1,047,584	618,751,174
8	000028	国药一致	1,517,602	142,280,434	0	3,900	275,340	142,555,774
9	000031	中粮地产	29,271,037	1,063,205,338	10,700	16,600	154,380	1,063,359,718
10	000039	中集集团	30,596,316	1,013,950,023	25,500	186,035	2,915,168	1,016,865,191
11	000043	中航地产	33,406,015	543,828,652	0	80,000	848,000	544,676,652
12	000046	泛海控股	22,540,751	587,256,394	0	114,600	1,135,686	588,392,080
13	000049	德赛电池	16,195,300	523,963,993	700	1,962	82,757	524,046,750
14	000050	深天马A	0	1,068,362,367	0	3,000	56,460	1,068,418,827
15	000060	中金岭南	137,940,971	1,506,338,034	40,100	411,400	5,414,024	1,511,752,058
16	000061	农 产 品	14,448,005	1,135,154,436	0	38,500	490,875	1,135,645,311
17	000062	深圳华强	50,390,803	856,593,743	200	16,100	487,508	857,081,251
18	000063	中兴通讯	74,343,589	2,656,270,863	56,300	485,890	7,915,146	2,664,186,009
19	000069	华侨城A	30,132,741	1,402,520,971	11,000	261,054	1,916,136	1,404,437,107
20	000078	海王生物	19,925,065	1,031,521,218	0	0	0	1,031,521,218
21	000088	盐 田 港	18,392,123	363,209,470	86,800	108,300	817,665	364,027,135
22	000089	深圳机场	9,273,889	463,833,565	0	13,700	118,916	463,952,481
23	000099	中信海直	15,614,414	641,071,167	0	0	0	641,071,167
24	000100	TCL 集团	0	1,420,920,579	0	71,200	243,504	1,421,164,083
25	000151	中成股份	47,630,226	712,023,282	600	600	11,226	712,034,508
26	000156	华数传媒	48,370,873	1,014,799,395	0	6,400	123,328	1,014,922,723

以文本保存的数字
注意左对齐和单元格
左上角的绿色箭头

图 4 – 16　以文本保存的数字并含有千位分隔符

从图 4 – 16 可以看出，该文档的 C 到 H 列的单元格的左上角都包含绿色的小三角形，并且都是水平左对齐，而不是通常的右对齐。选中其中的某一单元格，会出现黄色的感叹号，点击感叹号，会出现“以文本形式存储的数字”的警告。

若对上述数字进行求和或求均值等运算，会得到错误的结果，我们需要将以文本形式保存的数字转换为数值型。为此，选中这些单元格，点击其中的某个感叹号，选择“转化为数字”即可。若需要去掉“千位分隔符”，选中这些单元格，按“Ctrl + 1”快捷键打开“设置单元格格式”选择框，在“分类”处选择“数值”，保留 0 位小数，保持不选择“使用千位分隔符”，点击“确定”即可（见图 4 – 17）。

调整后的数据如图 4 – 18 所示。

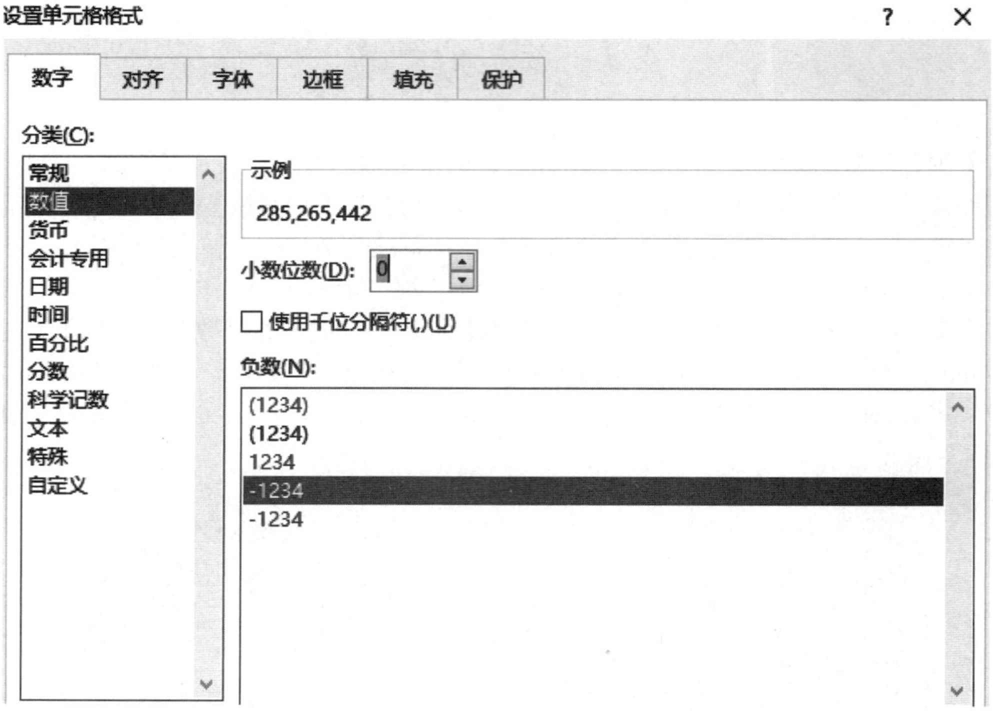

图 4 – 17　去掉千位分隔符

	A	B	C	D	E	F	G	H
1	证券代码	证券简称	融资买入额	融资余额	融券卖出量	融券余量	融券余额	融资融券余额
2	000001	平安银行	285265442	3643167021	204600	711108	6862192	3650029213
3	000002	万 科A	171704365	2673644188	211300	1270700	31526067	2705170255
4	000006	深振业A	71113180	1563417977	293700	424900	3955819	1567373796
5	000009	中国宝安	154500314	3007783976	8900	523800	5567994	3013351970
6	000012	南 玻A	173058838	1670165864	45200	127500	1593750	1671759614
7	000027	深圳能源	17038687	617703590	0	148173	1047584	618751174
8	000028	国药一致	1517602	142280434	0	3900	275340	142555774
9	000031	中粮地产	29271037	1063205338	10700	16600	154380	1063359718
10	000039	中集集团	30596316	1013950023	25500	186035	2915168	1016865191
11	000043	中航地产	33406015	543828652	0	80000	848000	544676652
12	000046	泛海控股	22540751	587256394	0	114600	1135686	588392080
13	000049	德赛电池	16195300	523963993	700	1962	82757	524046750
14	000050	深天马A	0	1068362367	0	3000	56460	1068418827
15	000060	中金岭南	137940971	1506338034	40100	411400	5414024	1511752058
16	000061	农产品	14448005	1135154436	0	38500	490875	1135645311
17	000062	深圳华强	50390803	856593743	200	16100	487508	857081251
18	000063	中兴通讯	74343589	2656270863	56300	485890	7915146	2664186009
19	000069	华侨城A	30132741	1402520971	11000	261054	1916136	1404437107
20	000078	海王生物	19925065	1031521218	0	0	0	1031521218
21	000088	盐田港	18392123	363209470	86800	108300	817665	364027135
22	000089	深圳机场	9273889	463833565	0	13700	118916	463952481
23	000099	中信海直	15614414	641071167	0	0	0	641071167
24	000100	TCL 集团	0	1420920579	0	71200	243504	1421164083
25	000151	中成股份	47630226	712023282	600	600	11226	712034508
26	000156	华数传媒	48370873	1014799395	0	6400	123328	1014922723

图 4 – 18　将“以文本形式保存的数字”转换为数值型并去除千位分隔符后的结果

4.3.1　通过菜单方式进行排序

还是以前述融资融券数据为分析对象。我们分两种情况讲述数据的排序：(1) 只有一个排序字段（Field，或排序变量)；(2) 具有多个排序字段。

第一种排序相对较为简单。如现在我们仅根据一个变量“融资余额”进行排序，如图4－19所示，选中“融资余额”所在列的任意单元格，比如“D2”单元格，点击菜单项“数据”—“排序与筛选”组中升序排序的图标（图4－19中箭头所指的地方)，即可完成数据的排序。

图4－19　根据某一列进行数据排序

如果需要根据多个变量进行排序，如根据“融资余额”升序排序，根据“融券余额”降序排序，则如图4－20所示，点击排序图标，在弹出的“排序”选择框的“主要关键字”处选择“融资余额”，在其后的“次序”处选择默认的“升序”。然后点击“添加条件”，在出现的“次要关键字”处选择“融券余额”，并在其后“次序”处选择“降序”。最后点击“确定”完成排序。

4.3.2　利用 VBA 代码进行排序

为了讲解利用 Excel VBA 对数据进行排序，我们将前述融资融券数据复制到工作表“marginTrade_copy”。利用 Sort 方法即可对数据进行排序，其主要参数有：(1) 排序字段：Key1、Key2、Key3 等，表示第一、第二和第三排序字段，可以是文本（即字段名）

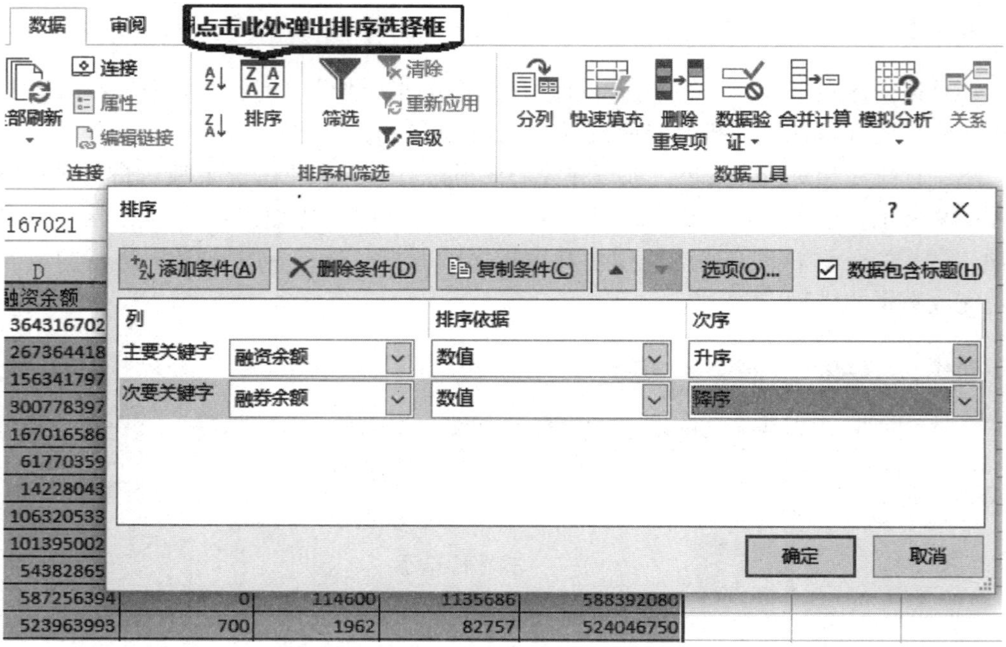

图 4-20　多变量排序

或单元格区域；（2）排序顺序：Order1、Order2、Order3 等，表示对应排序字段的排序顺序，可以选择“xlAscending”或“xlDescending”，默认为“xlAscending”；（3）第一行是否包含标题：Header，可以选择“xlNo”“xlYes”或“xlGuess”，分别表示“不包含标题”“包含标题”和“由 Excel 来确定是否包含标题”，默认为“xlNo”；（4）排序方向：Orientation，可以选择“xlSortRows”或“xlSortColumns”，分别表示“按行排序”和“按列排序”，默认为“xlSortColumns”。

代码段 4.6 首先将上述融资融券数据中以文本形式存储的数字转换为数值型（具体为长整型 Long），然后按“融资余额”升序和“融券余额”降序进行排序。

代码段 4.6　数据排序

```
Sub dataSorting ()
    '变量声明
    Dim rng, rngTextNum As Range
    Set rng = Worksheets ("marginTrade _ copy"). UsedRange
    Set rngTextNum = Worksheets ("marginTrade _ copy"). Range ("C2: H395")

    '将以文本形式存储的数字转化为数值型
    '去除千位分隔符
    '数字区域单元格右对齐
```

```
    With rngTextNum
        .NumberFormat = "#0"
        .Value = .Value
        .HorizontalAlignment = xlRight
    End With

    '排序
    rng.Sort key1:="融资余额", order1:=xlAscending, _
          key2:="融券余额", order2:=xlDescending, _
          Header:=xlYes, Orientation:=xlSortColumns
End Sub
```

4.4　数据的筛选

本节所用的样本数据保存于文件“equityIncentive.csv”，是截至2016年12月14日国内上市公司实行股权激励的汇总数据，数据来源于“同花顺iFinD”。现在，我们需要从该数据源中筛选出符合以下标准的子集：

（1）激励方案已经实施：“方案进度”为“实施”；

（2）激励方式为股票期权或限制性股票：“标的物”为“期权”或“股票”；

（3）需要提取的字段：“代码”“名称”“标的物”和“同花顺”（“同花顺”行业分类）。

我们主要介绍两种方法进行数据的筛选，即高级筛选（AdvancedFilter）和SQL查询，并分别介绍这两种方法如何通过菜单模式和VBA模式来实现。

4.4.1　通过菜单项“高级筛选”进行数据筛选

进行高级筛选首先要确定如下几项内容：

1. 列表区域（List Range），这是用来筛选的数据集所在的区域。本例Excel文件“filter.xlsm”的工作表“incentive”的数据由数据文件“equityIncentive.csv”导入，如何从csv文档导入数据请参见本章4.1节。该列表区域位于工作表的“A1：V1553”，第一行为字段名（或变量名），并且列表区域中间不存在空行或空列。之所以将文件以“.xlsm”类型保存，是为了以后能用VBA代码进行数据筛选。

2. 条件区域（Criteria Range），这是用来设置筛选条件的。Excel高级筛选的筛选条件有如下规则：第一，条件区域的首行为字段名，每个作为筛选条件的字段名必须与列表区域的字段名一致，但顺序可以不同。若某个字段名在筛选条件中出现若干次，则可以在条件区域中重复该字段名。第二，条件区域中同一行各条件是“逻辑与”关系，不同行各条件是“逻辑或”关系。本例的条件区域位于工作表的“Y3：Z5”区域，条件区域的第一行为字段名（在“Y3”单元格输入“标的物”，在“Z3”单元格输入“方案进度”）。由于我们的筛选条件是并且“标的物”为“股票”或者“期权”（这是“逻辑或”关系）并且“方案进度”为“实施”（这是“逻辑与”关系），因此我们需要在“Y4”单元格输入“=“=股票””，在“Y5”单元格输入“=“=期权””，在“Z4”和“Z5”单元格都输入“=“=实施””。需要注意的是，由于我们的筛选条件是“等于”筛选值，而Excel单元格中的“=”号往往表示公式的开始，所以我们需要将筛选条件用半角的双引号括起来，并在前面再加一个“=”号。

3. 方式（Action），可以有两个选项，即“在原有区域显示筛选结果”（Fliter the List，In－place）或“将筛选结果复制到其他位置”（Copy to Another Location），本例选择第二种方式。

4. 筛选结果显示区域（Copy to Range）。如果“方式”选择“将筛选结果复制到其他位置”，则我们还需要确定将得到的筛选结果在什么位置显示。如果需要显示数据集中的所有字段，我们只需确定显示区域的左上角单元格即可；如果我们只需显示我们选定的字段，则我们需要将选定的字段名输入到筛选结果显示区域的第一行，注意，这些字段名必须与数据集中的字段名一致，但顺序可以不同。

5. 确定是否要删除重复记录。如果需要删除，则只显示重复记录中的第一条，而忽略剩余的重复记录；如果不删除，则保留所有的重复记录。

利用菜单模式进行高级筛选，需要如下步骤：

步骤1：设置筛选条件区域。本例为工作表“incentive”的“Y3：Z5”区域，如图4－21所示。

V	W	X	Y
同花顺		筛选标准：	
信息服务			
软件开发及服务		标的物	方案进度
电源设备		="=股票"	="=实施"
专业工程		="=期权"	="=实施"
食品饮料			
电力设备			
机械设备			
机械设备			
电力设备			
铁路设备			
电力设备			
房地产			
房地产开发Ⅲ			
软件开发及服务			
软件开发及服务			
化学制剂			
营销服务			

图4－21　高级筛选：筛选条件区域

步骤2：设定筛选结果显示区域。本例为显示符合筛选条件的字段“代码”“名称”“标的物”和“同花顺”的所有记录（包括重复记录），因此我们在工作表“filterRes”的区域“A1：D1”分别输入选定的字段名。完成输入后，选中该工作表的某一空白单元格（应确保与输出字段名所在区域不相连），然后点击“数据”—“排序和筛选”组中的“高级”，如图4－22所示。

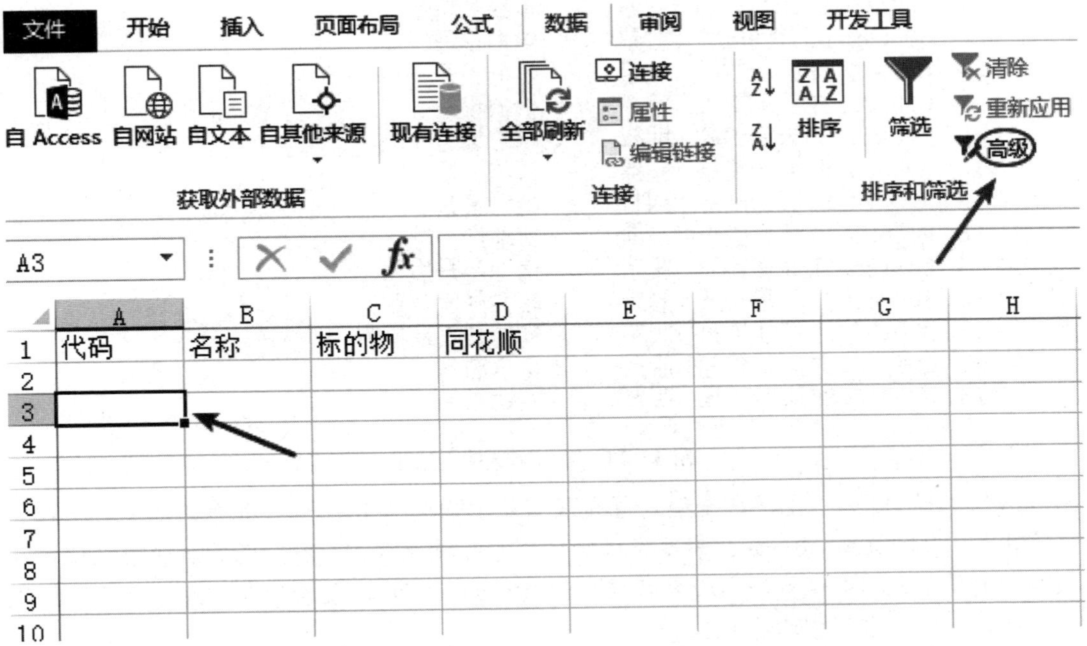

图4－22　高级筛选：输出变量选择和筛选实施

步骤3：在弹出的如图4－23所示的选择框里，选择“将筛选结果复制到其他位置”，然后分别选择或填写“列表区域”（本例是incentive工作表的A1：V1553）、“条件区域”（本例是incentive工作表的Y3：Z5）和“复制到”（本例是filterRes工作表的A1：D1区域）。因为我们希望输出筛选结果的所有记录，所以保持“选择不重复的记录”前的小方框处于未选择状态。做好上述工作后，点击“确定”得到如图4－24所示的输出结果。

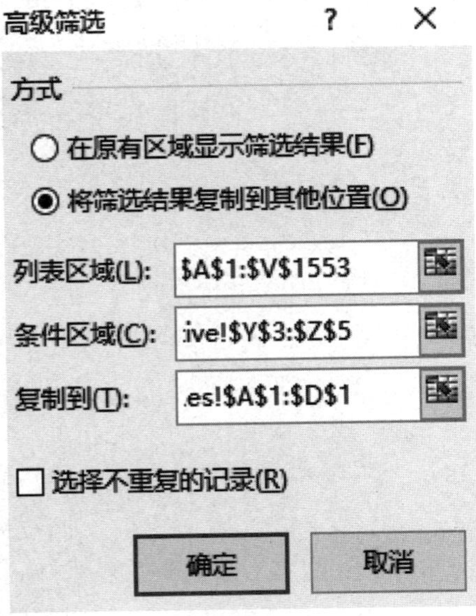

图4－23　高级筛选设置

4.4.2　利用VBA进行高级筛选

在本小节，我们将使用VBA的AdvancedFilter方法来完成数据的高级筛选。

AdvancedFilter方法主要有下述几个参数：（1）Action，其取值可以是“xlFilterInPlace”或“xlFil-

	A	B	C	D	E	F	G
1	代码	名称	标的物	同花顺			
2	300044.SZ	赛为智能	股票	信息服务			
3	002609.SZ	捷顺科技	股票	软件开发及服务			
4	002580.SZ	圣阳股份	股票	电源设备			
5	002743.SZ	富煌钢构	股票	专业工程			
6	300146.SZ	汤臣倍健	股票	食品饮料			
7	300040.SZ	九洲电气	股票	电力设备			
8	600031.SH	三一重工	股票	机械设备			
9	600031.SH	三一重工	期权	机械设备			
10	002452.SZ	长高集团	期权	电力设备			
11	000008.SZ	神州高铁	股票	铁路设备			
12	300274.SZ	阳光电源	期权	电力设备			
13	000656.SZ	金科股份	股票	房地产			
14	601155.SH	新城控股	股票	房地产开发III			
15	300369.SZ	绿盟科技	股票	软件开发及服务			
16	300188.SZ	美亚柏科	股票	软件开发及服务			
17	002773.SZ	康弘药业	股票	化学制剂			
18	603598.SH	引力传媒	股票	营销服务			

图 4－24　高级筛选输出结果

terCopy”，分别表示“在（数据集）原有区域显示筛选结果”和“将筛选结果复制到其他位置”。（2）CriteriaRange，表示条件区域。（3）CopyToRange，表示筛选结果显示区域的左上角单元格的位置或字段名区域。（4）Unique，如果取值为真，则删除筛选结果中的重复记录，默认取值为 False。

代码段 4.7 展示了如何利用 VBA 的 AdvancedFilter 方法进行数据高级筛选。

代码段 4.7　利用 VBA 的 AdvancedFilter 进行数据筛选。

```
'使用本子过程前请确保已经在工作表相应区域设置好了
'CriteriaRange 和 CopyToRange

Sub myfilter ()
  Dim datasetRng, criteriaRng, copy2rng As Range
  Set datasetRng = Worksheets ("incentive"). Range ("A1: V1553")
  Set criteriaRng = Worksheets ("incentive"). Range ("X3: Y5")
  Set copy2rng = Worksheets ("filterRes"). Range ("A1: E1")

  datasetRng. AdvancedFilter Action: =xlFilterCopy, _
                  criteriarange: =criteriaRng, _
                  copytorange: =copy2rng, _
                  unique: =False    '允许重复记录
End Sub
```

4.4.3　调用数据库查询进行数据筛选

利用数据库查询功能可以更为方便灵活地完成数据筛选功能。在本小节，我们利用该功能，重复上一小节的任务。

在讲解如何利用数据库查询来进行数据筛选前，应对“结构化查询语言”（SQL）有所了解。有关 SQL 的基本知识，读者可以阅读 W3School 的相关材料，其网址是 http：//www. w3school. com. cn/sql/。这里仅简单介绍本小节需要用到的相关语法：

```
SELECT［字段名列表］FROM［表名］WHERE［条件］
```

上述语句表示从名字为［表名］的表中查询符合［条件］的记录，只输出［字段名列表］中的字段，其中，SELECT、FROM 和 WHERE 是关键字。［字段名列表］中的字段用“,”分隔，如果要输出表中所有的字段，用“*”表示。比如，假设表 tbl 中包含字段 flda、fldb、fldc 和 fldd，现在我们需要查询 fldb 的值为 mytxt 的所有字段的符合条件的记录，我们只需输入以下语句即可：

```
SELECT *  FROM tbl WHERE fldb LIKE “mytxt”
```

我们可以将 Excel 工作簿看做数据库，而工作表或工作表中某个区域看做数据库的表。Excel 文件“sqlFilter. xlsm”包含两张工作表，工作表“incentive”的单元格区域“A1：V1553”包含上一小节中所用的股权激励相关数据，该区域中间没有空行，也没有空列，除此之外，该工作表没有其他已经使用的单元格（即该工作表已使用的区域 UsedRange 只有 A1：V1553）；工作表“filterRes”是一张空表，用来存放查询输出的结果，我们希望将查询结果输出到该表以“A1”为初始单元格的区域。下面分步讲解如何用数据库查询进行数据筛选。

步骤1：定义表名。可以使用两种方式来定义表名，第一种方式是“工作表名 + $ + 单元格区域”，然后将上述内容包含在方括号内。如果工作表中除了我们需要查询的区域外，没有其他内容，则可以忽略工作表名后的区域。对于本例，其表名应该是“［incentive $ A1：V1553］”，也可以是“［incentive $］”。第二种方式是先定义区域名（工作簿级），然后用区域名作为表名。比如我们先将工作表“incentive”的单元格区域命名为工作簿级的“tbl”，则可以用“tbl”（注意不需要方括号）作为表名。本例使用第二种方式定义表名。首先选中工作表“incentive”的单元格区域“A1：V1553”，然后在命名框输入“tbl”，回车后即可完成相关区域的命名。

步骤2：选中工作表的单元格“A1”，点击菜单栏“数据”—“获取外部数据”组中的“自其他来源”，点击“来自 Microsoft Query”，如图 4－25 所示。

步骤3：在弹出的如图 4－26 所示的选择框中选择“Excel Files*”，然后点击“确定”。

步骤4：在弹出的如图 4－27 所示的“选择工作簿”的选择框里，选择数据源所在的工作簿“filter. xlsm”，然后点击“确定”。

步骤5：在弹出的如图 4－28 所示的名为“添加表”的选择框里，选择“tbl”，然后点击“添加”，再点击其下的“关闭”。

图 4－25　导入 Microsoft Query 查询

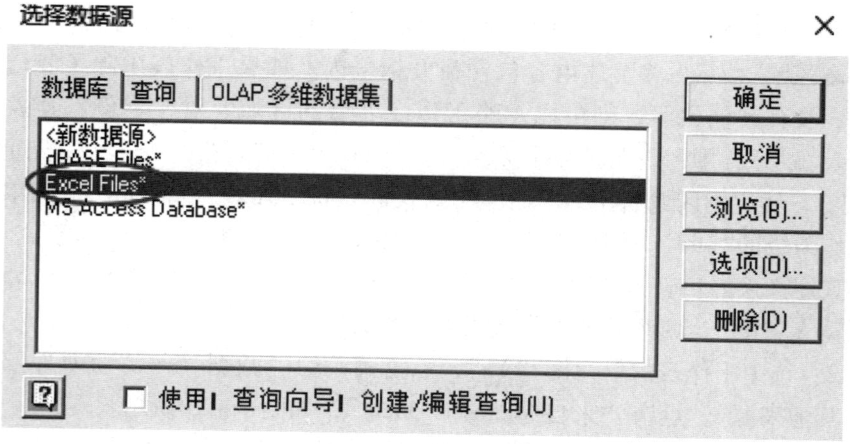

图 4－26　Microsoft Query 查询：选择数据源类型为 Excel 文件

步骤 6：在如图 4－29 所示的弹出框里点击如图标识的 “SQL”。

步骤 7：在弹出的如图 4－30 所示的 SQL 语句输入框里输入查询语句：

SELECT 代码，名称，标的物，同花顺 FROM tbl WHERE 方案进度 LIKE '实施' AND (标的物 LIKE '股票' OR 标的物 LIKE '期权')

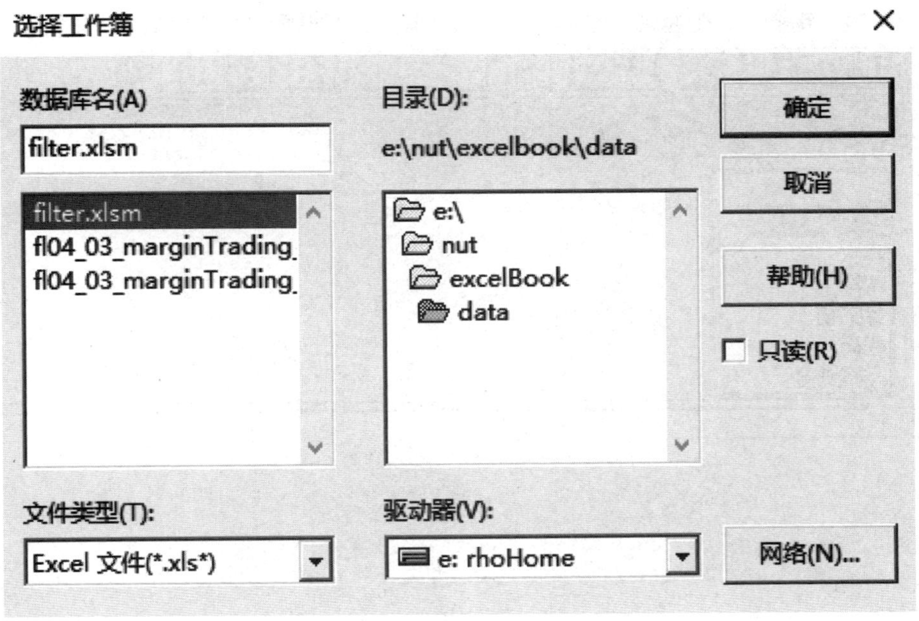

图 4 – 27　**Microsoft Query** 查询：选择工作簿

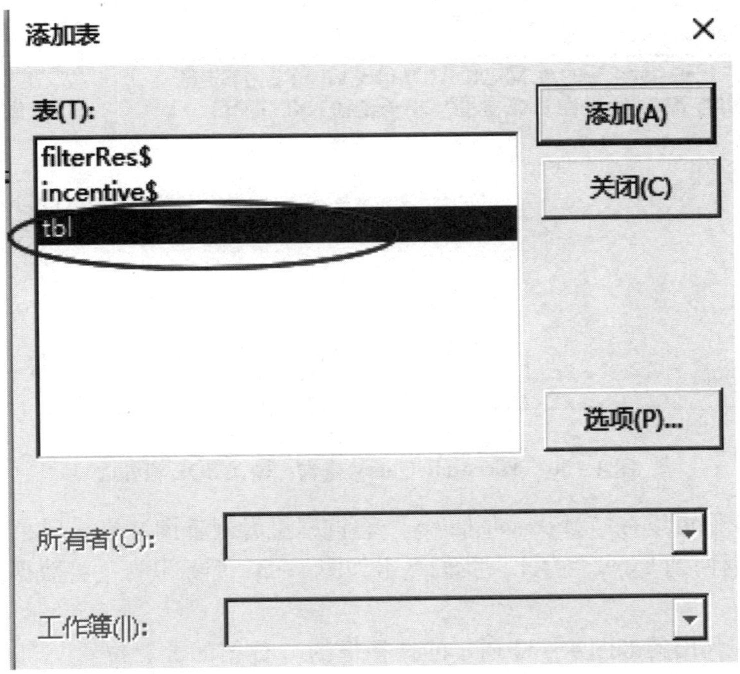

图 4 – 28　**Microsoft Query** 查询：添加表

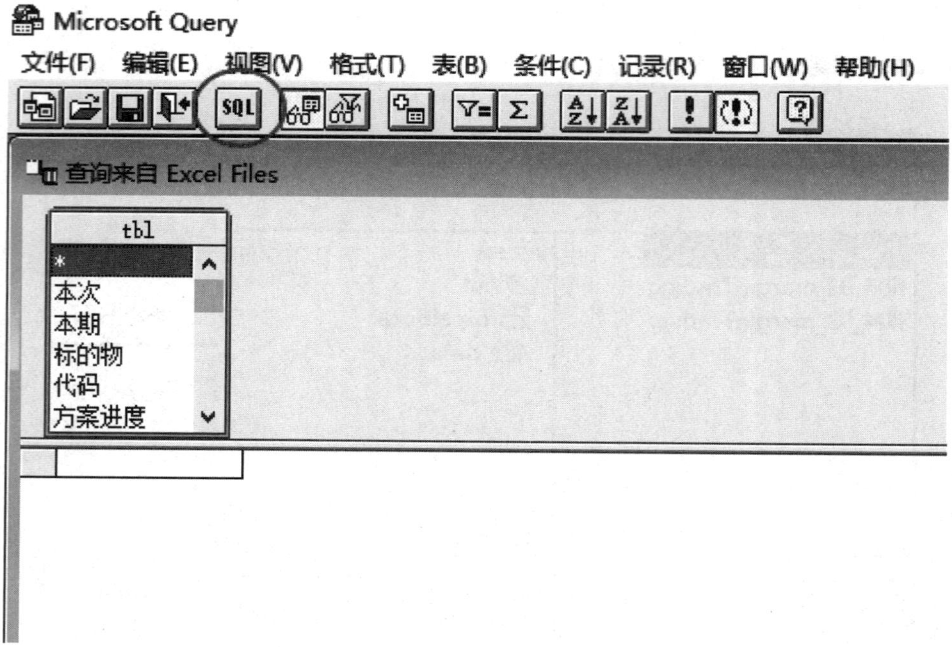

图 4－29　Microsoft Query 查询：添加 SQL 查询框

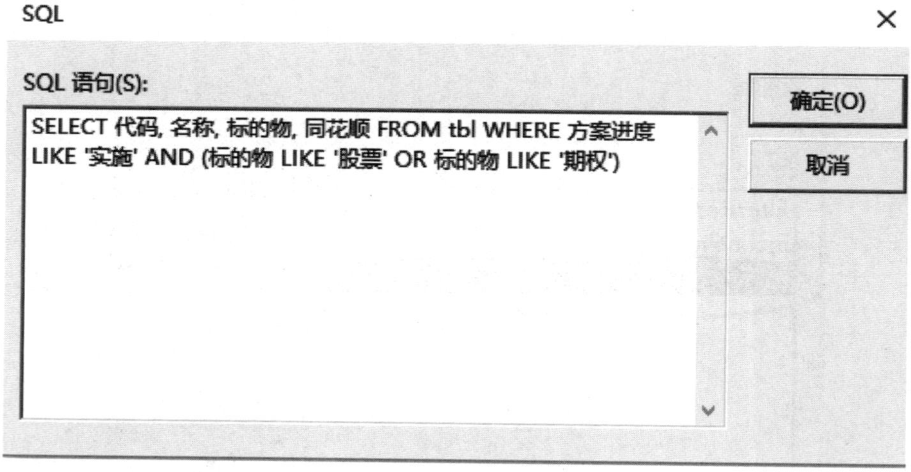

图 4－30　Microsoft Query 查询：输入 SQL 语句

步骤 8：我们可以在“Microsoft Query”查询框里看到查询结果。现在我们需要将查询结果的数据返回到 Excel，为此，我们点击如图 4－31 所标识的“将数据返回到 Excel”的按钮。

步骤 9：在弹出的如图 4－32 所示的选择框的“数据的放置位置”部分，我们选择默认的“现有工作表”（即工作表“filterRes”），并在其下的小方框中选择“＄A＄1”，然后点击“确定”，这意味着我们将把查询结果数据放置在该工作表以单元格“A1”为起始的区域。

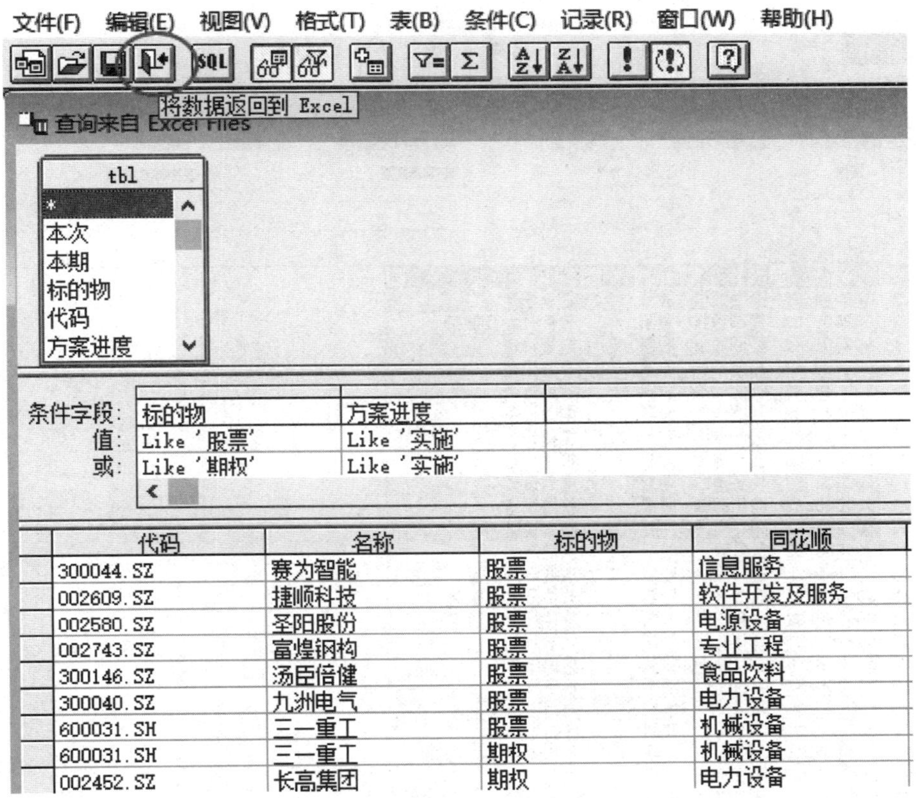

图 4－31　将查询结果返回到 Excel

步骤 10：此时我们将在工作表“filterRes”中看到查询结果数据，如图 4－33 所示。如果要关闭字段名所在行的筛选按钮，只需不选择如图所标识的“筛选按钮”即可。

4.4.4　利用 ADO 进行数据筛选

ADO 是 Microsoft ActiveX Data Objects 的缩写，ADO 通过 OLEDB 可以访问数据库。

我们可以将 Excel 文件当做数据库文件，把工作表当做数据库的表，把工作表的行当做记录（Record），把工作表的列当做字段（Field）。这样，我们可以通过 SQL（结构化查询语言）对 Excel 数据进行筛选。

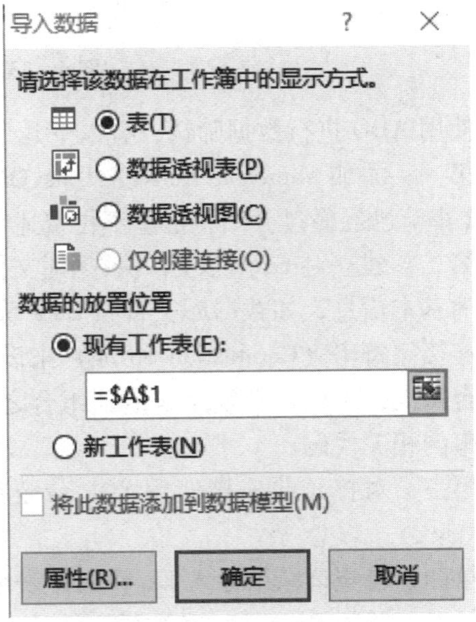

图 4－32　选择查询结果数据的放置位置

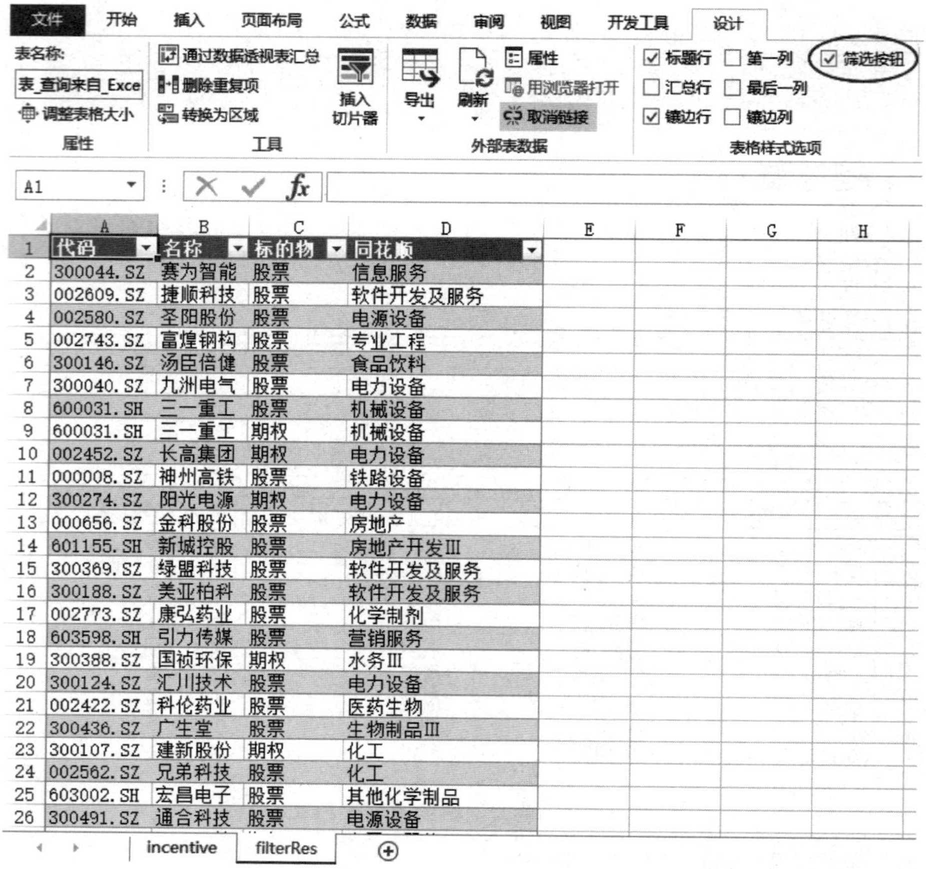

代码	名称	标的物	同花顺
300044.SZ	赛为智能	股票	信息服务
002609.SZ	捷顺科技	股票	软件开发及服务
002580.SZ	圣阳股份	股票	电源设备
002743.SZ	富煌钢构	股票	专业工程
300146.SZ	汤臣倍健	股票	食品饮料
300040.SZ	九洲电气	股票	电力设备
600031.SH	三一重工	股票	机械设备
600031.SH	三一重工	期权	机械设备
002452.SZ	长高集团	期权	电力设备
000008.SZ	神州高铁	股票	铁路设备
300274.SZ	阳光电源	期权	电力设备
000656.SZ	金科股份	股票	房地产
601155.SH	新城控股	股票	房地产开发Ⅲ
300369.SZ	绿盟科技	股票	软件开发及服务
300188.SZ	美亚柏科	股票	软件开发及服务
002773.SZ	康弘药业	股票	化学制剂
603598.SH	引力传媒	股票	营销服务
300388.SZ	国祯环保	期权	水务Ⅲ
300124.SZ	汇川技术	股票	电力设备
002422.SZ	科伦药业	股票	医药生物
300436.SZ	广生堂	股票	生物制品Ⅲ
300107.SZ	建新股份	期权	化工
002562.SZ	兄弟科技	股票	化工
603002.SH	宏昌电子	股票	其他化学制品
300491.SZ	通合科技	股票	电源设备

图4-33　关闭筛选按钮

使用ADO进行数据筛选，有以下几个主要步骤：

第一，添加Microsoft ActiveX Data Objects Library的引用，如何添加该引用，本章4.1.2小节已经做过介绍，这里不再赘述。

第二，建立对Excel文档（数据库文件）的连接。在建立连接时，需要告诉OLEDB连接的基本信息，如数据库文件（Data Source）和使用什么驱动（Driver）等。这可以通过连接字符串（Connection String）来设置。一个连接字符串由一系列“关键字＝值”的组合构成，不同“关键字＝值”组合之间用“；”分隔，具体见代码段4.8有关连接字符串的相关代码。

第三，对打开的连接使用SQL命令获得查询结果，这需要打开ADODB.Recordset对象。

第四，将查询结果导入Excel工作表单元格，这可以使用Copy From Recordset方法。

第五，关闭Recordset和数据文件的连接（Connection）。

代码段4.8　利用ADODB进行数据筛选

```
Sub filter_sql ()
'使用本子过程前，请确保已经添加Microsoft ActiveX Data Objects Library的引用
    Dim cnn As ADODB.Connection
    Dim rcdst As ADODB.Recordset
    Dim dataSrc As String
    Dim connectStr As String
    Dim sql As String
    Dim arrHeader As Variant

    '设置data source
    dataSrc = ThisWorkbook.FullName

    '设置Connection string
    connectStr = "Provider=Microsoft.ACE.OLEDB.12.0;" & _
                 "Data Source=" & dataSrc & ";" & _
                 "Extended Properties=""Excel 12.0 Macro; HDR=Yes"";"
'HDR=Yes表示Data Source的首行是字段名，默认值就是Yes，使用这里可以不设置
'注意Excel 12.0 Macro; HDR=Yes前后使用了两个双引号

    '设置SQL查询命令
    sql = "SELECT 代码, 名称, 标的物, 同花顺 FROM [incentive$] WHERE (方案进度 LIKE '实施') AND (标的物 LIKE '股票' OR 标的物 LIKE '期权')"

    arrHeader = Array ("代码", "名称", "标的物", "同花顺")

    '建立对数据文件的连接
    Set cnn = New ADODB.Connection
    cnn.Open connectStr

    '使用SQL命令对打开的连接进行查询
    Set rcdst = New ADODB.Recordset
    rcdst.Open sql, cnn, adOpenStatic, adLockReadOnly
```

```
    '将查询结果返回到 Excel 工作表单元格
    With Worksheets ("filterRes")
        .Cells (1, 1). Resize (1, 4) = arrHeader
        .Cells (2, 1). CopyFromRecordset rcdst
    End With

    '关闭连接，释放内存
    rcdst.Close
    cnn.Close
    Set rcdst = Nothing
    Set cnn = Nothing
End Sub
```

4.5　数据频率转换

金融建模经常使用时间序列数据，对时间序列数据有时候需要对数据频率进行转换，使得所用的数据有相同的频率。频率转换包括高频率数据转换为低频率数据，如将日数据转换为月数据，也包括低频率数据转换为高频率数据。本节只介绍高频率数据如何转换为低频率数据，主要包括如何将日数据转换为月数据、日数据转换为季度数据和日数据转换为周数据等，其他数据频率之间的转换，可以用类似的方法来完成。

本节所用样本数据文件为“dssec. csv”，这是上海证券交易所综合指数从 2005 年年初至 2016 年 11 月底共计 2891 个交易日的日收盘价格数据，文件包含两列，分别为“date”和“prcSSEC”，分别表示“日期”和“收盘价”。数据来自“雅虎财经”，我们可以利用本章第 4. 2 节的方法获取该数据，注意在样本数据文件中我们已经按日期进行升序排序。

4.5.1　日数据转换为月数据

我们主要利用如下方法实现日数据到月数据的转换：

（1）分别利用 Year（）和 Month（）函数提取“日期”列中各日期的年份和月份信息，并将它们用“&”进行合并，从而产生新的序列“yearMon”；

（2）对数据以“date”为标准降序排序；

（3）使用“数据”—“数据工具”组中的“删除重复项”，删除“yearMon”列的重复项；

（4）对数据以“date”为标准重新升序排序，并删除“yearMon”列。

下面分步介绍如何利用上述方法实现日数据到月数据的转换。

步骤 1：打开新的 Excel 文件，并导入样本数据文件“dssec. csv”中的数据，其方法请参见本章 4.1.1 节。假设所导入的数据在工作表“Sheet1”的区域“A1：B2892”，第 1 行为标题行。

步骤 2：在“C1”单元格分别输入“yearMon”，在“C2”单元格输入公式“=YEAR（A2）&"-"&MONTH（A2）”，见图 4-34。选中“C2”单元格并将鼠标移至其右下角，当光标从空十字变成黑十字后，双击鼠标左键，完成公式的自动填充。

C2　=YEAR(A2) & "-" & MONTH(A2)

	A	B	C	D	E	F
1	date	prcSSEC	dateMon			
2	2005-1-4	1242.774	2005-1			
3	2005-1-5	1251.937				
4	2005-1-6	1239.4301				
5	2005-1-7	1244.746				
6	2005-1-10	1252.401				
7	2005-1-11	1257.462				
8	2005-1-12	1256.923				
9	2005-1-13	1256.314				
10	2005-1-14	1245.62				
11	2005-1-17	1216.652				
12	2005-1-18	1225.454				
13	2005-1-19	1218.108				
14	2005-1-20	1204.394				
15	2005-1-21	1234.476				
16	2005-1-24	1255.777				
17	2005-1-25	1254.234				

图 4-34　日数据转换为月数据：获取年份和月份信息

步骤 3：将数据以“date”列为标准降序排序，结果如图 4-35 所示。

A	B	C
date	prcSSEC	dateMon
2016-11-30	3250.0339	2016-11
2016-11-29	3282.9241	2016-11
2016-11-28	3277	2016-11
2016-11-25	3261.938	2016-11
2016-11-24	3241.7361	2016-11
2016-11-23	3241.137	2016-11
2016-11-22	3248.3521	2016-11
2016-11-21	3218.1479	2016-11
2016-11-18	3192.856	2016-11
2016-11-17	3208.4529	2016-11
2016-11-16	3205.0569	2016-11
2016-11-15	3206.9861	2016-11

图 4-35　日数据转换为月数据：按 date 降序排序

步骤4：点击菜单项“数据”—“数据工具”组中的“删除重复项”，这时会出现如图4－36所示的选择框，去掉“date”和“prcSSEC”前面小方框里面的“√”，只保留对“dateMon”列的选择，同时保留右上角“数据包含标题项”的选择，做好上述选择后点击“确定”。此时会弹出存在多少重复项的提示，我们只需按“确定”即可。结果如图4－37所示。

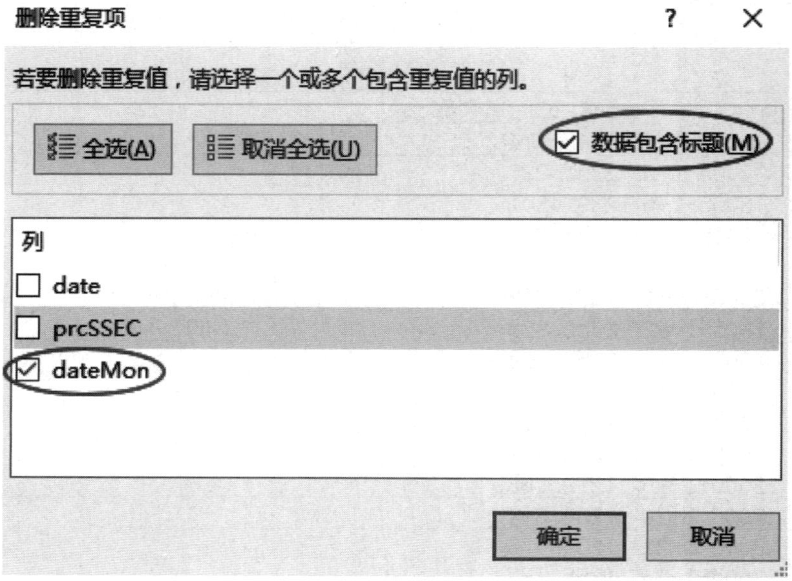

图4－36　日数据转换为月数据：根据 dateMon 列删除重复项

	A	B	C
1	date	prcSSEC	dateMon
2	2016-11-30	3250.0339	2016-11
3	2016-10-31	3100.4919	2016-10
4	2016-9-30	3004.7029	2016-9
5	2016-8-31	3085.491	2016-8
6	2016-7-29	2979.3391	2016-7
7	2016-6-30	2929.606	2016-6
8	2016-5-31	2916.616	2016-5
9	2016-4-29	2938.324	2016-4
10	2016-3-31	3003.915	2016-3
11	2016-2-29	2687.979	2016-2
12	2016-1-29	2737.6001	2016-1
13	2015-12-31	3539.1819	2015-12
14	2015-11-30	3445.405	2015-11

图4－37　日数据转换为月数据：删除重复项后的结果

步骤 5：以“date”为标准对数据按升序排序，同时清除“dateMon”列的内容，完成数据的转换，其结果如图 4－38 所示。

	A	B	C
1	date	prcSSEC	
2	2005-1-31	1191.822998	
3	2005-2-28	1306.003052	
4	2005-3-31	1181.235962	
5	2005-4-29	1159.145996	
6	2005-5-31	1060.738037	
7	2005-6-30	1080.937988	
8	2005-7-29	1083.032959	
9	2005-8-31	1162.797974	
10	2005-9-30	1155.614014	
11	2005-10-31	1092.817017	
12	2005-11-30	1099.260986	
13	2005-12-30	1161.057007	
14	2006-1-25	1258.046021	

图 4－38　日数据转换为月数据：最后结果

4.5.2　日数据转换为季度数据和日数据转换为周数据

日数据转换为季度数据及日数据转换为周数据的方法与 4.5.1 小节中所描述的过程类似，即从日期值中提取季度或周的信息，以此为标准删除重复项。但与日数据转换为月数据相比，存在下述差异：

第一，存在工作表函数 Month（）来提取月份信息，但 Excel 中并不存在提取季度信息的专门函数。为了提取季度信息，可以先用 Month（）函数提取月份信息，然后将月份数除以 3，最后对所得的结果用 Roundup（）函数向上取整即可。比如单元格“A2”的值为“2015－01－04”，其月份值为 1，则 Roundup（1/3，0）等于 1，即保留 0 位小数，2015 年 1 月 4 日属于第一季度。所以，在单元格“C2”计算单元格“A2”的季度值，应该在单元格“C2”输入“＝ROUNDUP（MONTH（A2）/3，0）”。得到季度信息后，就可以采用 4.5.1 小节的方法进行数据频率转换了。

第二，尽管存在工作表函数 Weeknum（），可以用它来提取某一日期属于某一年度的哪个星期，但某星期中的七天是可以跨年度的。如 2014 年 12 月 31 日为星期三，与它属于同一周的 2015 年 1 月 2 日为星期五。因此，我们不能结合 Year（）函数和 Weeknum（）函数来实现日数据到周数据的转换。但我们可以计算某个日期属于从某个我们自己设定的基期（比如 1970 年 1 月 4 日，这一天是星期天）以来的第几周，就可以采用上一小节的方法来实现日数据到周数据的转换了。

以4.5.1小节中的样本数据为例，我们来演示如何计算各日期属于从1970年1月4日以来的第几周：在单元格“C1”输入标题“myweeknum”，在单元格“C2”输入公式“=QUOTIENT（A2 - DATE（1970，1，4），7）”，选择“C2”单元格，并将光标移至该单元格的右下角，当光标从空十字变为黑十字时，双击鼠标左键，完成公式的自动填充，如图4-39所示。

C2　fx　=QUOTIENT(A2-DATE(1970,1,4), 7)

	A	B	C	D	E	F
1	date	prcSSEC	myweeknum			
2	2005-1-4	1242.774048	1826			
3	2005-1-5	1251.937012	1826			
4	2005-1-6	1239.430054	1826			
5	2005-1-7	1244.745972	1826			
6	2005-1-10	1252.401001	1827			
7	2005-1-11	1257.462036	1827			
8	2005-1-12	1256.922974	1827			
9	2005-1-13	1256.313965	1827			
10	2005-1-14	1245.619995	1827			
11	2005-1-17	1216.651978	1828			
12	2005-1-18	1225.453979	1828			
13	2005-1-19	1218.108032	1828			
14	2005-1-20	1204.394043	1828			
15	2005-1-21	1234.475952	1828			
16	2005-1-24	1255.776978	1829			
17	2005-1-25	1254.234009	1829			

图4-39　计算某日期属于1970年1月4日以来的第几周

4.5.3　利用VBA实现数据频率转换

本节以日数据转化为月数据为例，说明如何通过VBA代码实现数据频率的转换，其他情况的频率转换与之类似，请完成本章习题1（利用VBA将日数据转化为季度数据）和习题2（利用VBA将日数据转换为周数据）。

代码段4.9将4.5.1小节中的转换过程使用VBA代码来实现，该代码段主要使用了区域（Range）的RemoveDuplicates方法。RemoveDuplicates方法有两个参数，参数Columns表示重复项所在列的索引，如果数据区域中第1列为重复项所在列，则Columns的值为1，如果数据区域中的第1列和第2列为重复项所在列，则Columns的值为Array（1，2）；第2个参数为Header，其取值为xlYes、xlNo或xlGuess，分别表示数据区域的首行为标题行、数据区域不存在标题行和让Excel来确定是否存在标题行。

代码段4.9的其他内容，相信读者在注释的帮助下，能够理解其含义和作用，这里不再赘述。

代码段4.9　利用RemoveDuplicates方法将日数据转化为月数据

```
Sub toMonthly_removeDuplicates ()
Dim rng As Range
Dim rngAdd As Range
Dim nrow, ncol, i As Long

'源数据及其行数和列数
Set rng = Sheet1.UsedRange
nrow = rng.Rows.Count
ncol = rng.Columns.Count

'在源数据右边添加标题为 yearMon 的新列（包含年月信息）
With ActiveSheet
  .Cells (1, ncol + 1).Value = "yearMon"
  For i = 2 To nrow
     .Cells (i, ncol + 1).Value = year (.Cells (i, 1)) &
" - " & Month (.Cells (i, 1))
  Next i
End With

Set rngAdd = ActiveSheet.Range (Cells (1, 1), Cells (nrow, ncol + 1))

'对包含新列的区域按 date 以降序排序
rngAdd.Sort key1: ="date", order1: =xlDescending, Header: =xlYes, _
          Orientation: =xlSortColumns

'以 yearMon 为标准删除重复项
rngAdd.RemoveDuplicates Columns: =ncol + 1, Header: =xlYes

'对数据重新根据 date 以升序排序
rngAdd.Sort key1: ="date", order1: =xlAscending, Header: =xlYes, _
          Orientation: =xlSortColumns

'清除新产生的列 yearMon
rngAdd.Columns (ncol + 1).Clear
End Sub
```

利用区域的 Remove Duplicates 方法进行数据频率转换较为烦琐，效率也不高，一个更合适的方法是利用字典（Scripting. Dictionary）关键字（Key）的唯一性来替代区域的删除重复项方法，从而实现数据频率的转换。

第三章我们已经简单介绍了字典的基本用法，接下来在本节我们应用字典实现数据频率的转换，具体见代码段 4. 10。

代码段 4. 10　利用 Dictionary 将日数据转化为月数据

```
'使用本子程序前，请确保已经引用 microsoft scripting runtime

Sub toMonthly_dictionary ()
Dim rng As Range
Dim nrow, ncol, i, j As Long
Dim yearMon () As String
Dim arr As Variant
Dim dict As New Scripting. Dictionary

'源数据区域及其行数和列数
Set rng = Sheet1. UsedRange
nrow = rng. Rows. Count - 1
ncol = rng. Columns. Count
ReDim yearMon (1 To nrow)

'确保源数据已经根据 date 列按升序排序
rng. Sort key1: = "date", order1: = xlAscending, Header: = xlYes,
Orientation: = xlSortColumns

'利用字典 Key 的唯一性删除重复项
With Sheet1
   For i = 1 To nrow
      yearMon (i) = Year (. Cells (i + 1, 1)) & " - " & Month (. Cells
(i + 1, 1))
      arr = . Cells (i + 1, 2). Resize (1, ncol - 1). Value
      dict (yearMon (i)) = arr
   Next i
End With

'将频率转换后的数据复制到工作表 Sheet2
With Sheet2
```

```
.Cells (1, 1) = "month"
  For j = 2 To ncol
    .Cells (1, j) = Sheet1.Cells (1, j)
  Next j

  For i = 1 To dict.Count
    .Cells (i + 1, 2).Resize (1, ncol - 1) = dict.Items (i - 1)
    .Cells (i + 1, 1) = dict.Keys (i - 1)
  Next i
End With
End Sub
```

4.6　数据合并

本节的数据合并（Merge）是指根据某一共同变量将两个数据表合并为同一个数据表，类似于 SQL 中的连接（Join）。

例如图 4－40 中包含两张成绩表，左边的表（以下简称为表 1）包含两列，分别为“姓名”和“作业 1”，共有 5 条记录；右边的表（以下简称为表 2）包含“姓名”和“作业 2”两列，共有 7 条记录。

姓名	作业1
张三	优
李四	良
王五	中
钱六	及格
孙七	优

姓名	作业2
李四	优
钱六	中
孙七	中
赵八	良
王五	优
陈十	优
黄九	及格

图 4－40　需要合并的两张表

现在我们需要将上述两张表根据共同的字段“姓名”进行合并。有时候我们需要合并后的表类似图 4－41 左边的表，即合并后新的表的字段“姓名”包含了表 1 和表 2 字段“姓名”的所有记录，这类似于 SQL 中的“Full Join”；有时候我们需要合并后的表类似图 4－41 右边的表，即合并后新的表的字段“姓名”包含了表 1 和表 2 字段“姓名”的共同记录，这类似于 SQL 中的“Inner Join”。

在进行金融数据分析前，我们经常需要对数据进行合并处理。为了计算某只股票的基本 β 系数（有关股票 β 系数的估计，请参见教材第 8 章第 8.1 节），我们需要将某一时期该股票的历史收益率对相应时期市场（通常用股价指数来代替）历史收益率进行回

姓名	作业1	作业2
陈十	NA	优
黄九	NA	及格
李四	良	优
钱六	及格	中
孙七	优	中
王五	中	优
张三	优	NA
赵八	NA	良

姓名	作业1	作业2
李四	良	优
钱六	及格	中
孙七	优	中
王五	中	优
张三	优	NA

图 4－41　合并后的表：左边为 Full Join，右边为 Inner Join

归。由于某些日子整个市场在交易，但某只股票可能停牌，所以我们需要对两者的历史收益率数据作合并处理后才能进一步作分析。

本节所用样本数据为“上证综指”和“标准·普尔 500 指数”于 2005 年年初至 2016 年 11 月底的收盘价格指数，分别保存于文件“dssec. csv”和“dgspc. csv”中，数据来自“雅虎财经”，并已经按日期进行升序排序。由于中国股市和美国股市有不同的节假日安排，“上证综指”有交易数据的某些日子，“标普 500 指数”可能没有交易数据；同理，“标普 500 指数”有交易数据的某些日子，“上证综指”可能并没有交易数据。所以，我们需要对它们作合并处理。通过 4. 1. 1 小节的方法，我们已经将文件“dssec. csv”的数据导入到工作表“ssec”的“A1：B2892”区域，将文件“dgspc. csv”的数据导入到工作表“gspc”的“A1：B3001”区域。假设我们希望将合并后的数据放置于工作表“mergedRes”的以“A1”单元格起始的区域。

以下我们分 3 个小节来讲述如何通过 Excel 来实现数据的合并，4. 6. 1 小节主要介绍通过常用的 VLookup（）函数来实现数据的合并；4. 6. 2 小节介绍如何通过数据库查询功能来实现数据的合并；4. 6. 3 小节将展示通过数据查询功能实现数据合并的 VBA 代码。

4. 6. 1　利用 VLookup（）函数进行数据合并

VLookup（）为工作表函数，该函数主要有以下几个参数：Value 为需要查询的值；Table 为单元格区域，注意需要查询的 Value 必须来自该区域的第 1 列，并且该区域的数据已经根据第 1 列按升序排序；参数 Index 为查询需要返回的值在 Table 的第几列；最后一个参数“approximate _ match”的取值为 True 或 False，如果选择 False，表示精确匹配，选择 True 表示近似匹配，默认选择 True。如果参数“approximate _ match”取值 False，但 Table 中并不存在需要查询的 Value，则返回“#N/A”。

如果我们希望查询不到该数值时返回统计中常用的表示法“NA”（Not Available），则可以结合 IfError（）函数，该函数有两个参数，参数 Value 是用来判断是否存在诸如“#N/A”“#VALUE!”“#REF!”“#DIV/0!”“#NUM!”“#NAME?”或“#NULL!”等错误的值或表达式，参数 Value _ if _ error 为出现上述错误时希望返回的值。比如，IfError（12/0，“Inf”）返回“Inf”，IfError（15/5，“Inf”）则返回 3。

理解了上述两个函数后，我们就可以分步演示如何对样本数据进行合并了。我们将讲述 Full Join 的情景，在完成数据的 Full Join 后，我们再讲解如何得到 Innner join 的结果。

步骤 1：在工作表“mergedRes”的第 1 列获得合并后数据表的日期序列（并集或交集）。如果是 Full Join，则需生成日期的并集序列，如果是 Inner Join，则需生成交集序列。为得到日期的并集序列，我们可以先将“上证综指”和“标普 500 指数”相关的日期首尾相接地复制到“mergedRes”工作表的区域“A2：A5892”（其中“上证综指”对应的日期为区域“A2：A2892”，“标普 500 指数”对应的日期为“A2893：A5892”）；然后选中区域“A2：A5892”，点击“数据”—“删除重复项”（Remove Duplicates），在弹出的“删除重复项警告”信息框的“给出排序依据”处选择“以当前选定区域排序”，然后点击“确定”，确认删除重复项；最后，选择该列的任意单元格，点击“数据”菜单下的“升序排序”按钮，这样就得到了按升序排序的日期序列的并集了。我们可以看到，“上证综指”和“标普 500 指数”两个日期序列的并集共有 3095 个交易日。

步骤 2：对需要合并的两个数据集进行命名。选中工作表“ssec”的已使用区域（UsedRange，即区域“A1：B”），在命名框输入“dataSSEC”，然后回车，完成区域的命名。用类似的方法将工作表“gspc”的已使用区域命名为“dataGSPC”。

步骤 3：利用 VLookup（）函数筛选数据。复制两个数据表的字段名“prcSSEC”和“prcGSPC”到工作表“mergedRes”的“B1”和 C1”单元格。然后在单元格“B2”输入公式“ = IfError（VLookup（A2，dataSSEC，2，False），"NA"）”，在“C2”单元格输入公式“ = IfError（VLookup（A2，dataGSPC，2，False），"NA"）”。选择“B2”和“C2”单元格，将其向下自动填充至第 5892 行（最后一个交易日 2016 年 11 月 30 日所在行）。这样，我们就完成了数据的合并，合并后的数据如图 4 – 42 所示。

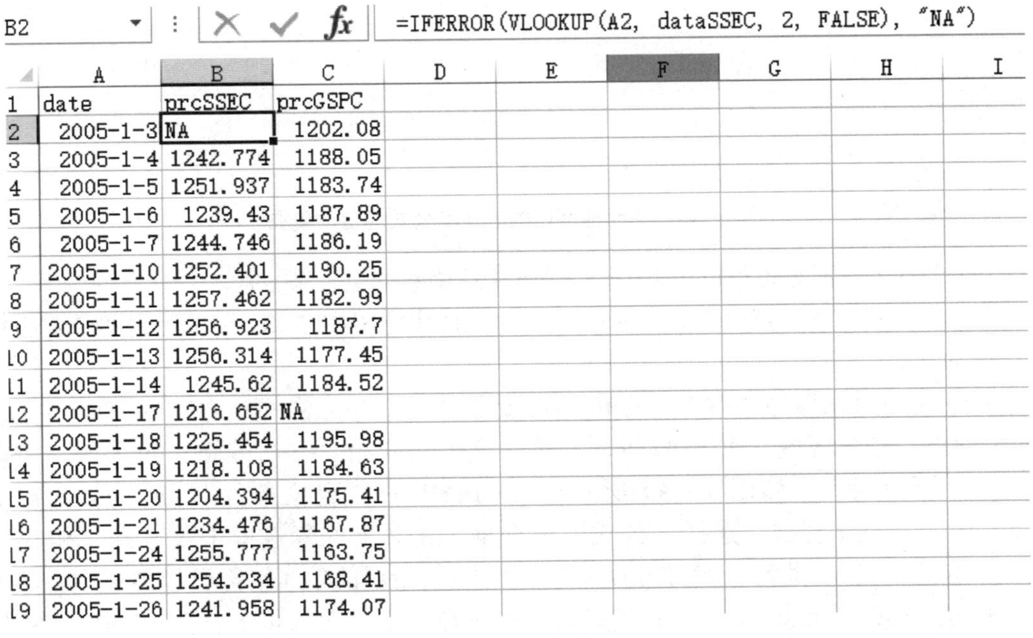
B2　=IFERROR(VLOOKUP(A2, dataSSEC, 2, FALSE), "NA")

	A	B	C
1	date	prcSSEC	prcGSPC
2	2005-1-3	NA	1202.08
3	2005-1-4	1242.774	1188.05
4	2005-1-5	1251.937	1183.74
5	2005-1-6	1239.43	1187.89
6	2005-1-7	1244.746	1186.19
7	2005-1-10	1252.401	1190.25
8	2005-1-11	1257.462	1182.99
9	2005-1-12	1256.923	1187.7
10	2005-1-13	1256.314	1177.45
11	2005-1-14	1245.62	1184.52
12	2005-1-17	1216.652	NA
13	2005-1-18	1225.454	1195.98
14	2005-1-19	1218.108	1184.63
15	2005-1-20	1204.394	1175.41
16	2005-1-21	1234.476	1167.87
17	2005-1-24	1255.777	1163.75
18	2005-1-25	1254.234	1168.41
19	2005-1-26	1241.958	1174.07

图 4 – 42　利用 VLookup 等函数对两个数据表的 Full Join 方式的合并，即一个数据表中没有包含但另一个表已包含的数据用 NA 表示

Inner Join 方式的数据合并与 Full Join 方式的数据合并的差异主要体现在合并后的日期序列应该为两个数据表日期序列的交集（Intersection）。下面演示如何得到两个日期序列的交集。

步骤 1：以工作表“ssec”的日期值为查询值（Value），以工作表“gspc”的日期序列为查询区域（Table），利用 VLookup（）进行查询。为此，在工作表“mergedRes”的“A2”单元格输入公式“= VLookup（ssec! A2，gspc! ＄A＄2：＄A＄3001，1，False）”，按“Ctrl + C”复制该公式，然后如图 4 – 43 所示，在名称框里输入“A2：A2892”（不包括双引号）后回车，这样区域“A2：A2892”被选中，按“Ctrl + V”将公式自动填充至单元格“A2892”（与 SSEC 工作表的日期序列一致）。

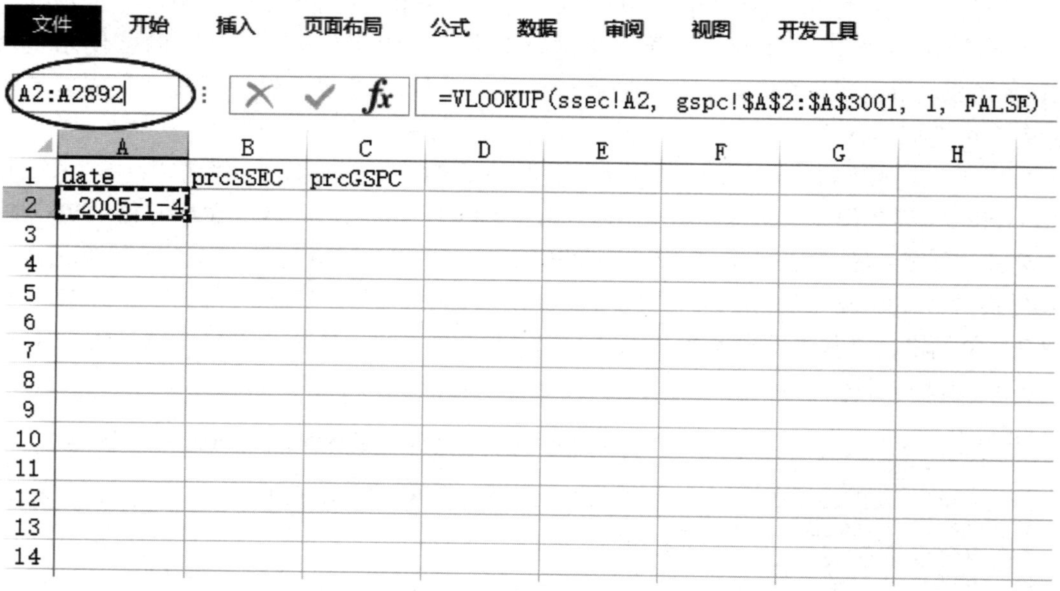

图 4 – 43　单元格区域的选择和公式的自动填充

VLookup（）函数也可以用 INDEX – MATCH 函数的组合来替代。

自动填充后“A”列应该如图 4 – 44 所示，请注意图中“A11”单元格的“#N/A”错误提示。

步骤 2：删除内容为“#N/A”的单元格。选择“A2”单元格，按“Ctrl + Shift + ↓”（向下箭头）选中区域“A2：A2892”。然后点击“开始”—“编辑”组中的“查找和选择”下拉列表，如图 4 – 45 所示选择列表中的“定位条件”。这时会弹出如图 4 – 46 所示的选择框，选择“公式”单选框，在其下的复选框中仅选择“错误”，然后点击“确定”。此时，所有内容含有“#N/A”错误的单元格都已经被选中。单击鼠标右键，选择“删除”，在弹出的选择框中选择“下方单元格上移”，点击“确定”完成含有“#N/A”内容的单元格的删除，剩余的有日期的区域就是两个日期序列的交集。

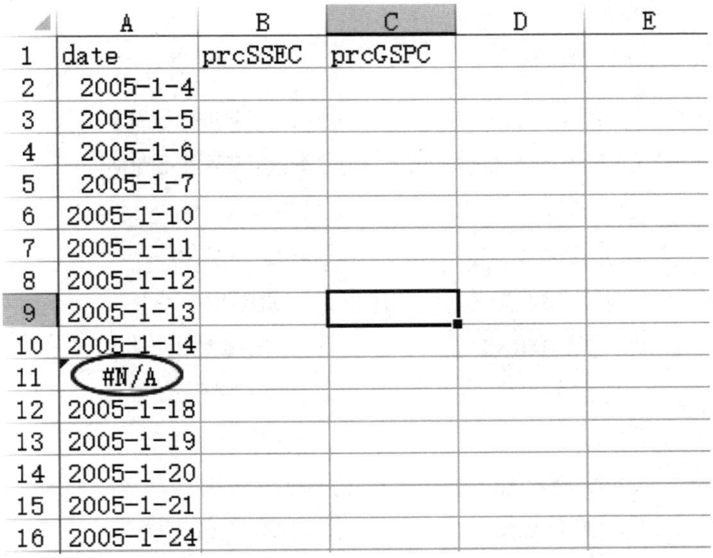

图 4－44　以 SSEC 表中的日期去搜索 GSPC 中的日期序列后的结果

图 4－45　定位条件

接下来的步骤与以“Full Join”方式进行数据合并类似，这里不再赘述。

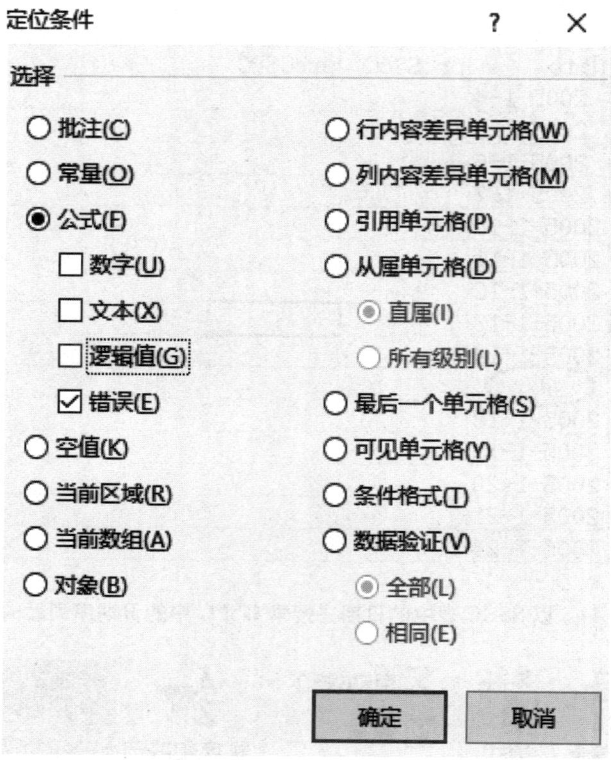

图 4－46　定位条件的选择

4.6.2　利用数据库查询进行数据合并

在本章第 4.4.3 小节，我们已经介绍了如何在 Excel 中利用 SQL 查询访问某张表来实现数据的筛选。利用 SQL 查询实现数据合并的过程与之差异不大，在本小节我们以 Inner Join 方式的数据合并为例，来演示如何利用 SQL 查询来实现数据的合并。

现在的环境是这样的："上证综指" 和 "标准 · 普尔 500 指数" 2015 年年初至 2016 年 11 月底的收盘价格数据分别保存于工作表 "ssec" 和 "gspc" 中，这两个数据区域分别已经用 "dataSSEC" 和 "dataGSPC" 命名。我们需要将两个区域的数据以共同列名 "date" 为标准进行 Inner Joint 方式的合并，合并后的数据将存放于 "mergedRes" 工作表的以 "A1" 为起始位置的区域中。并且，相应的 Excel 文件已经得到保存。接下来的主要过程如下。

步骤 1：选中工作表 "mergedRes" 的 "A1" 单元格，然后点击菜单项 "数据"，在 "获取外部数据" 处选择 "自其他来源" 后，在下拉列表中选择 "来自 Microsoft Query"。

步骤 2：在弹出的标题为 "选择数据源" 的弹出框中的 "数据库" 项目下，选择 "Excel Files*"，取消对 "使用查询向导创建/编辑查询" 的选择，点击 "确定"。

步骤 3：在弹出的标题为 "选择工作簿" 的选择框里，选中我们的 Excel 文件，然后点击 "确定"。

上述步骤在本章第 4.4.3 小节已经做过讲解，因此不再用图来演示。

步骤 4：在出现的标题为“添加表”的选择框里逐一添加“dataSSEC”和“dataGSPC”，这时的图形应该如图 4 – 47 所示。

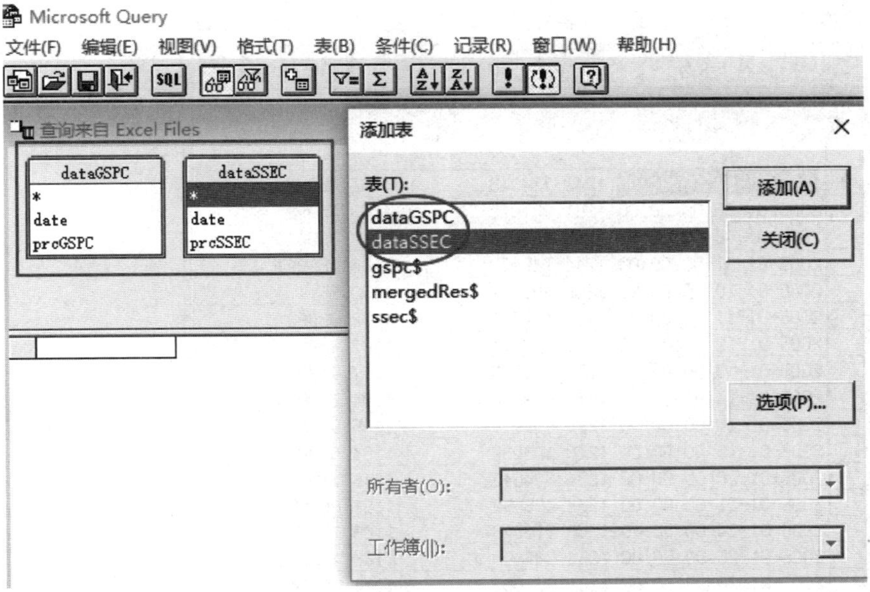

图 4 – 47　Microsoft Query 查询：添加表

步骤 5：点击“SQL”图标，在出现的 SQL 语句的输入框里输入如图 4 – 48 所示的查询语句后，点击“确定”，这时可能会弹出“SQL Query 无法以图形表示，是否仍然继续?”的警告，点击“继续”。

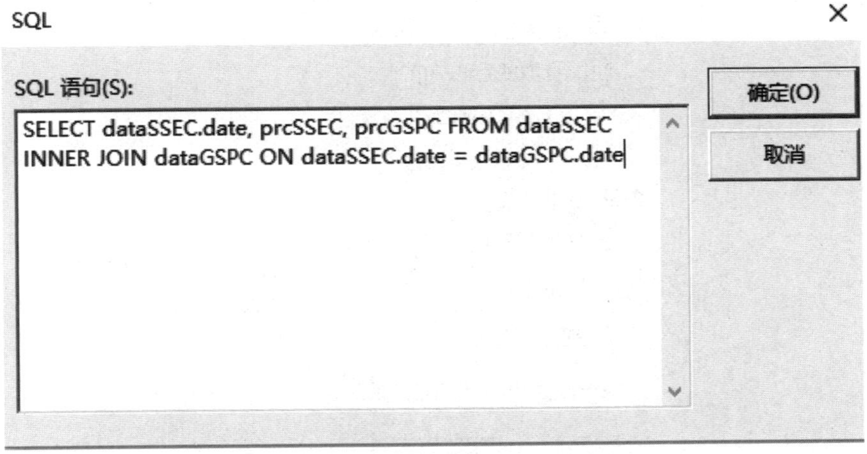

图 4 – 48　SQL 查询语句

步骤 6：在图 4 – 49 的显示查询结果的信息框里点击图中所标识的“将数据返回到 Excel”的图标，这时将显示如图 4 – 50 所示的选择框，在“数据放置位置处”选择默认的“现有工作表”的“A1”单元格起始的区域。图 4 – 51 是利用 SQL 查询进行数据合并结果的部分截图。

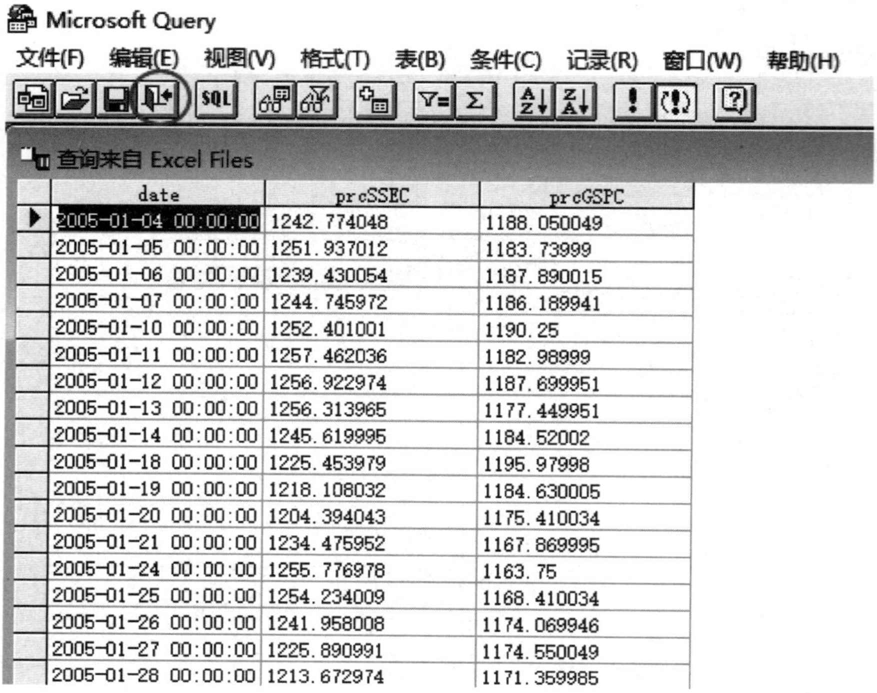

date	prcSSEC	prcGSPC
2005-01-04 00:00:00	1242.774048	1188.050049
2005-01-05 00:00:00	1251.937012	1183.73999
2005-01-06 00:00:00	1239.430054	1187.890015
2005-01-07 00:00:00	1244.745972	1186.189941
2005-01-10 00:00:00	1252.401001	1190.25
2005-01-11 00:00:00	1257.462036	1182.98999
2005-01-12 00:00:00	1256.922974	1187.699951
2005-01-13 00:00:00	1256.313965	1177.449951
2005-01-14 00:00:00	1245.619995	1184.52002
2005-01-18 00:00:00	1225.453979	1195.97998
2005-01-19 00:00:00	1218.108032	1184.630005
2005-01-20 00:00:00	1204.394043	1175.410034
2005-01-21 00:00:00	1234.475952	1167.869995
2005-01-24 00:00:00	1255.776978	1163.75
2005-01-25 00:00:00	1254.234009	1168.410034
2005-01-26 00:00:00	1241.958008	1174.069946
2005-01-27 00:00:00	1225.890991	1174.550049
2005-01-28 00:00:00	1213.672974	1171.359985

图 4 – 49　SQL 查询结果

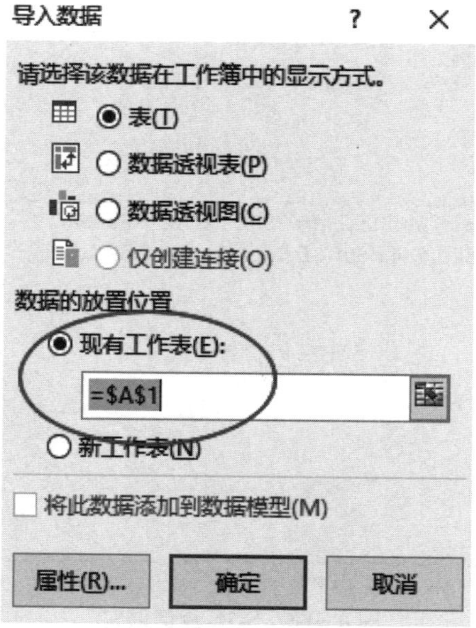

图 4 – 50　将查询结果返回 Excel 工作表

	A	B	C	D
1	date	prcSSEC	prcGSPC	
2	2005-1-4	1242.774048	1188.050049	
3	2005-1-5	1251.937012	1183.73999	
4	2005-1-6	1239.430054	1187.890015	
5	2005-1-7	1244.745972	1186.189941	
6	2005-1-10	1252.401001	1190.25	
7	2005-1-11	1257.462036	1182.98999	
8	2005-1-12	1256.922974	1187.699951	
9	2005-1-13	1256.313965	1177.449951	
10	2005-1-14	1245.619995	1184.52002	
11	2005-1-18	1225.453979	1195.97998	
12	2005-1-19	1218.108032	1184.630005	
13	2005-1-20	1204.394043	1175.410034	
14	2005-1-21	1234.475952	1167.869995	
15	2005-1-24	1255.776978	1163.75	
16	2005-1-25	1254.234009	1168.410034	

图 4－51　利用 Microsoft Query 查询进行数据合并结果

4.6.3　数据合并的 VBA 实现

在本小节我们利用 VBA 代码来实现 4.6.2 小节中的利用 SQL 查询进行数据合并的主要过程。

有关 Full Join 方式的数据合并，请参见本章习题 3。

代码段 4.11　利用 SQL 查询进行数据的合并

```
'以 Inner Join 方式合并数据
'需要合并的数据分别位于工作表"ssec" 和"gspc"
'除了需要合并的数据外，上述表中不存在其他数据
'合并后的数据放置于工作表"mergedRes" 以"a1" 起始的单元格区域中
'已经添加对 Microsoft ActiveX Data Objects Library 的引用

Sub dataMerge ()
   Dim cnn As ADODB.Connection
   Dim filePath As String
   Dim cnnStr As String
   Dim sql As String
   Dim rcdst As ADODB.Recordset
   Dim I As Integer, nhdr As Integer
```

```
'设置 connection string
filePath = ThisWorkbook.FullName
cnnStr = "Provider=Microsoft.ACE.OLEDB.12.0;" & _
        "Data Source=" & filePath & ";" & _
        "Extended Properties=""Excel 12.0 Macro; HDR=Yes"";"

'建立和打开连接
Set cnn = New ADODB.Connection
cnn.Open cnnStr

'建立和打开 Recordset
sql = "SELECT [ssec $]. date, prcSSEC, prcGSPC FROM [ssec $]
INNER JOIN [gspc $] ON [ssec $]. date = [gspc $]. date"
Set rcdst = New ADODB.Recordset
rcdst.Open sql, cnn, adOpenStatic, adLockReadOnly

'字段数，即结果区域列数
nhdr = rcdst.Fields.Count

'将查询结果输出到工作表
'为提高速度，关闭屏幕更新，导出结束后重新打开

Application.ScreenUpdating = False
With Worksheets ("mergedRes")
   '输出字段名
   For i = 1 To nhdr
     .Cells (1, i). Value = rcdst.Fields (i - 1). Name
   Next i
   '输出查询记录
   .Cells (2, 1). CopyFromRecordset rcdst
End With

'关闭连接，释放内存
rcdst.Close
cnn.Close
Set rcdst = Nothing
Set cnn = Nothing
```

```
    '调整格式
    With Worksheets ("mergedRes"). UsedRange
        .Columns (1). NumberFormat = "yyyy - mm - dd"
        .Columns ("B: C"). NumberFormat = "0.00"
        .Columns. EntireColumn. AutoFit
    End With

    Application. ScreenUpdating = True

End Sub
```

本章小结

本章主要讲述了通过 Excel 及其 VBA 获取金融数据的主要方式以及如何对金融数据进行预处理，主要包括数据排序、筛选、频率转换和数据合并等。

一般我们将金融数据以本地或远程的文本文档形式储存，我们可以通过菜单项“数据”—“获取外部数据”组中的“自文本”来导入，在 VBA 中，我们可以添加对 Microsoft ActiveX Data Objects Library 的引用，通过 ADODB. Stream 来读取本地文本文档数据。对于网络数据，可以通过 Excel 菜单项“数据”—“获取外部数据”组中的“自网站”来获取；在 VBA 中，我们可以添加对 Microsoft WinHttp Services 的引用，通过建立 WinHttpRequest 等方式来获取网络数据。

对数据根据某一变量或多个变量以升序或降序排序，在 VBA 中，可以使用区域的 Sort 方法来完成。

我们经常需要对原始数据根据一系列筛选标准进行筛选，通过 Excel 菜单项“筛选”或“高级筛选”可以完成该功能。对于更复杂的筛选，可以调用 Query 查询来实现。在 VBA 中，可以使用区域的“AdvancedFilter”方法或添加对 Microsoft ActiveX Data Objects Library 的引用，通过 ADODB. Connection 来解决。

工作表菜单方式下，数据频率转换主要通过提取年份、季度、月份或周数等信息，通过“数据”菜单下的“删除重复项”来完成。在 VBA 中，推荐使用字典来完成该功能。

数据的合并有内联（Inner Join）和全部连接（Full Join），我们主要介绍了如何通过 VLookup（）函数及调用 Query 查询来实现数据的合并。

Excel 关键词：删除重复项、SQL 查询、排序、筛选、自动筛选、高级筛选。

本章习题

1. 任意选择数据频率为日的金融数据，编写子程序将它转换为季度数据。

2. 任意选择数据频率为日的金融数据，编写子程序将日数据转换为周数据。

3. Excel 的 OLEDB 不能使用 Full Join，但我们可以通过 Left Join 和 Right Join 的组合来实现 Full Join 的功能。若表 tbl1 存在字段“姓名”和“身高”，表 tbl2 存在字段“姓名”和“体重”，我们需要根据“姓名”来实现 Full Join，其 SQL 语句可以是这样的：

```
SELECT* FROM tbl1 LEFT JOIN tbl2 ON tbl1. 姓名 = tbl2. 姓名 UNION
SELECT* FROM tbl1 RIGHT JOIN tbl2 ON tbl1. 姓名 = tbl2. 姓名
```

根据上述提示，完成本章 4.6 节中 Full Join 方式的数据合并。

4. 美联储金融经济研究数据库（FRED）中有许多金融和宏观经济数据，试编写程序从该资源获取数据。

5. 获取“中国联通”、“士兰微”、“中国银行”及“上证综指”最近 3 年的日交易数据，将之转化为月数据，并计算月对数收益率。

6. 任意获取一系列股票的“行业属性”、“总股本”、最近的“净资产收益率”和“市盈率（TTM）”的横截面数据，自己设定筛选标准，对数据进行筛选。

7. 阅读世界银行数据网站 https：//data. worldbank. org/，思考如何编制函数获取世界银行数据。

进阶阅读

1. 朱世武所著的《基于 SAS 系统的金融计算》，清华大学出版社，2004 年第 1 版。

2. 如何使用 Excel 的高级筛选功能，可以参考微软支持的一篇题为 Filter by using advanced criteria 的技术指导书，其网址为 https：//support. office. com/en - us/article/Filter - by - using - advanced - criteria - 4c9222fe - 8529 - 4cd7 - a898 - 3f16abdff32b。

3. 有关字典较为详尽的叙述，请阅读 Paul Kelly 的网文 Excel VBA Dictionary：a Complete Guide，网址为 http：//excelmacromastery. com/vba - dictionary。

第 5 章

金融数据的图形展示

阅读本章前，请读者检查是否已经掌握如下内容：

是否掌握	任务模块
□	图表的两种形式：嵌入式图表（Embedded Chart）和分立式图表（Chart Sheet）
□	图表主要元素：标题、数据序列、坐标轴等
□	基本图表类型：散点图、柱形图、条形图和饼图等
□	通过菜单模式绘制散点图和柱形图等基本图表
□	通过菜单模式对已绘制图表进行修饰或修改
□	通过菜单模式绘制直方图
□	通过 VBA 绘制散点图和柱形图等基本图表
□	通过 VBA 绘制直方图

无论在描述性分析阶段还是在结果展示阶段，图表都占据重要地位。利用 Excel 绘制基本图形如饼图（Pie Chart）、条形图（Bar Chart）或折线图（Line Chart）等非常方便，对于直方图（Histogram）或箱线图（Box Plot）等统计图形的绘制，Excel 则显得非常笨拙。本章介绍如何利用 Excel 和 VBA 绘制金融分析中常用的图形，为今后具体的金融问题分析奠定基础。

第 5.1 节对 Excel 图形功能作一简单梳理；第 5.2 节介绍如何通过 Excel 菜单模式绘制基本图形；第 5.3 节介绍如何利用 VBA 代码来实现图形的自动绘制和移除；第 5.4 节介绍如何通过 Excel 和 VBA 绘制直方图。

5.1 Excel 图表简介

5.1.1 嵌入式图表和分立式图表①

Excel 图表可以是嵌入式图表（Embedded Chart）或单独的分立式图表（Chart

① 有许多人将“Chart Sheet”直译为“图表工作表”，但考虑到 Sheets 既包括工作表（Worksheet），也包括“Chart Sheet”，为避免混淆，也与嵌入式图表相对应，这里将“Chart Sheet”翻译为“分立式图表”。

Sheet）。前者是工作表中的一个游体（Floater），可以在工作表中移动位置和改变图形大小等。后者作为一个单独的图表 Sheet 存在，类似于一般的工作表。

在 Excel 菜单模式下，通常的“插入”—“图表”方式绘制的图表为嵌入式。如果你想一开始就创建分立式图表，在选择绘图所用的数据系列后，按功能键“F11”即可。

图 5 - 1 为嵌入式图表，图 5 - 2 为分立式图表。两者都为柱形图（Column Chart），所用数据为 2016 年 12 月各主要浏览器的市场占有率，数据来源于 StatCounter，网址为 http：//gs. statcounter. com/#all - browser - ww - monthly - 201612 - 201612 - bar。

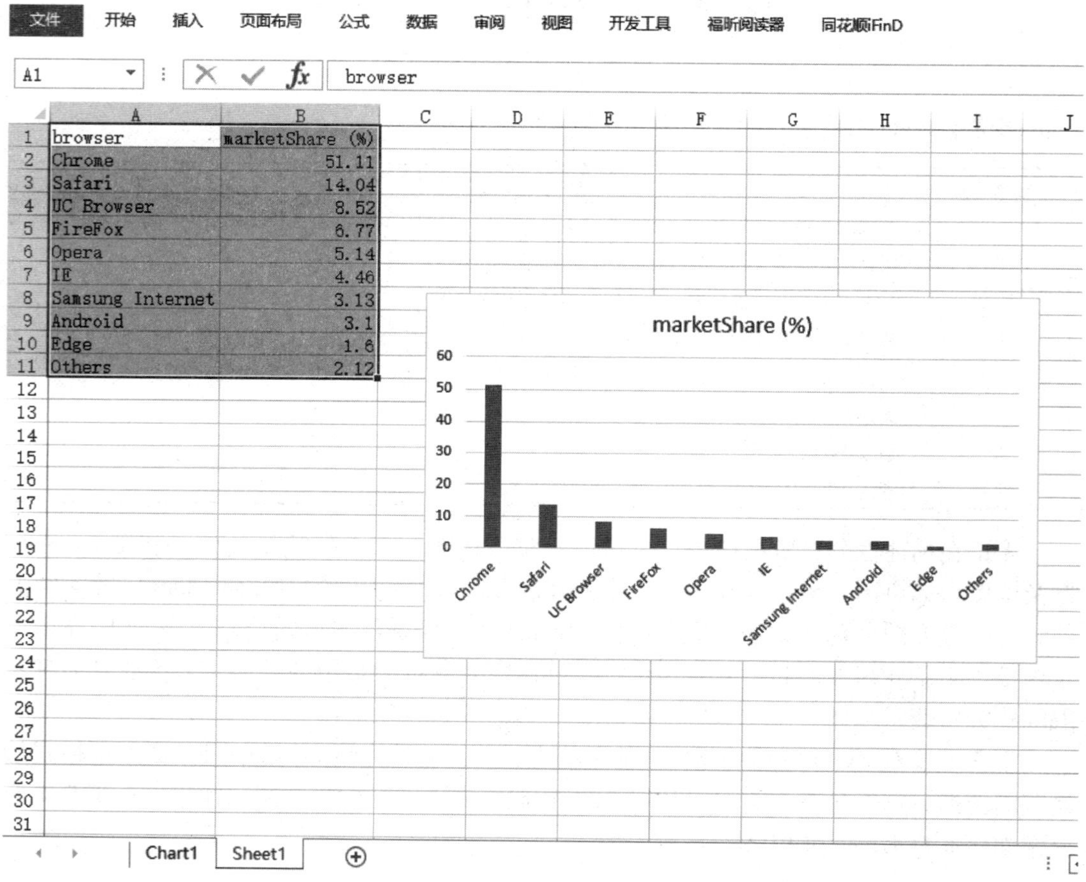

图 5 - 1　典型的嵌入式图表，图中的柱形图为工作表 Sheet1 中的游体

我们可以比较方便地将已经绘制的嵌入式图表转化为分立式图表。比如，要将图 5 - 1 中的嵌入式图表转化（移动）为名称叫“mychtsht”的分立式图表，其主要步骤如下。

步骤 1：单击嵌入式图表的任意空白位置，选中该图表。此时，该图表处于激活状态，可以进行编辑等处理。这时，菜单栏项出现“图表工具”（Chart Tool）菜单，点击其下的“设计”（Design），出现如图 5 - 3 所示的菜单栏，点击右侧“位置”组中的“移动图表”按钮。

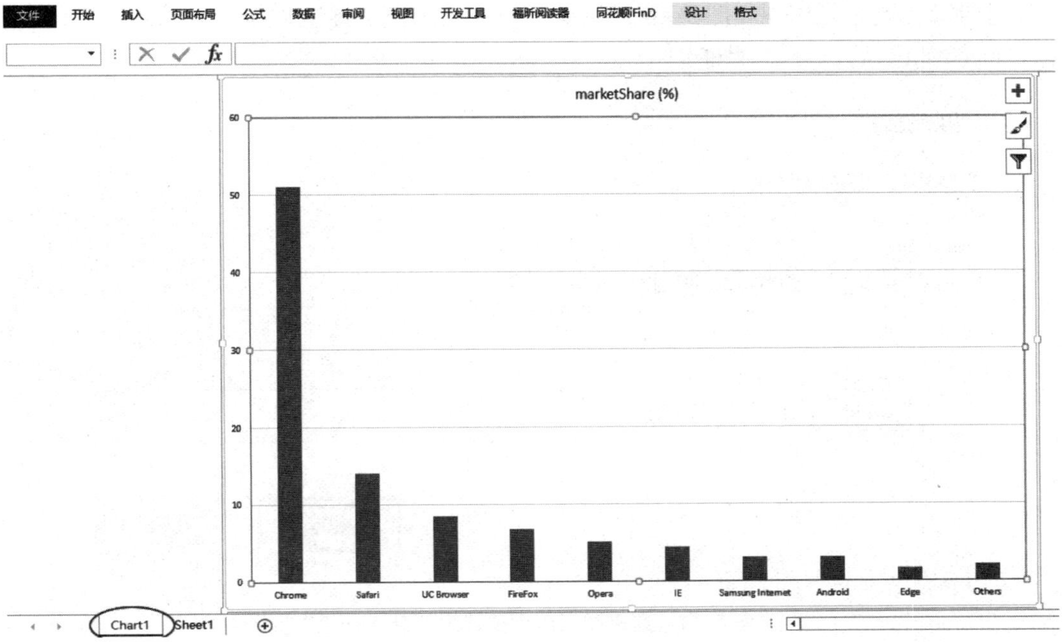

图 5－2　典型的分立式图表，图中的图表显示于 Chart1 中，
Chart1 与工作表 Sheet1 一起显示于工作簿底部标签中

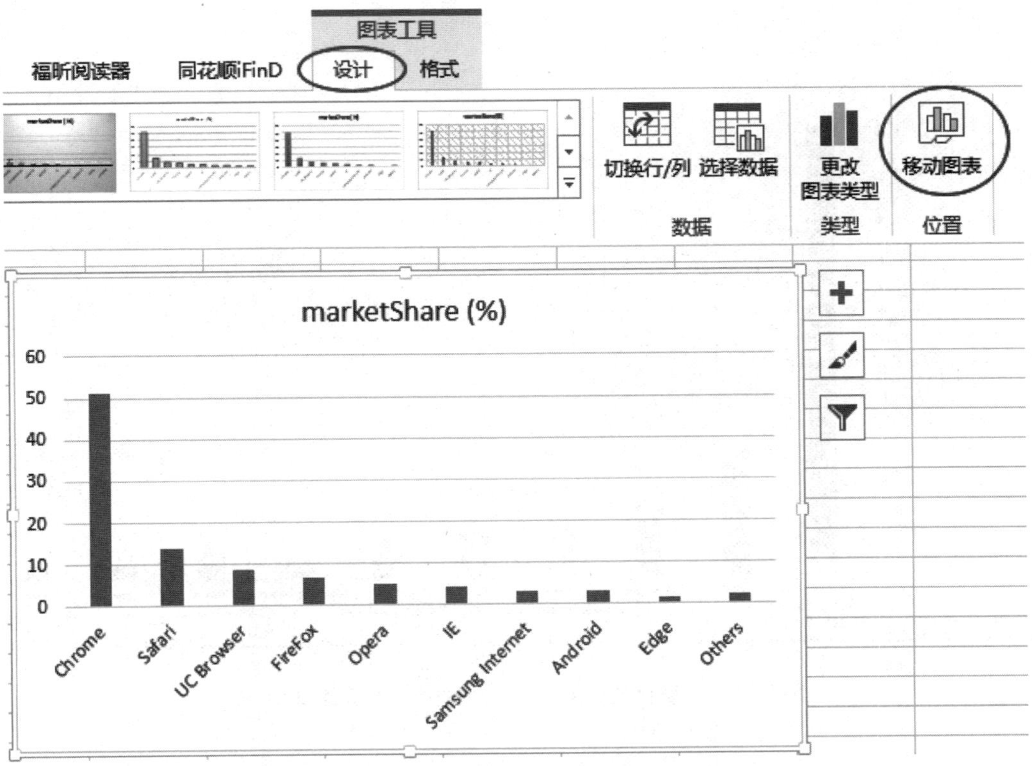

图 5－3　点击"设计"—"移动图表"将嵌入式图表移动为分立式图表

步骤2：此时，出现如图5－4所示的弹出框，选择“新工作表”并填写新工作表名称“mychtsht”后，点击“确定”。

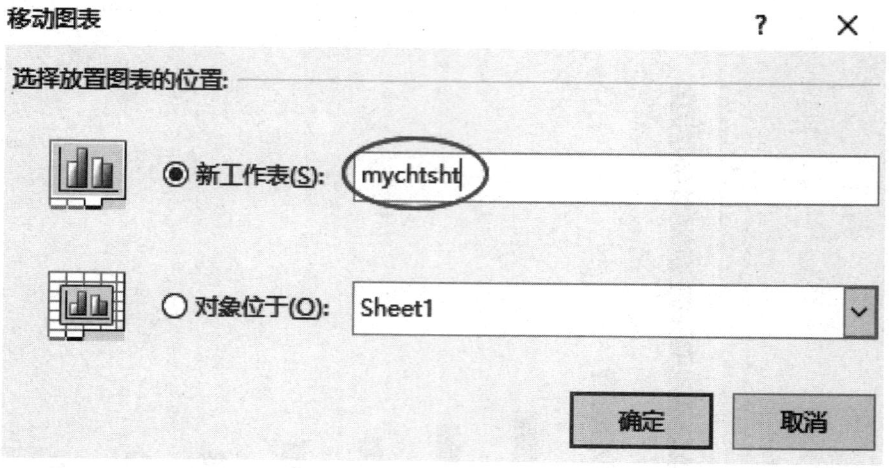

图5－4　选择图表放置位置为“新工作表”

步骤3：这时，一张新的名为“mychtsht”的分立式图表出现了，而工作表“Sheet1”中原有的嵌入式图表不见了。

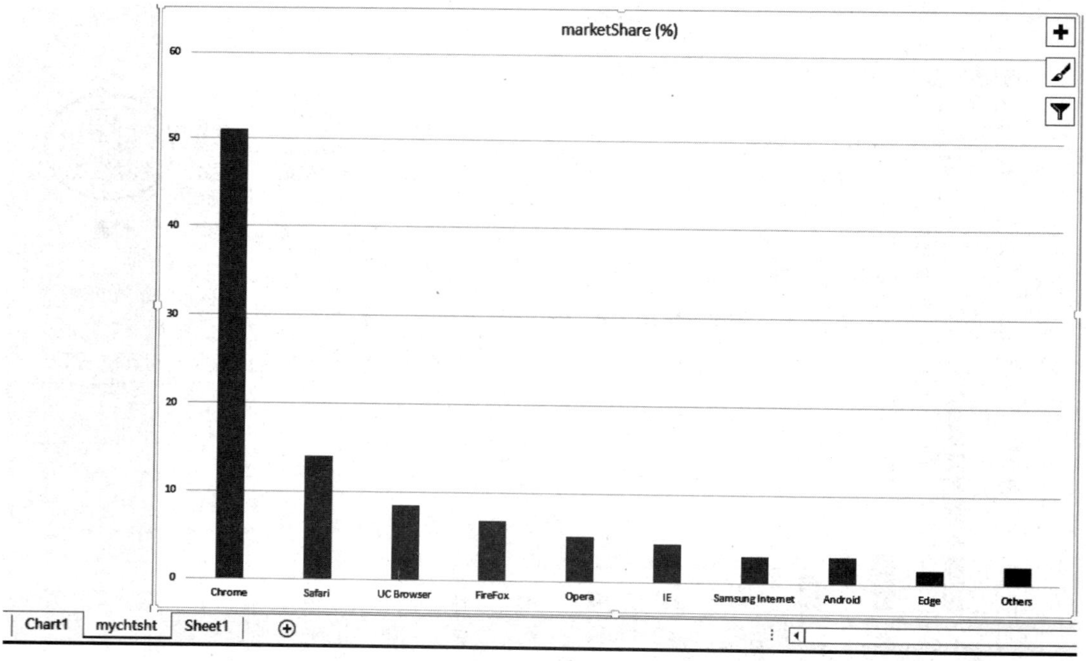

图5－5　图表移动结果：生成新的分立式图表 mychtsht

5.1.2　基本图表元素

要想深刻理解 Excel 图表，我们需要了解 Excel 基本的图表元素（Chart Elements），我们以图 5－6 为例进行说明。

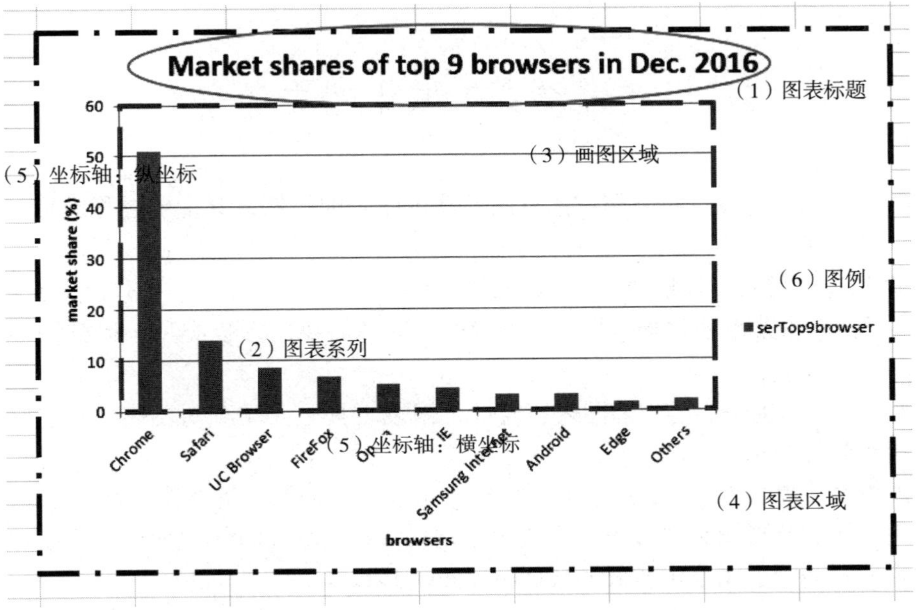

图 5－6　Excel 图表基本元素

1. 图表标题（Chat Title），在图 5－6 中顶部的“Market shares of top 9 browsers in Dec. 2016”部分，我们可以将它拖曳到图表区域的任意位置。

2. 图表系列（Chart Series），在图 5－6 中画图区域的各条柱状，对应“数据系列”（Data Series）。单个数据系列叫 Series，图表对应的所有数据系列形成系列集合（Series Collection），图标系列由“点”（Point）构成，我们可以给指定的点添加“数据标签”（Data Label），具体见 5.2 节的折线图部分。

3. 画图区域（Plot Area）为绘制图表数据的区域，在图 5－6 中，长虚线（Long Dash）框包围的部分就是画图区域。在二维图表中，画图区域包含数据标志（Data Markers）、网格线（Grid Lines）、数据标签（Data Labels）、趋势线（Trend Line）和可选的置于画图区域内的图表项。三维图表的画图区域除了包括上述各项外，还包括背景墙（Walls）、基底（Floor）、坐标轴（Axes）、坐标轴标题（Axis Titles）和刻度线标签（Tick－mark Labels）。金融分析中较少使用三维图表，本章仅介绍二维图表。

4. 图表区域（Chart Area）包围了画图区域，在图 5－6 中为长点划线（Long Dash Dot）方框所包围的部分，但不包括“画图区域”。二维图表的图表区域包括图表标题、坐标轴、坐标轴标题和图例，三维图表的图表区域包含图表标题和图例。

5. 坐标轴（Axes），包括横坐标（Horizontal Axis）和纵坐标（Vertical Axis）轴上的

小短线叫刻度线（Tick Mark），横坐标或纵坐标的刻度线向画图区域扩展，形成网格线（Grid Lines）使得图标系列具有更好的可读性。

6. 图例（Legend）用来标识图表中不同的图标系列或趋势线，在图 5 – 6 中为图表右边的“serTop9browser”，当然我们可以将它选中后拖曳到图表区域或画图区域的任意位置。

5.2 菜单模式下基本图表的绘制

对于条形图、饼图、折线图或散点图等基本图表的绘制，其主要过程类似，一般需要以下 3 个步骤。

步骤 1：选择数据区域。

步骤 2：点击菜单项“插入”—“图表”，选择需要的图表类型，得到图表的初步结果。

步骤 3：选择上一步得到的图表，通过“图表工具”菜单项对图表的初步结果进行编辑，得到最终结果。

金融模型中常用的图表主要有条形图、柱形图、饼图、折线图、散点图和直方图等，其中饼图、条形图和柱形图主要适用于定性数据（Qualitative Data），而折线图、散点图和直方图等则适用于定量数据（Quantitative Data）。

5.2.1 菜单模式下饼图、条形图和柱形图的绘制

我们以 5.1 节中所述的 2016 年 12 月主要的 9 款浏览器的市场占有率为例，说明如何通过菜单模式绘制饼图、三维饼图、条形图和柱形图。

我们首先介绍饼图的绘制，然后通过改变图表类型来绘制条形图和柱形图。在菜单模式下绘制饼图，主要步骤有以下 3 个步骤。

步骤 1：选择绘图所用数据系列。对于本例，选中单元格区域“A1：B11”。

步骤 2：点击菜单项“插入”，在“图表”组中点击“饼图”组中的下拉按钮，如图 5 – 7 所示，选择二维饼图中的左边的基本饼图，如图 5 – 8 所示，饼图的初步结果就绘制好了。

步骤 3：对初始饼图进行编辑。单击步骤 2 生成的初始饼图的空白区域，这时，菜单栏出现了“图表工具”菜单项。如图 5 – 9 所示，点击“图表工具”下的格式，在左侧出现的下拉列表中选择需要编辑的图表元素（如图表标题）。这时，图表中的图表标题处于编辑状态，可以在其中输入需要显示的标题。

如果需要在饼图各扇面添加数据标签，可以在“图表工具下”选择“设计”，在左侧出现的“添加图表元素”下拉列表中选择“数据标签”，在随后出现的其右侧的下拉列表中选择“其他数据标签选项”，如图 5 – 10 所示。

这时会出现如图 5 – 11 所示的选择框。我们在其中勾选“类别名称”“值”和“显示引导线”，这时数据标签就显示在饼图的各扇面旁。然后，我们选中饼图中的图例，

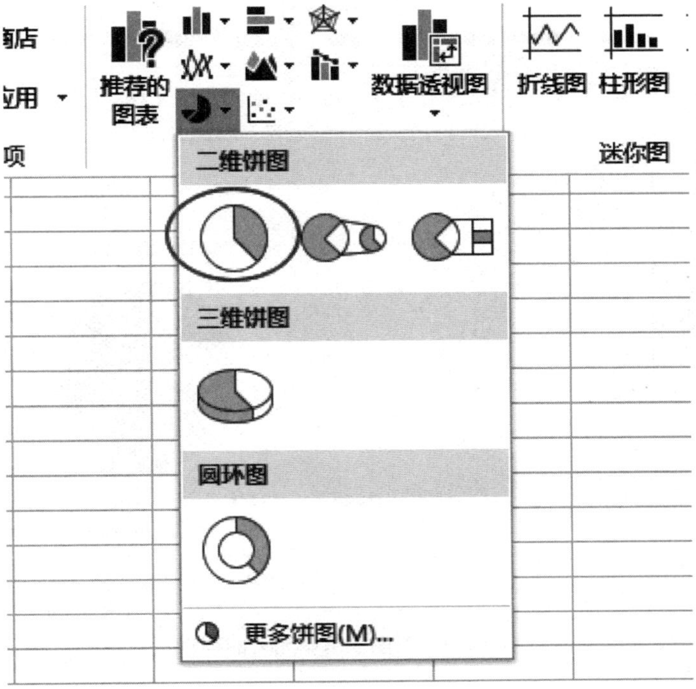

图 5－7　饼图的绘制：选择二维饼图

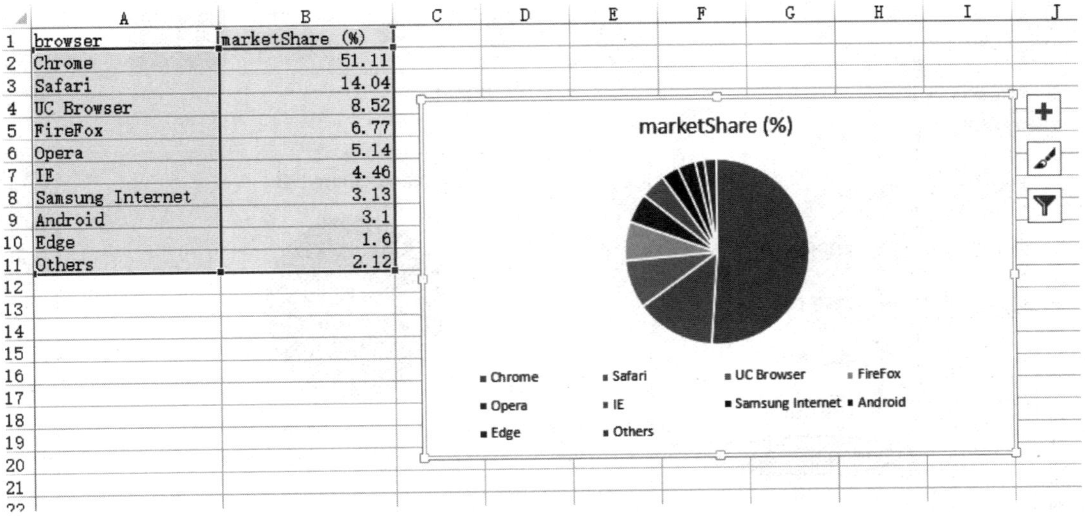

图 5－8　饼图绘制的初步结果

鼠标右键选择“删除”，编辑后的饼图如图 5－12 所示。

从图 5－12 可以看出，由于浏览器类别较多，使用饼图展示数据显得有点杂乱。另外，饼图是用扇面的圆心角的大小来区分数量的多少，在分类变量类别较多的情况下，读者更难以区分扇面的大小。这时，采用条形图或柱形图来显示这类数据更为合适。下面我们来演示如何将饼图转换为柱形图，其步骤如下。

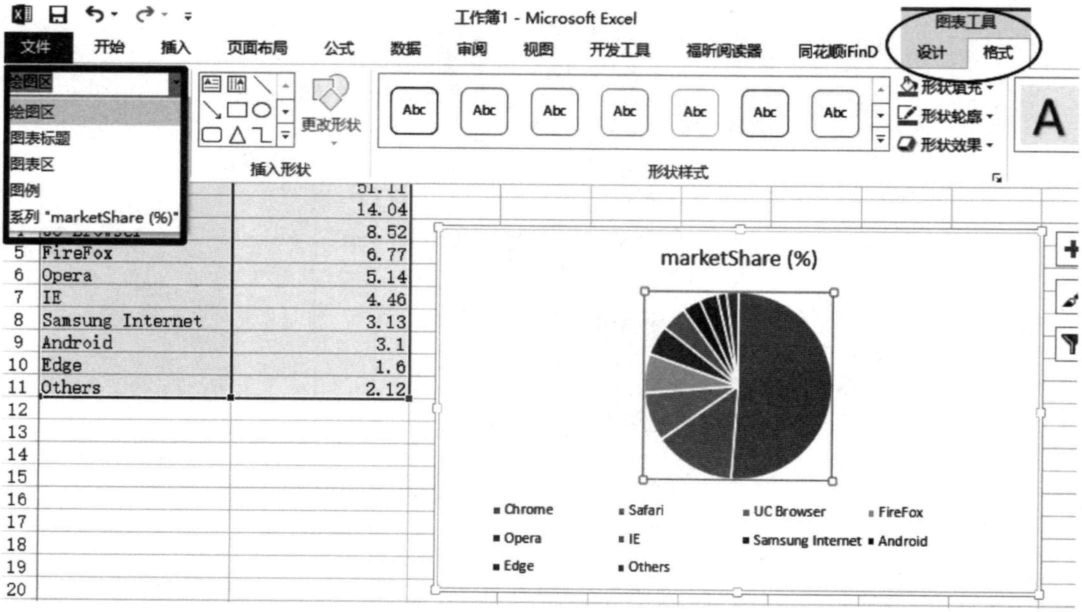

图 5 – 9　对图表基本元素的编辑

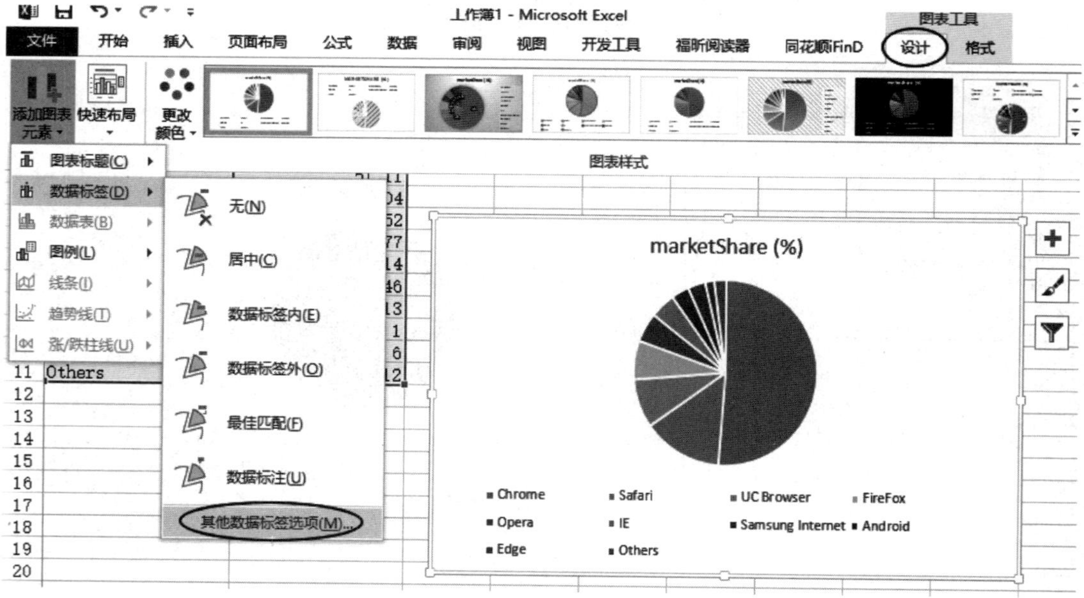

图 5 – 10　添加数据标签

步骤 1：单击饼图的空白区域选择该图，在菜单项“图表工具”下选择“设计”，在随后出现的菜单项右侧选择“更改图表类型”。

步骤 2：在如图 5 – 13 所示的名为“更改图表类型”的选择框里，选择“柱形图”—“簇状柱形图”。这时，饼图就转化为如图 5 – 14 所示的柱形图了。

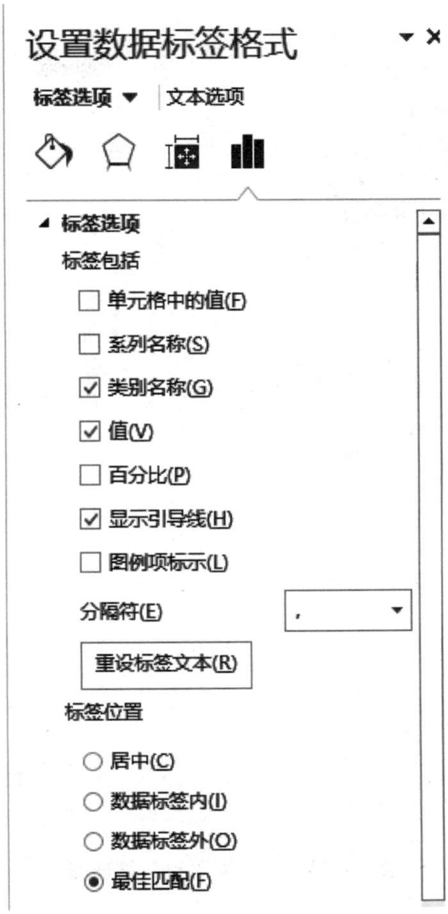

图 5－11　设置数据标签格式

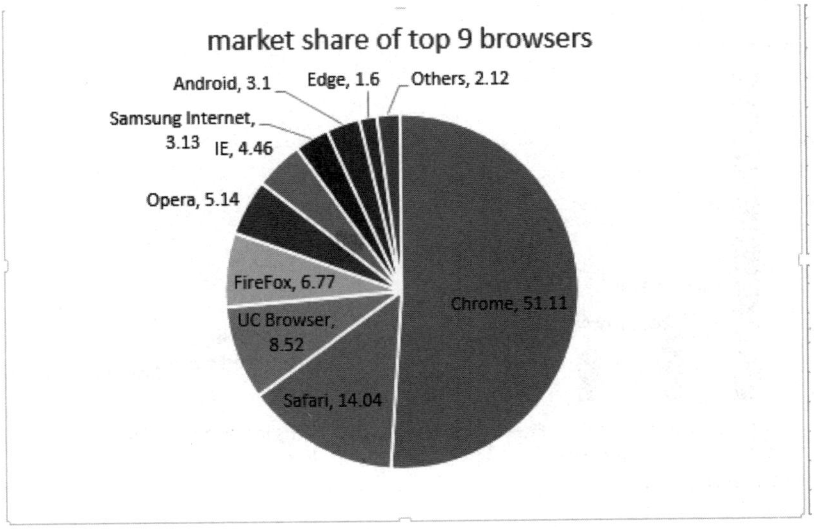

图 5－12　编辑后的饼图

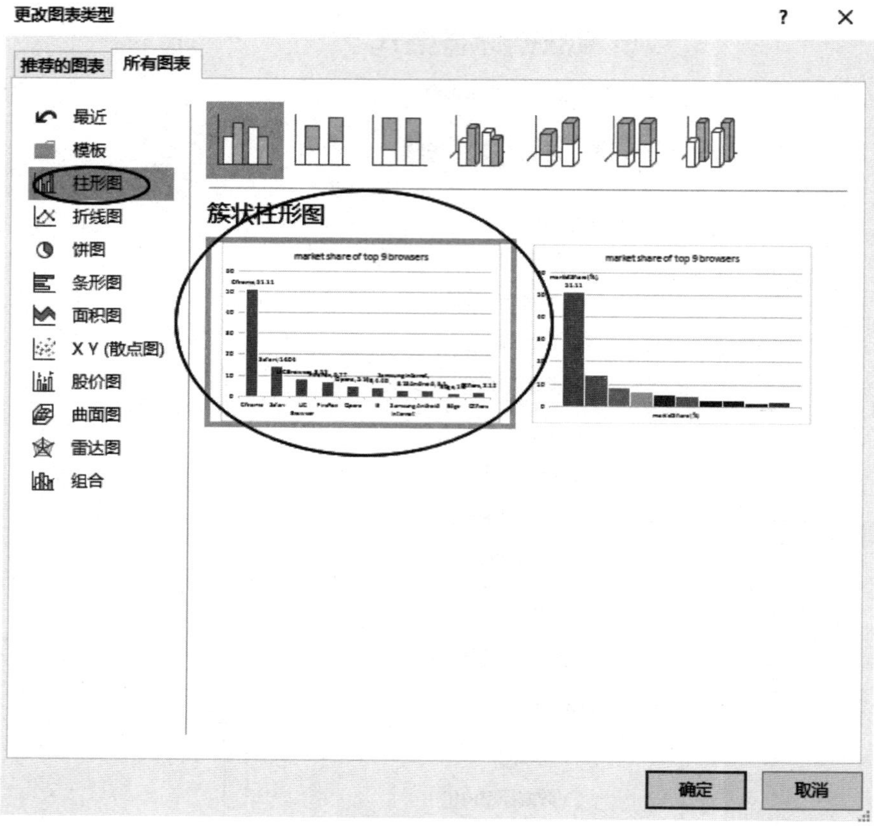

图 5－13　将饼图更改为柱形图

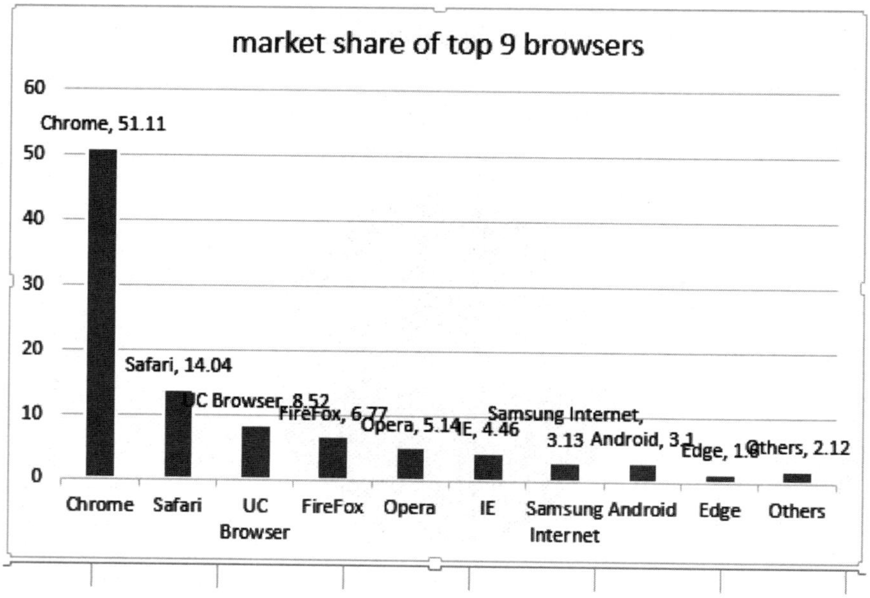

图 5－14　由饼图更改后的柱形图

观察图 5－14，由于柱形图存在横轴标签来显示各浏览器类别，因此没有必要再在数据标签中重复显示各浏览器名称了。（提示：思考我们是如何添加数据标签的）

柱形图和条形图都是用矩形（Column 或 Bar）的长短来同比例地显示数值的大小，只不过柱形图的矩形为纵向而条形图为横向。什么时候使用柱形图，什么时候使用条形图，以下是几个拇指法则：

（1）通常两者可以相互替代。

（2）当数值系列存在负数时，使用柱形图更为合适。

（3）当横轴变量为时间，如展示某年度各季度的销售额时，使用柱形图更为合适。

（4）当横轴变量分类较多，或横轴变量标签较长时，使用条形图较为合适。

（5）如果拿不定主意到底应该使用条形图还是柱形图，可以尝试先使用某种图表，观察其效果后再决定最后使用什么类型的图表。可以很方便地在条形图和柱形图之间进行转换。

5.2.2　通过菜单项绘制折线图或散点图

本小节绘制折线图所用数据为 2005 年年初至 2016 年 11 月底共计 2797 个交易日的“上证综指”（SSEC）和“标准・普尔 500 指数”（GSPC）的日收盘价格，其中，“prcSSEC”为“上证综指”的收盘价格，“prcGSPC”为“标准・普尔 500 指数”的收盘价格。数据来源于“雅虎财经”，数据文件为“ssec_gspc.csv”。我们需要在同一个图上展示“上证综指”和“标准・普尔 500 指数”的收盘价格，并用阴影强调 2007 年 8 月初到 2007 年年底的价格走势，其最终的图形如图 5－15 所示。

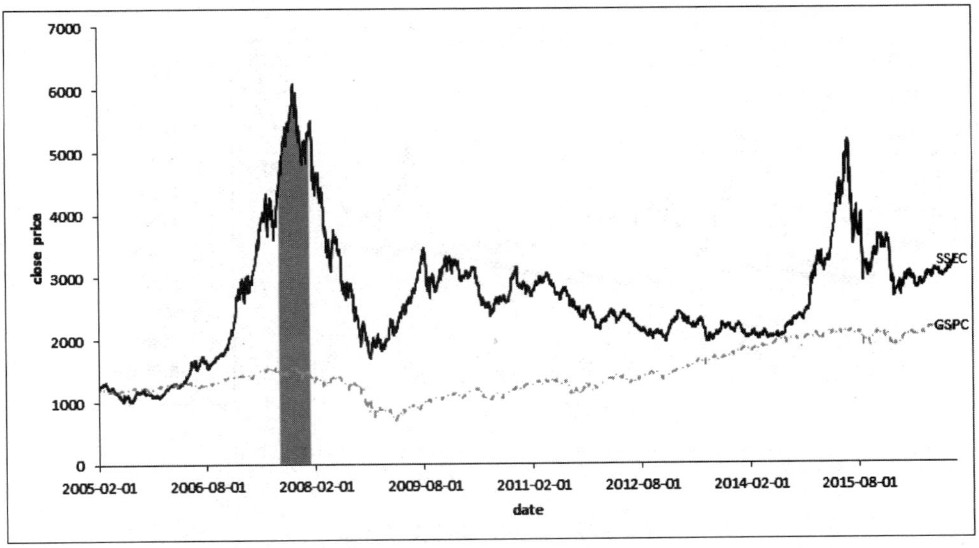

图 5－15　上证综指和标准・普尔 500 指数日收盘价格

绘制图 5－15，大概要经过如下步骤。

步骤 1：导入数据。新建一个 Excel 文件，通过“数据”—“获取外部数据”方式导入数据文件“ssec_gspc.csv”。具体步骤参见第 4 章第 4.1 节。

步骤2：绘制初步折线图。选择绘图所需要的数据（区域“A1：C2798”，包含列标题行），然后点击菜单栏“插入”—“图表”组中的“折线图”按钮，选择“二维折线图”的第一个图表类型，得到如图5－16所示的初步的折线图。

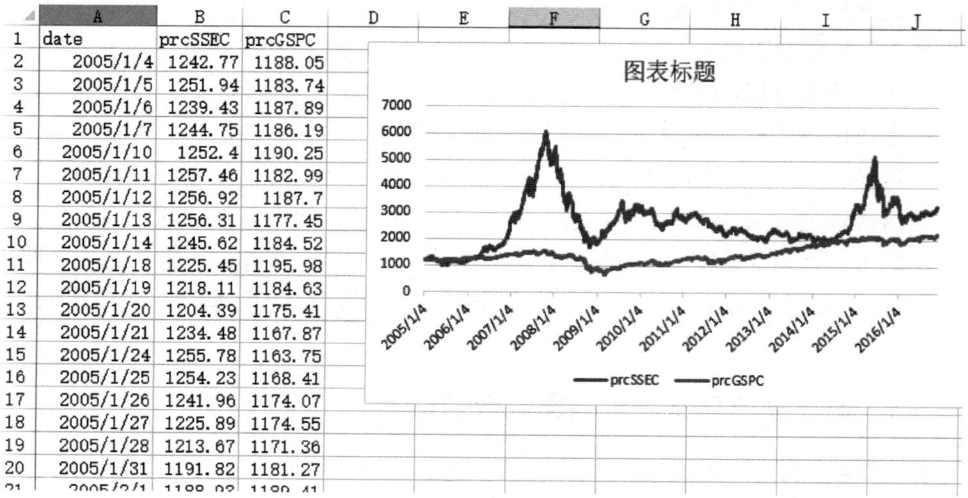

图5－16　“插入”—“图表”绘制折线图的初步结果

步骤3：移除图表标题、网格线和图例，添加坐标轴标题。点击上一步生成的初步折线图的任意空白区域，点击图表右侧的“图表元素”，去掉“图表标题”“网格线”和“图例”的勾选，勾选“坐标轴标题”。经过上述选择后的结果如图5－17所示。

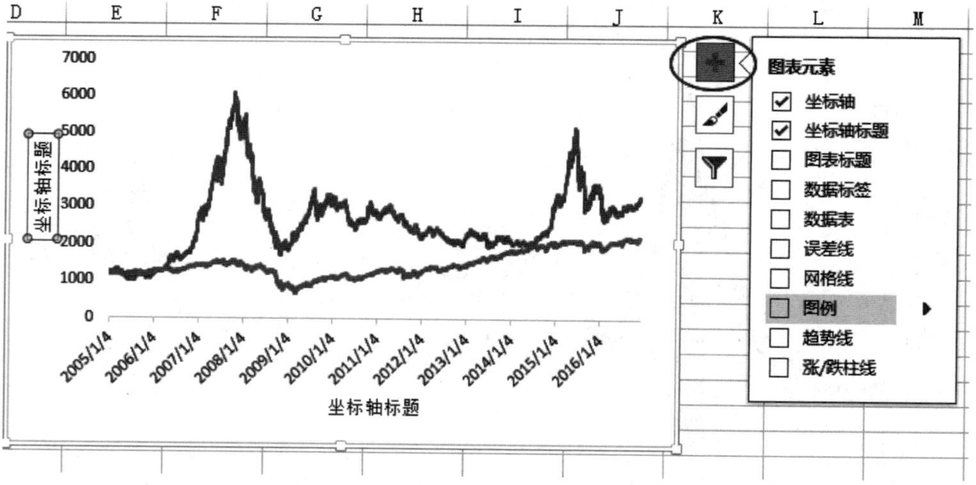

图5－17　添加、删除图表元素

步骤4：编辑坐标轴标题。点击横坐标处的“坐标轴标题”，输入需要的坐标轴标题（如Date），对纵坐标标题作类似处理。

步骤5：更改图表系列曲线颜色、粗细和曲线类型。如图5－18所示，单击需要更改格式的图表系列（如prcSSEC），点击“图表工具”下的“格式”，然后点击菜单栏

“文件”下方的“设置所选内容格式”。

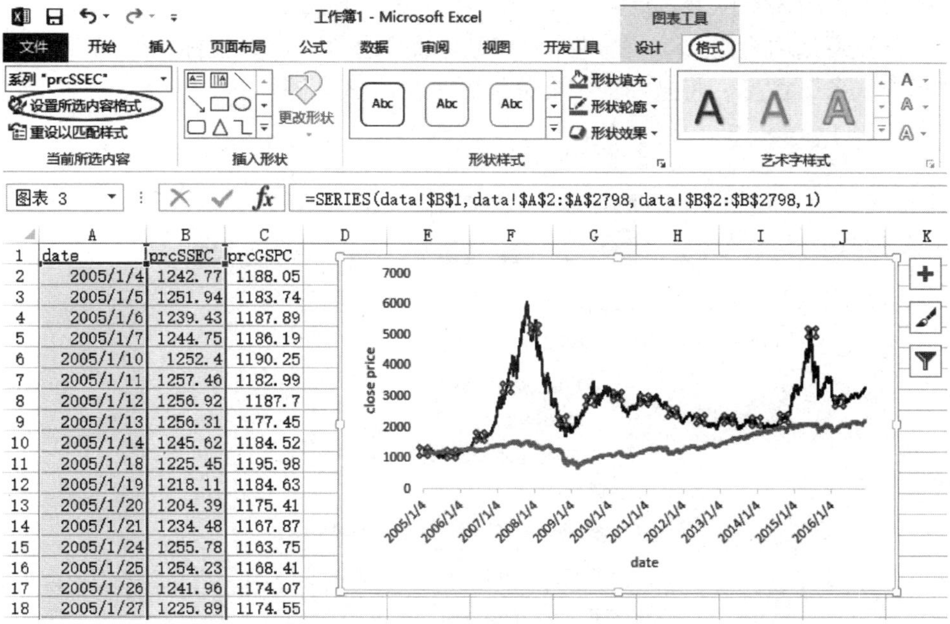

图 5－18　更改数据系列格式

在随后出现的如图 5－19 所示的题为“设置数据系列格式”的选择框中点击“填充线条”图标，选择“线条”，在“颜色”“宽度”和“短划线类型”等处设置需要的格式。用类似的方法完成系列“prcGSPC”格式的设置。

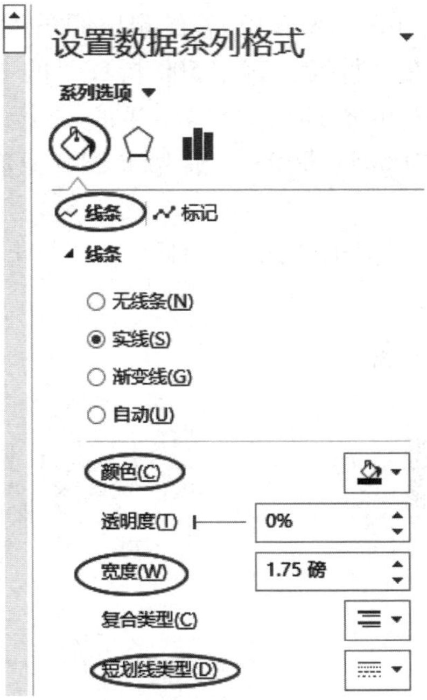

图 5－19　设置数据系列格式

步骤6：更改横坐标刻度格式。原图横坐标刻度太密，需要减少刻度的数量。为此，点击图中横坐标的任意位置，点击“图表工具”—“格式”，然后点击菜单栏“文件”下方的“设置所选内容格式”。在如图5-20所示的题为“设置坐标轴格式”的选择框点击“填充线条”图标，将坐标轴主要单位更改为“18”（月）。

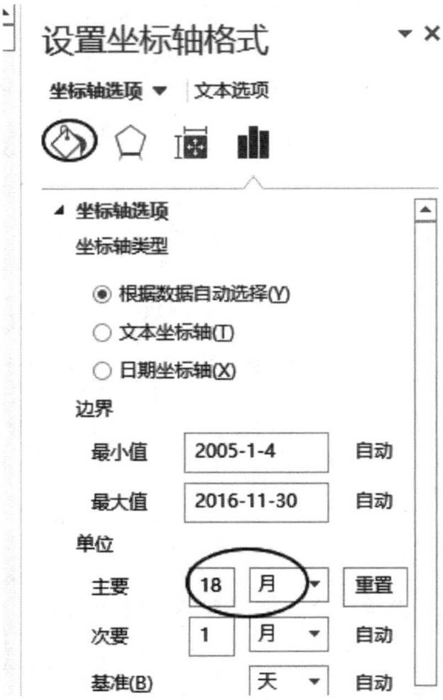

图5-20　横坐标刻度的设置

步骤7：利用“面积图”（Area Chart）在给定区间添加阴影。由于2007年8月至2007年年底“上证综指”均在“标准·普尔500指数”的上方，所以我们只需“上证综指”的数据即可。将2007年8月至2007年年底“上证综指”的收盘价格数据（B604：B703）复制到区域“D604：D703”，保留D列其他单元格为空，并在“D1”单元格输入列标题“shadow”。

单击图表中任意空白区域，点击“图表工具”—“设计”，然后单击“选择数据”，如图5-21所示。

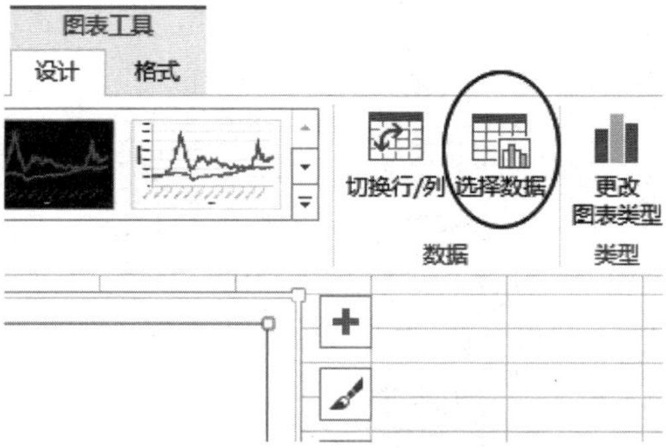

图5-21　通过“选择数据”来添加数据系列

在如图 5 - 22 所示的题为“选择数据源”的弹出框中的“图表数据区域”，将原区域“ = data! $ A $ 1: $ C $ 2798”更改为“ = data! $ A $ 1: $ D $ 2798”。

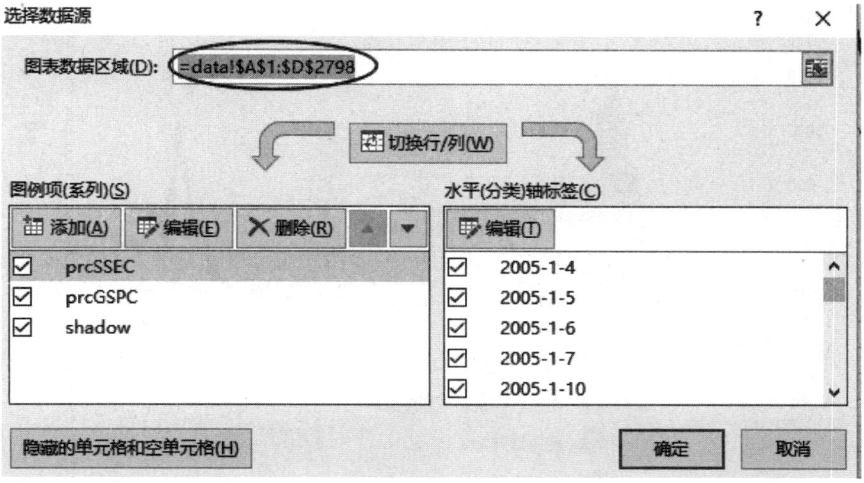

图 5 - 22　更改数据源，添加新的数据系列

在如图 5 - 23 所示的题为“更改图表类型”的弹出框里选择“所有图表”—“组合”，将弹出框下方“shadow”的图表类型更改为“面积图”，保持“prcSSEC”和“prcGSPC”的图表类型为“折线图”不变，然后点击“确定”。

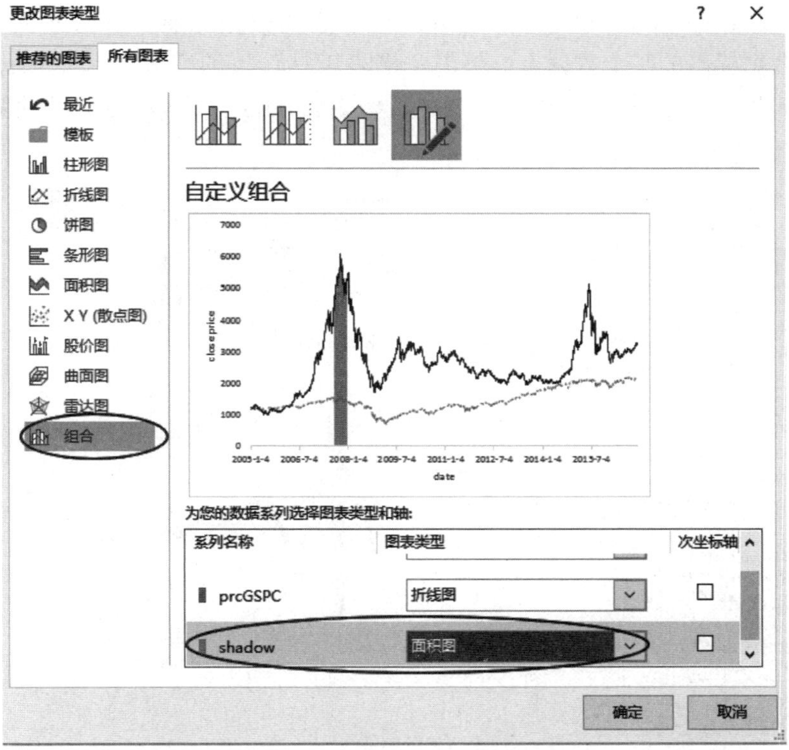

图 5 - 23　更改系列“shadow”的图表类型为“面积图”

点击图表中阴影部分（面积图），按鼠标右键，选择“填充”图标，选择需要的颜色，点击“确定”。

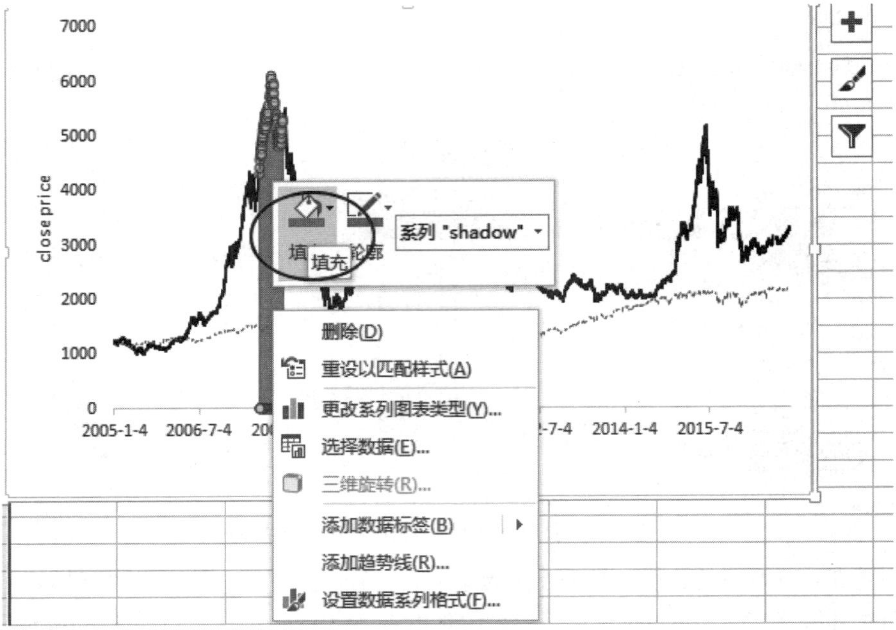

图 5－24　更改面积图填充颜色

步骤8：为系列“prcSSEC”和“prcGSPC”添加数据标签。点击系列“prcSSEC”中需要添加数据标签的某个数据点，单击“图表工具”下的“设计”，然后点击菜单栏“文件”下方的“添加图表元素”—“数据标签”，选择右下方的“其他数据标签选项”，如图5－25所示。

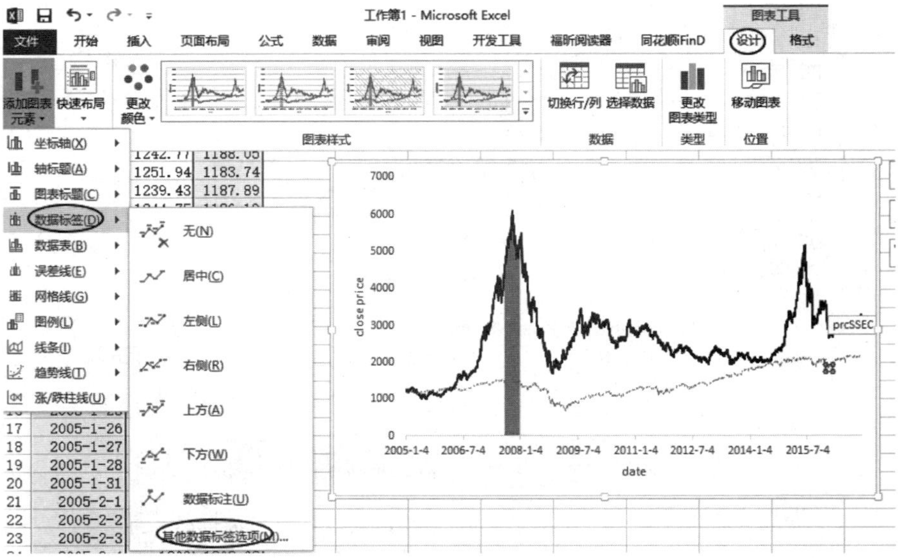

图 5－25　添加图表元素—数据标签

在如图 5 – 26 所示的题为“设置数据标签格式”的选择框点击“标签选项”，在“标签包括”下方的复选框里勾选“系列名称”即可。

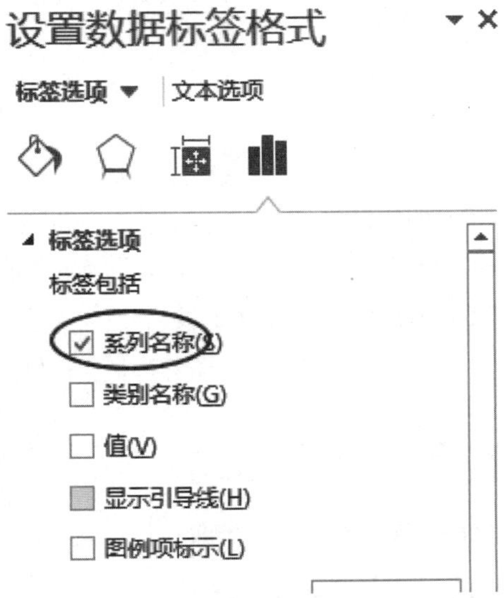

图 5 – 26　选择数据标签包括的内容为“系列名称”

对系列“prcGSPC”作相同的操作。至此，如图 5 – 15 所示的图表绘制完毕。

折线图的横轴变量为定性变量或时间等，纵轴变量为定量变量。散点图的横轴变量和纵轴变量均为定量变量，我们一般用散点图来展示两个定量变量之间的数值关系。

本节绘制散点图所用的数据为 2012 年我国各省市区城镇居民人均可支配收入和人均居住消费支出，数据文件为“livingConsExp _ area2012. csv”，其中，变量“income”为城镇居民人均可支配收入，变量“livingExp”为城镇居民家庭人均居住消费支出，单位均为“元”。数据来源于国家统计局网站（http：//data. stats. gov. cn）。我们需要通过散点图来展示居民人均收入是如何影响其居住消费支出占其收入的比重。其主要步骤如下。

步骤 1：导入数据文件“livingConsExp _ area2012. csv”到 Excel 工作表“data”。

步骤 2：计算各地区居住消费支出占其收入的比重（ler，用百分号表示）。为此，在单元格“D2”输入“ = C2/B2 ＊ 100”，然后自动填充至单元格“D32”。

步骤 3：选择绘图所需数据系列，即单元格区域“B1：B32”和“D1：D32”。

步骤 4：通过菜单栏“插入”—“图表”，选择“散点图”，得到散点图的初步结果。

步骤 5：设置所得的散点图的各图表元素，得到最终结果。

上述步骤的具体操作与折线图的绘制类似，相信读者能够独立完成。这里仅简单介绍如何调整坐标轴刻度范围。

观察步骤4得到的散点图的初步结果，我们发现横轴刻度范围为0到45000，纵轴刻度范围为0到9。但观察所有的数据点，2012年城镇居民人均可支配收入最低的是甘肃的17156.9元，最高的是上海的40188.3元；居住消费支出占收入比重最低的是上海的4.46%，最高的是吉林的7.89%。因此，适当调整坐标轴刻度范围能够更好地展示收入是如何影响居住消费支出占比的。

下文我们将介绍如何将横轴刻度范围调整为15000到42000之间，对纵轴刻度范围（4到8之间）的调整方法类似。

点击横坐标的任意区域，点击工具栏“图表工具”下方的“格式”，然后点击菜单栏“文件”下方的“设置所选内容格式”，在如图5–27所示的题为“设置坐标轴格式”的选择框的“坐标轴选项”下设置“最小值”和“最大值”，分别为15000和42000，这样就完成了横坐标刻度范围的设置了。

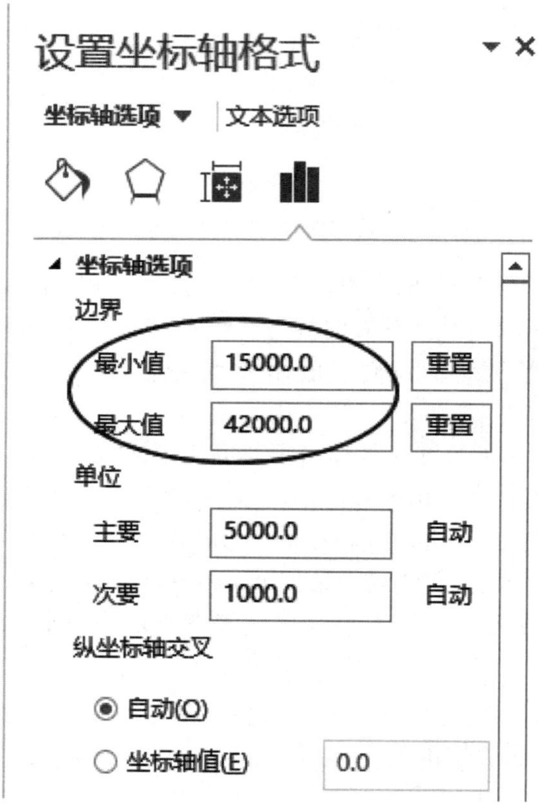

图5–27　调整坐标轴刻度范围

图5–28是上述数据得到的散点图，读者可以根据分析目的和各自的偏好作适当调整。

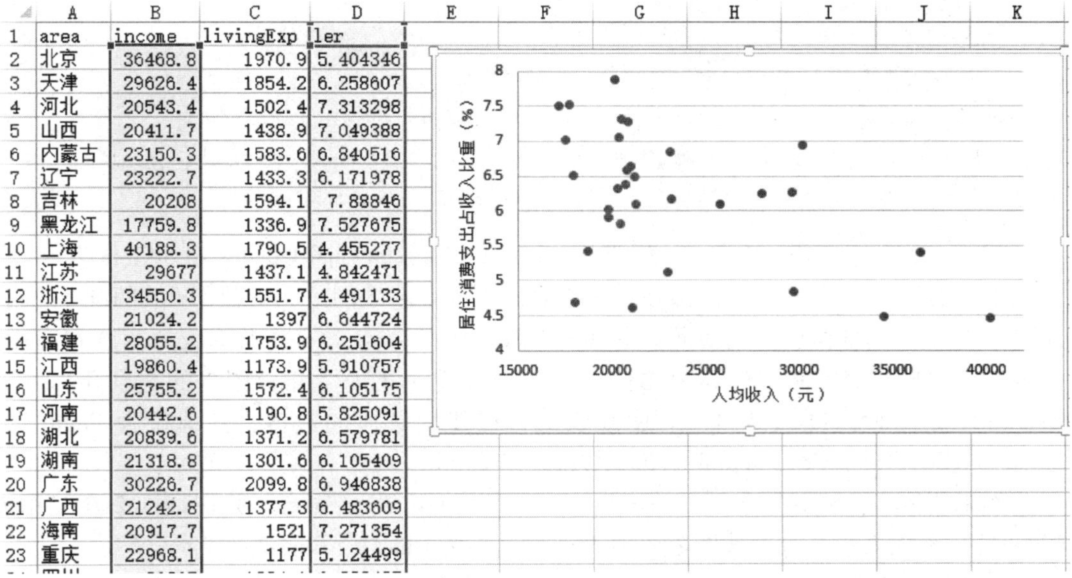

	A	B	C	D
1	area	income	livingExp	ler
2	北京	36468.8	1970.9	5.404346
3	天津	29626.4	1854.2	6.258607
4	河北	20543.4	1502.4	7.313298
5	山西	20411.7	1438.9	7.049388
6	内蒙古	23150.3	1583.6	6.840516
7	辽宁	23222.7	1433.3	6.171978
8	吉林	20208	1594.1	7.88846
9	黑龙江	17759.8	1336.9	7.527675
10	上海	40188.3	1790.5	4.455277
11	江苏	29677	1437.1	4.842471
12	浙江	34550.3	1551.7	4.491133
13	安徽	21024.2	1397	6.644724
14	福建	28055.2	1753.9	6.251604
15	江西	19860.4	1173.9	5.910757
16	山东	25755.2	1572.4	6.105175
17	河南	20442.6	1190.8	5.825091
18	湖北	20839.6	1371.2	6.579781
19	湖南	21318.8	1301.6	6.105409
20	广东	30226.7	2099.8	6.946838
21	广西	21242.8	1377.3	6.483609
22	海南	20917.7	1521	7.271354
23	重庆	22968.1	1177	5.124499

图5－28　2002年我国各省市区居住消费支出占其收入比重与人均可支配收入关系

5.3　通过VBA代码绘制基本图表

在许多场合，通过代码自动完成图表的绘制将给我们的工作带来极大的便利。这里，仅罗列几个常见的情景。

第一，当我们需要重复绘制类似的图表时；

第二，当我们绘制好图表，但需要改变绘图所需的数据区域时；

第三，绘制图表所需的数据需要通过原始数据进行复杂的计算，而图表使用者无须理解完整的计算处理过程；

第四，图表使用者对Excel尤其是对Excel图表绘制不熟悉时。

通过Excel VBA绘制图表的细节千头万绪，这里仅简单介绍绘图时需要经常使用的属性和方法。

5.3.1　图表对象的建立

对于嵌入式图表，可以通过ChartObject对象来建立。代码段5.1在工作表“Sheet1”的单元格区域“D2：M20”建立了一个空白图表。

代码段5.1　嵌入式图表的建立

```
Dim sht As Worksheet
Dim chtobj As ChartObject
Dim rngPlot As Range
```

```
Set sht = Worksheets ("Sheet1")
Set rngPlot = sht.Range ("D2: M20")
Set chtobj = sht.ChartObjects.Add (Left: =rngPlot.Left, _
            Top: =rngPlot.Top, width: =rngPlot.Width, _
            Height: =rngPlot.Height)
```

代码段5.1中，ChartObjects为ChartObject的类，sht. ChartObjects表示工作表sht中嵌入的所有图表，使用Add方法在该工作表嵌入一个新的图表。参数Left和Top分别表示嵌入的图表左边和顶端的位置，Width和Height参数定义了嵌入图表的宽度和高度。上述代码段使得嵌入图表的左上角位置为区域rngPlot的左上角，图表的宽度和高度为rngPlot的宽度和高度。当然，上述参数也可以使用具体的数值，其单位为Point。如“Left：=100，Top：=20，Width：=500，Height：=350”。

如果要插入分立式图表（Chart Sheet），可以使用Chart对象。代码段5.2在工作表“Sheet1”前插入一个分立式图表（其默认的名字为Chart1、Chart2等）。

代码段5.2　在工作表Sheet1前插入一个空白的分立式图表

```
Dim chtsht As Chart
Set chtsht = ThisWorkbook.Charts.Add _
            (Before: =Worksheets ("Sheet1")
```

5.3.2　设置图表数据系列

我们可以通过图表对象的SetSourceData方法来设置图表数据系列，也可以通过Series对象来设置。代码段5.3使用SetSourceData方法告诉VBA绘图数据来自工作表“Sheet1”的单元格区域“A2：B21”。

代码段5.3　通过SetSourceData方法设置图表数据系列

```
Dim chtobj As ChartObject
Dim rngData As Range
Set rngData = Worksheets ("Sheet1").Range ("A2: B21")
Set chtobj = Worksheets ("Sheet1").ChartObjects.Add ( _
            Left: =100, Top: =20, Width: =480, Height: =320)
chtobj.Chart.SetSourceData Source: =rngData
```

如果数据以行形式存放，如数据区域rngData2为工作表区域“B1：M2”，每行代表一个变量，则SetSourceData方法还需要一个参数PlotBy，其取值应该是“xlRows”。在代码段5.3中，绘图数据以通常的列的形式存放，而PlotBy参数的默认值为“xlColumns”，所以无须对该参数进行设置。

需要注意的是chtobj只是存放图表的容器，chtobj. Chart才是图表对象。

在代码段5.4中，我们通过Series对象给图表对象设置数据系列。该代码段告诉VBA图表对象chtsht有两个图表系列ser1和ser2，其中系列ser1和ser2的横坐标数据都来自单元格区域“A2：A25”，系列 ser1 的纵坐标数据来自单元格区域“B2：B25”，系列 ser2 的纵坐标数据来自单元格区域“C2：C25”。

代码段 5.4　通过 Series 对象设置数据系列

```
Dim chtsht As Chart
Dim ser1 As Series
Dim ser2 As Series
Set chtsht = Charts.Add (Before: =Worksheets ("Sheet1"))
Set ser1 = chtsht.SeriesCollection.NewSeries
With ser1
   .Name = "myname1"
   .XValues = Worksheets ("Sheet1").Range ("A2: A25")
   .Values = Worksheets ("Sheet1").Range ("B2: B25")
End With
Set ser2 = chtsht.SeriesCollection.NewSeries
With ser2
   .Name ="myname2"
   .XValues = Worksheets ("Sheet1").Range ("A2: A25")
   .Values = Worksheets ("Sheet1").Range ("C2: C25")
End With
```

5.3.3　设置图表类型

可以通过图表对象或系列对象的 ChartType 属性设置图表类型，表 5 – 1 为常用的图表类型常量和对应的值（Value）。我们可以使用图表类型常量或其值来表示图表类型。如“chtsht. ChartType = xlLine”或“chtsht. ChartType = 4”都表示图表对象 chtsht 的图表类型为折线图。

表 5 – 1　　常用图表类型的常量和值

图表类型	常量	值
簇状条形图	xlBarClustered	57
堆积条形图	xlBarStacked	58
簇状柱形图	xlColumnClustered	51
堆积柱形图	xlColumnStacked	52
饼图	xlPie	5
三维饼图	xl3DPie	– 4102
分离型三维饼图	xl3DPieExploded	70
折线图	xlLine	4
数据点折线图	xlLineMarkers	65

续表

图表类型	常量	值
散点图	xlXYScatter	-4169
平滑线散点图	xlXYScatterSmooth	72
无数据点平滑线散点图	xlXYScatterSmoothNoMarkers	73
折线散点图	xlXYScatterLines	74
无数据点折线散点图	xlXYScatterLinesNoMarkers	75
面积图	xlArea	1
蜡烛图	xlStockOHLC	89
带成交量蜡烛图	xlStockVOHLC	91

在代码段 5.5 中，我们告诉 VBA 绘制图表对象 chtsht 的数据来源于单元格区域“A2：B6”，图表类型设置为三维饼图。

代码段 5.5　图表类型的设置

```
Dim chtsht As Chart
Set chtsht = Charts.Add (Before: =Worksheets ("Sheet1"))
With chtsht
   .Name = "my3dPie"
   .ChartType = xl3DPie
End With
```

5.3.4　常用图表元素的设置

在 5.2 节，我们已经看到，我们经常需要对诸如图表标题、坐标轴、坐标轴标题、网格线和图例等图表元素进行设置，以达到更好的表达效果。本小节仅对图表标题、坐标轴标题、图表序列线型和颜色及图例的设置进行简单介绍，其他内容在下文的具体例子中可能会有体现。

1. 图表标题。可以用图表的“HasTitle”属性（取值为 True 或 False）设置是否包含图表标题，用“cht. ChartTitle. Text”来设置图表标题的文字内容。其中，“cht”为图表对象，我们用其“ChartTitle”属性建立了一个图表标题对象，用图表标题对象的“Text”属性设置图表标题的内容。同样，我们可以通过图表标题的“Font”属性设置图表标题的字体。利用图表标题的“Delete”方法可以移除图表标题。

代码段 5.6 将图表标题的文字内容设置为“我的饼图”，图表标题的字体为“华文新魏”，字体大小为 20 号，颜色为深灰色。

代码段 5.6　图表标题的设置

```
Sub myChartTitle ()
Dim chtobj As ChartObject
Set chtobj = Sheet1.ChartObjects.Add (Left: =100, Top: =20, Width: =480, Height: =360)
```

```
With chtobj.Chart
  .SetSourceData Source: =Sheet1.Range ("A1: B4")
  .ChartType = xlPie
  .HasTitle = True
  With .ChartTitle
     .Text = "我的饼图"
     .Font.Name = "华文新魏"
     .Font.Size = 20
     .Font.Color = rgbDarkGrey
  End With
End With
End Sub
```

2. 坐标轴标题。可以用图表的“Axes”对象表示图表的坐标轴，用“Axes（xlCategory）”表示横坐标，用“Axes（xlValue，xlPrimary）”表示主数值坐标（纵坐标），用“Axes（xlValue，xlSecondary）”表示次数值坐标。

利用坐标轴对象的“HasTitle”属性设置是否包含坐标轴标题，用“AxisTitle. Text”设置坐标轴的文字内容。

3. 图表序列线型和颜色。可以用图表对象的“SeriesCollection（index）”属性返回数据系列对象，其中，“index”可以是图表中的系列编号或系列名称。如“cht. SeriesCollection（1）”返回“cht”中的第一个数据系列，“cht. SeriesCollection（“SSEC”）”返回“cht”中名为“SSEC”的数据系列。

可以用数据系列对象的“Border. Color”属性来设置数据系列曲线的颜色，用“Format. Line. DashStyle”来设置数据系列的线型，其取值可以是“msoLineSolid”（实线）、“msoLineRoundDot”（圆点）、“msoLineSquareDot”（方点）、“msoLineDash”（短划线）、“msoLineLongDash”（长划线）和“msoLineDashDot”（划点线）等。

4. 图例。可以用“Legend”对象的“Delete”方法移除图例。

5.3.5　应用

在本小节，我们将使用 VBA 代码来绘制 5.2.2 小节中的折线图。具体代码见代码段 5.7。

代码段 5.7　折线图的绘制

```
Sub lineCht ()
  Dim rng As Series, rngData As Series, rngOut As Range
  Dim nrow As Long
  Dim cht As ChartObject
  Dim serSSEC As Series, serGSPC As Series, serHighlight As Series
  Dim arrHighlight () As Double
  Dim iAs Long
```

```
'包括列标题的数据区域
    Set rng = Worksheets ("data"). Cells (1, 1). CurrentRegion
    Let nrow = rng. Rows. Count

    '不包含标题的数据区域
    Set rngData = Worksheets ("data"). Range ("A2: C" &nrow)
    '图表绘制区域
    Set rngOut = Worksheets ("data"). Range ("E2: O25")

ReDimarrHighlight (1 To nrow - 1)

    For i = 604 To 703
arrHighlight (i) = rngData. Cells (i, 2)
    Next i

    Set cht = Worksheets ("data"). ChartObjects. Add ( _
        Left: =rngOut. Left, _
        Top: =rngOut. Top, _
        Width: =rngOut. Width, _
        Height: =rngOut. Height)

    Set serSSEC = cht. Chart. SeriesCollection. NewSeries
    With serSSEC
        . Name = "ssec"
        . XValues = rngData. Columns (1)
        . Values = rngData. Columns (2)
    End With

    Set serGSPC = cht. Chart. SeriesCollection. NewSeries
    With serGSPC
        . Name = "gspc"
        . XValues = rngData. Columns (1)
        . Values = rngData. Columns (3)
    End With

'使用面积图绘制阴影
    Set serHighlight = cht. Chart. SeriesCollection. NewSeries
```

```
With serHighlight
    .Name = "highlight"
    .XValues = rngData.Columns (1)
    .Values = arrHighlight
End With

With cht.Chart
    .Parent.Name = "histTrd"
    .ChartType = xlLine

    With .SeriesCollection ("ssec")
        .Border.Color = rgbGrey
        .Format.Line.DashStyle = msoLineSolid
        .Points (nrow - 1).HasDataLabel = True
        .Points (nrow - 1).DataLabel.Text = "SSEC"
        .Points (nrow - 1).DataLabel.Font.Color = rgbRed
    End With

    With .SeriesCollection ("gspc")
        .Border.Color = rgbLightBlue
        .Format.Line.DashStyle = msoLineDashDot
        .Points (nrow - 1).HasDataLabel = True
        .Points (nrow - 1).DataLabel.Text = "GSPC"
        .Points (nrow - 1).DataLabel.Font.Color = rgbBlue
    End With

    With .SeriesCollection ("highlight")
        .ChartType = xlArea
        .Format.Fill.ForeColor.RGB = RGB (152, 251, 152)
    End With

    With .Axes (xlCategory)
        .CategoryType = xlTimeScale
        .MinimumScale = #2/1/2005#
        .MaximumScale = #11/30/2016#
        .MajorUnitScale = xlMonths
        .MajorUnit = 18
```

```
        End With

        With . Axes (xlCategory, xlPrimary)
           . HasTitle = True
           . AxisTitle. Text = "date"
        End With

        With . Axes (xlValue, xlPrimary)
           . HasTitle = True
           . AxisTitle. Text = "close price"
        End With

        . SetElement (msoElementChartTitleNone)
        . SetElement (msoElementLegendNone)
        . SetElement (msoElementPrimaryValueGridLinesNone)

    End With
End Sub
```

5.4 直方图的绘制

本节绘制直方图所用的数据为“上证综指”从 2005 年年初至 2016 年 11 月底共计 2891 个交易日的日收盘价格，数据来源于“雅虎财经”，数据存放于文件“dssec. csv”。

尽管在 Excel 中，可以通过加载“分析工具库”来绘制直方图，但由于绘制方法较为烦琐，所绘制的图表与统计中的直方图有些差距（如柱状之间存在空隙），所以并不推荐大家使用这种方法来绘制直方图。本节根据统计中直方图的基本含义，分别通过菜单模式和 VBA 代码来绘制直方图。

无论是通过菜单方式还是 VBA 代码模式来绘制直方图，我们都需要知道统计中直方图的绘制过程。第一，将数据从小到大以升序排序；第二，确定直条（Bin）的数量；第三，根据直条的数量，将数据划分为组距相等的若干段；第四，计算落在每一组中数据的频数；第五，以直条中间值为分类变量，以频数为数值变量，画柱状图。注意，各直条之间的空隙为 0。

5.4.1 通过菜单模式绘制直方图

本小节演示如何通过菜单模式绘制直方图，其主要步骤如下。

步骤 1：导入数据文件“dssec. csv”。

步骤 2：确定直条（Bin）的数量。确定合适的直条数量有许多方法，如 Sturge 公式和 Doane 公式等。本节采用 Sturge 公式，即

$$k = \lceil \log_2 n \rceil + 1$$

其中 n 为样本观测值个数，⌈ ⌉ 表示 Ceiling 函数，即向上舍入（沿绝对值增大的方向）取整。

为此，在单元格“C2”输入“=Ceiling（Log（2891，2），1）+1”，得到合适的直条数为 13。

步骤 3：确定直条区域（Bin Range）。首先在单元格“C4”输入“=min（B2：B2892）”得到绘制直方图所需数据的最小值，在单元格“C6”输入“=max（B2：B2892）”得到最大值。然后在单元格“C8”输入“=（C6－C4）/C2”，得到组距值。

在单元格区域“D2：D14”分别输入 1 到 13，在单元格“E2”输入“=＄C＄4+＄C＄8＊D2”，然后自动填充至单元格“E14”，得到直条区域。至此，其结果如图 5－29 所示。

E2　　=$C$4+D2*$C$8

	A	B	C	D	E
1	date	prcSSEC	numBin	i	bin
2	2005-1-4	1242.774048	13	1	1402.311
3	2005-1-5	1251.937012	min	2	1793.123
4	2005-1-6	1239.430054	1011.499	3	2183.936
5	2005-1-7	1244.745972	max	4	2574.748
6	2005-1-10	1252.401001	6092.057	5	2965.56
7	2005-1-11	1257.462036	binWidth	6	3356.372
8	2005-1-12	1256.922974	390.8122	7	3747.184
9	2005-1-13	1256.313965		8	4137.996
10	2005-1-14	1245.619995		9	4528.808
11	2005-1-17	1216.651978		10	4919.621
12	2005-1-18	1225.453979		11	5310.433
13	2005-1-19	1218.108032		12	5701.245
14	2005-1-20	1204.394043		13	6092.057
15	2005-1-21	1234.475952			

图 5－29　计算直条区域

步骤 4：获得每个数据区间的中间值。为此，在单元格“F2”输入“=Round（E2+＄C＄8/2，0）”，然后将该公式自动填充至单元格“F14”。

步骤 5：计算落在各段区间的频数。对于第 1 段直条，其数据区间为不大于 1402.311，我们需要计算单元格区域“B2：B2892”中的数据（以下简称输入数据）落在该区间的个数。对于第 2 段直条，其数据区间为（1403.311，1793.123］，即大于 1403.311 并且不大于 1793.123，同样我们需要得到输入数据落在该区间的个数，依此

类推。

我们可以利用数组函数 Frequency（）得到各数据区间的频数。为此，选择单元格区域“G2：G14”，然后在公式栏输入“=Frequency（$B$2：$B$2892，$E$2：$E$14）”，按组合键“Ctrl + Shift + Enter”完成输入。这时的画面应该如图5-30所示。

G2　名称框　{=FREQUENCY($B$2:$B$2892, $E$2:$E$14)}

	A	B	C	D	E	F	G	H
1	date	prcSSEC	numBin	i	bin	averBin	frequency	
2	2005-1-4	1242.774048	13	1	1402.311	1207	313	
3	2005-1-5	1251.937012	min	2	1793.123	1598	131	
4	2005-1-6	1239.430054	1011.499	3	2183.936	1989	487	
5	2005-1-7	1244.745972	max	4	2574.748	2379	554	
6	2005-1-10	1252.401001	6092.057	5	2965.56	2770	506	
7	2005-1-11	1257.462036	binWidth	6	3356.372	3161	451	
8	2005-1-12	1256.922974	390.8122	7	3747.184	3552	143	
9	2005-1-13	1256.313965		8	4137.996	3943	91	
10	2005-1-14	1245.619995		9	4528.808	4333	67	
11	2005-1-17	1216.651978		10	4919.621	4724	43	
12	2005-1-18	1225.453979		11	5310.433	5115	53	
13	2005-1-19	1218.108032		12	5701.245	5506	36	
14	2005-1-20	1204.394043		13	6092.057	5897	16	
15	2005-1-21	1234.475952						
16	2005-1-24	1255.776978						

图5-30　利用 Frequency（）函数获得频数值

步骤6：绘制柱形图。选择单元格区域“F2：G14”，点击菜单栏“插入”—“图表”，选择“柱形图”图标右下角的向下箭头，选择“更多柱形图”，如图5-31所示。

在弹出的如图5-32所示的选择框里选择“簇状柱形图”下的第2个子类，然后点击“确定”。得到柱形图的初步结果。

步骤7：对上一步得到的柱形图做适当调整，使得最终的图表符合直方图的基本要求。为此，我们还需要做如下几个调整：

第一，移除图表标题，添加坐标轴标题。为此单击图表的任意空白位置，点击图表右上角的“+”图标，去除“图表标题”的选择，勾选“坐标轴标题”，这时横坐标和纵坐标旁出现“坐标轴标题”的字样，单击输入你需要的坐标轴标题，比如“区间”和“频数”。

第二，设置分类间距和直条边框颜色。单击选中图表系列，然后单击鼠标右键，选择“设置数据系列格式”，如图5-33所示。

在右侧出现的题为“设置数据系列格式”的选择框里，选择“系列选项”图标，在选择框底部的“分类间距”右边的小方框内输入“0%”，如图5-34所示。

在刚才的选择框里选择第一个图标“填充线条”，在“填充”下面的复选框里选择

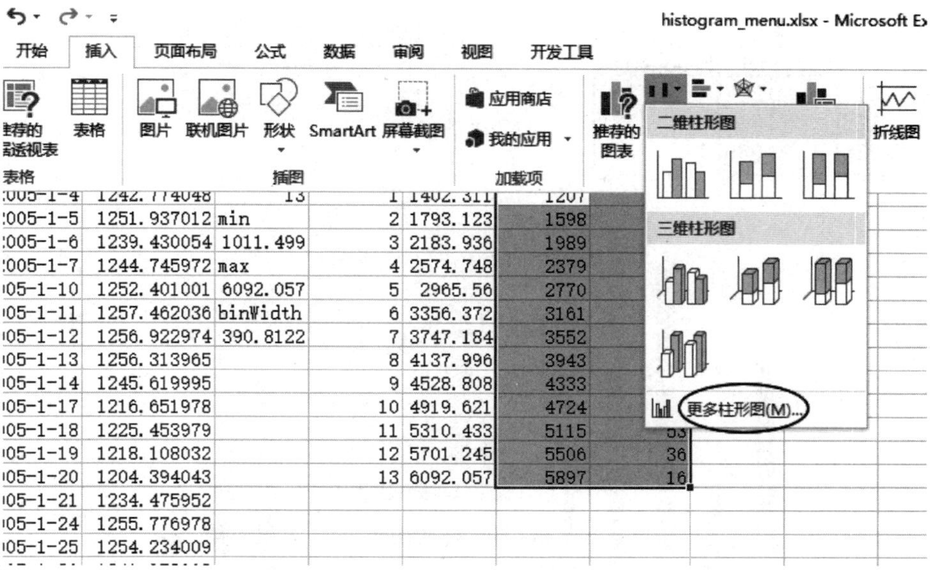

图 5－31　柱形图类型的选择

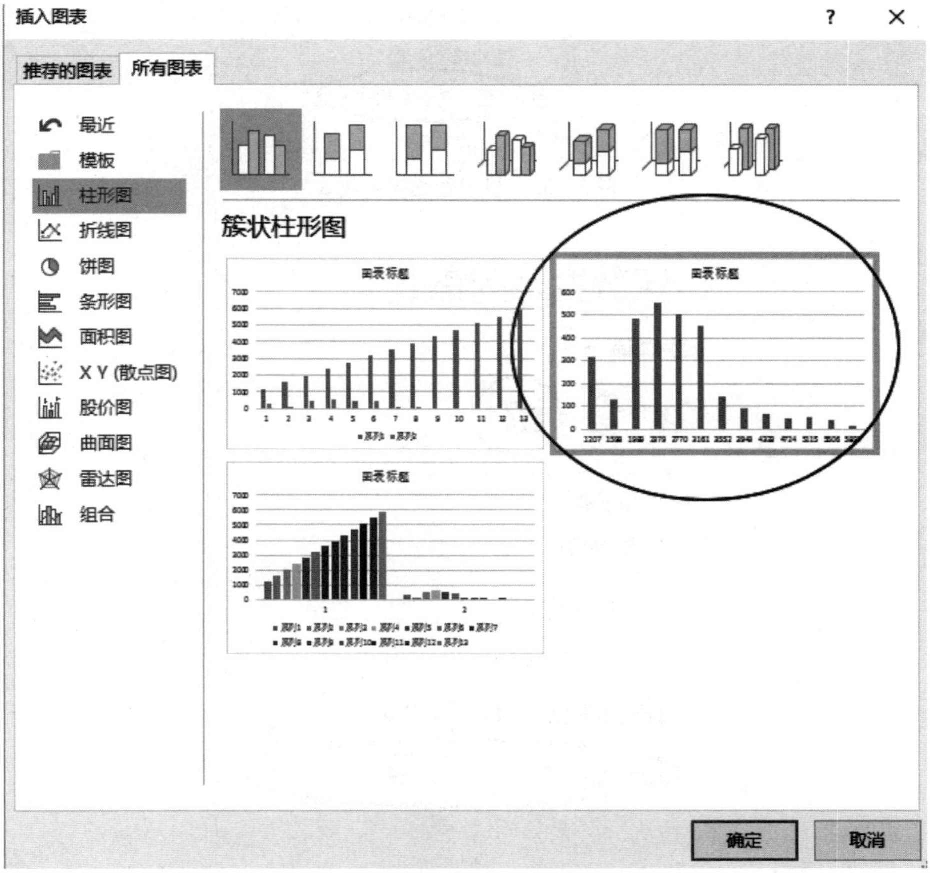

图 5－32　选择簇状柱形图的第 2 个子类

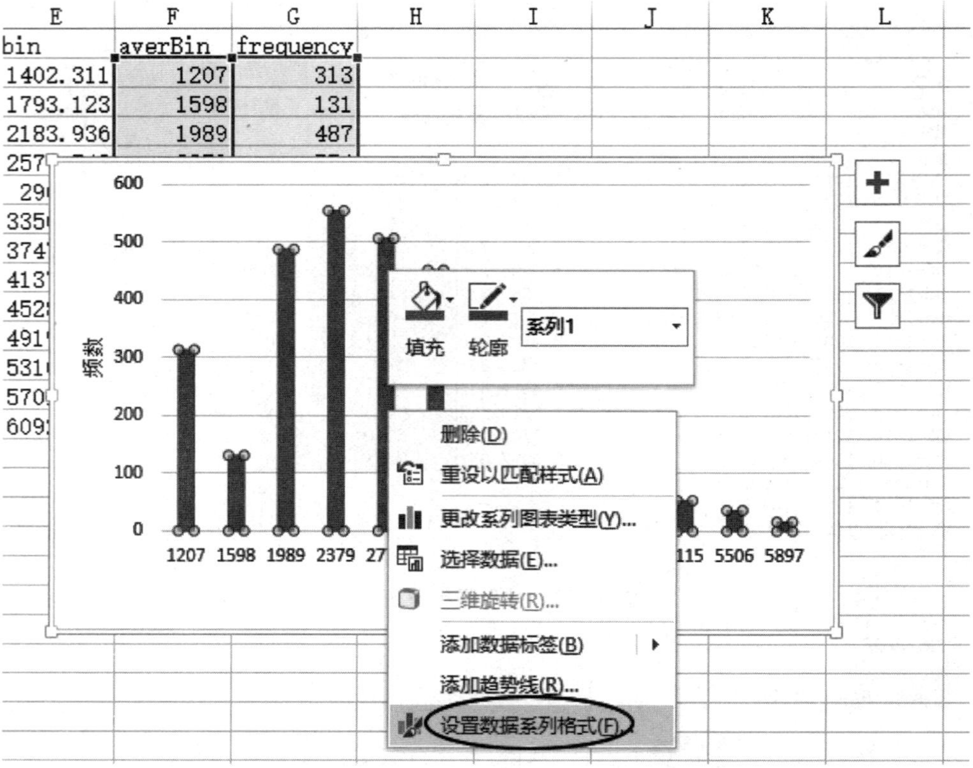

图 5－33　设置数据系列格式

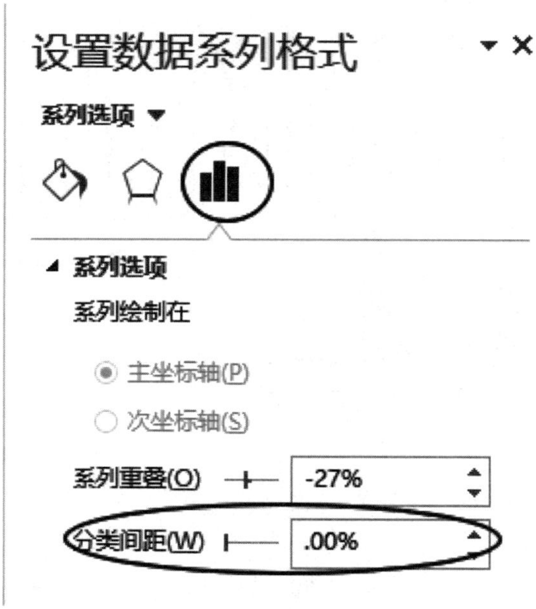

图 5－34　设置分类间距为 0

“纯色填充”，并选择颜色为“深灰色”；在“边框”下面的复选框里选择“实线”，并在“颜色”处选择合适的颜色。这样，直方图基本绘制完毕，如图5-35所示。

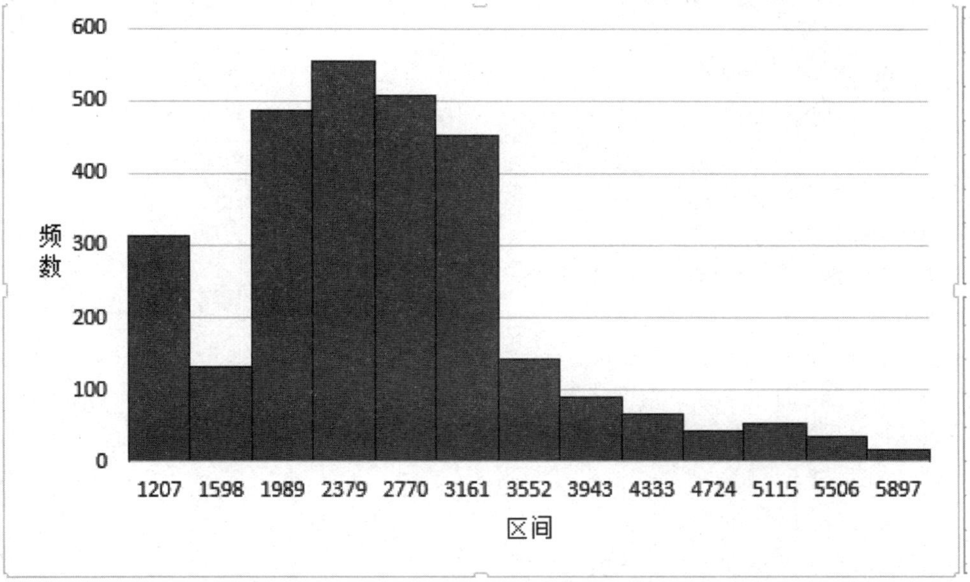

图5-35 通过菜单方式绘制的直方图

5.4.2 利用VBA代码绘制直方图

利用VBA代码，重复5.4.1小节中直方图的绘制过程，具体代码如代码段5.8所示。

代码段5.8 直方图的绘制

```
Sub histogram ()
   Dim rng As Range, rngPrc As Range
   Dim nobs As Long
   Dim nbins As Long
   Dim mindt As Range, maxdt As Range, stp As Double
   Dim arrBin () As Double
   Dim arr As Variant
   Dim arrx () As String
   Dim arry () As Long
   Dim i As Long

   Dim cht As Chart
   Dim ser As Series

   Set rng = Worksheets ("data"). UsedRange
```

```
nobs = rng. Rows. Count - 1
   Set rngPrc = Worksheets ("data"). Range ("B2: B" & nobs + 1)

   'number of bins for histogram according to Sturges' formula
nbins = Application. Ceiling (Log (nobs) / Log (2), 1) + 1

ReDimarrBin (1 To nbins)
ReDimarrx (1 To nbins)
ReDimarry (1 To nbins)

mindt = Application. Min (rngPrc)
maxdt = Application. Max (rngPrc)
stp = Round ( (maxdt - mindt) / nbins, 1)

   For i = 1 Tonbins
arrBin (i) = mindt + stp * i
   Next i

arrx (1) = CStr (Round ( (mindt + arrBin (1)) / 2, 1))
   For i = 2 Tonbins
arrx (i) = CStr (Round ( (arrBin (i - 1) + arrBin (i)) / 2, 1))
   Next i

arr = Application. Frequency (rngPrc, arrBin)
   For i = 1 Tonbins
arry (i) = arr (i, 1)
   Next i

   Set cht = Charts. Add (after: =Worksheets ("data"))
   Set ser = cht. SeriesCollection. NewSeries

   With ser
      . Name = "serHist"
      . XValues = arrx
      . Values = arry
   End With

   With cht
```

```
        .Name = "histogram"
        .ChartType = xlColumnClustered
        .ColumnGroups (1). GapWidth = 0

        With .Axes (xlCategory, xlPrimary)
            .HasTitle = True
            .AxisTitle.Text = "close price"
        End With

        With .Axes (xlValue, xlPrimary)
            .HasTitle = True
            .AxisTitle.Text = "count"
        End With

        .SeriesCollection (1). Format.Fill.ForeColor.RGB = RGB
(172, 172, 172)
        .SeriesCollection (1). Border.Color = rgbPink
        .SetElement (msoElementChartTitleNone)
        .SetElement (msoElementLegendNone)
        .SetElement (msoElementPrimaryValueGridLinesNone)
    End With
End Sub
```

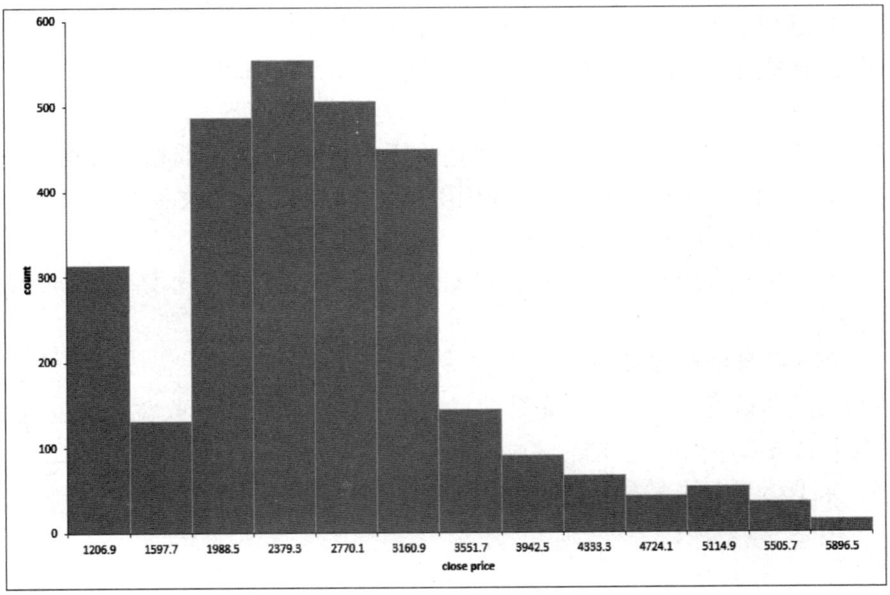

图 5-36　利用 VBA 代码绘制的直方图

本章小结

Excel图表可以是嵌入式图表（Embedded Chart），也可以是分立式图表（Chart Sheet）。嵌入式图表将图表“嵌入”在绘图数据所在的工作表，是工作表中的游体；分立式图表每个图表是单独的Sheet。在菜单模式下，可以通过“插入”—“图表”来得到图表的初步结果，然后使用“图表工具”进行编辑。

图表主要有如下基本元素：图表标题（Chart Title）、图表系列（Chart Series）、坐标轴（Axes）和图例（Legend）等。在二维图表中，画图区域（Plot Area）包括图表系列、数据标志、数据标签、网格线和趋势线等元素，而图表区域（Chart Area）包含图表标题、坐标轴、坐标轴标题和图例等元素。在VBA中，我们可以通过图表对象的Chart Title、Axes、Series Collection等属性来控制这些图表元素。

在Excel中绘制直方图较为笨拙。无论在菜单模式下还是VBA代码模式，一般都需要经历如下步骤：（1）确定Bin的数量，将数据分成若干区间；（2）利用Frequency（）函数计算每个区间的频数；（3）以各个Bin的中间值为分类变量，以频数为数值变量，绘制柱形图。以此为基础，对柱状间的空隙（gapWidth）等进行编辑。由于整个绘制过程相对繁杂，建议使用编程方法来绘制直方图等统计图形。

Excel关键词：内嵌图表、饼图、柱形图、条形图、散点图、折线图、直方图

本章习题

1. 下载最近若干年“上证综指”和“深证成指”的日交易数据，通过菜单模式在同一图中绘制折线图，并在图中标注在数据期间两者的高点和低点。

2. 用VBA代码完成习题1的任务。

3. 获取最近若干年“上证综指”和国内货币发行量（M_2）的相关数据，找到你所感兴趣的规律，将结果用折线图表示，并用阴影强调它们之间的关系。

4. 用VBA代码完成习题3的任务。

5. 选择某一定性金融数据，分别用条形图、柱形图、饼图、3D饼图和分裂的3D饼图展示其结果。

6. 对习题5得到的图表添加数据标签。

7. 下载某股票最近若干年的日交易数据，据此计算其日简单收益率和连续收益率，分别绘制两个收益率序列的直方图。

8. 将5.4.1小节中的直方图的纵坐标由频数改为频率，重新绘制该图表。

进阶阅读

1. 有关直方图的进一步信息，请参阅维基百科相关词条，其网址为 https：//en. wikipedia. org/wiki/Histogram。

2. 什么时候选择散点图，什么时候选择折线图，微软支持里面一篇名为“Present your data in a scatter chart or a line chart”的文章有详细说明，其网址为 https：//support. office. com/en－us/article/Present－your－data－in－a－scatter－chart－or－a－line－chart－4570A80F－599A－4D6B－A155－104A9018B86E。

3. 有关统计图形的基本知识，请阅读基础统计学教材，推荐埃维森所著的《统计学（基本概念和方法）》，高等教育出版社，2000 年第 1 版。

第 6 章

按揭贷款月还贷额的计算

阅读本章前，请读者检查是否已经掌握如下内容：

是否掌握	任务模块
□	通过菜单模式设定单元格数据类型、数据范围等
□	通过菜单模式隐藏单元格
□	通过菜单模式或 VBA 代码隐藏工作表的行或列
□	通过菜单模式防止单元格被修改
□	通过菜单模式或 VBA 代码隐藏工作表
□	通过菜单模式或 VBA 设置单元格格式
□	通过 If（）函数控制单元格内容的显示
□	通过菜单模式或 VBA 代码计算按揭贷款的月还贷额

这是应用部分的第一章，因此，我们力求将问题的金融背景知识和 Excel 技能控制在尽可能简单的范围内。

一般情况下，按揭贷款（Mortgage Loan）每月还款，还款方式可以是等额本金（Equal Principal）或等额本息（Equal Principal Plus Interest）。在固定利率下，前者每个月偿还的本金相等，利息逐月下降；后者每个月偿还的本金加上利息金额相等。在接下来的章节，我们先讨论固定利率下按揭贷款月还贷金额计算的基本原理，然后分别给出如何在工作表界面下和在 VBA 中计算按揭贷款月还贷金额。

6.1 月还贷额计算基本原理

6.1.1 变量列表

（1）pv：贷款金额，单位为元；

（2）nper：贷款期限，单位为月；

（3）rate：贷款月利率；

（4）pmt：月偿还金额（包括利息和本金）；

（5）ipmt：月偿还金额中利息部分；
（6）ppmt：月偿还金额中本金部分；
（7）bal：期末尚未偿还本金余额。

6.1.2　等额本金下的月还贷额

若偿还方式为等额本金，且各期利率固定，则各期所偿还金额由下述公式计算。

1. 各期偿还本金额。在等额本金下，各期所偿还的本金相等，均等于贷款总额除以贷款总期限。

$$ppmt = \frac{pv}{nper} \tag{6.1}$$

2. 各期期末未偿还本金余额。期末未偿还本金余额等于期初未偿还本金余额减去本期所偿还本金额，故第 t 期期末未偿还本金余额为：

$$bal_t = \frac{nper - t}{nper}pv \tag{6.2}$$

3. 各期所偿还利息额。各期应偿还利息额等于期初未偿还本金余额（上一期期末未偿还本金余额）乘以利率，故第 t 期所偿还的利息为：

$$ipmt_t = \frac{nper - t + 1}{nper}pv \times rate \tag{6.3}$$

4. 各期所偿还利息和本金总额。

$$\begin{aligned} pmt_t &= ppmt + ipmt_t \\ &= \frac{(nper - t + 1) \times rate + 1}{nper}pv \end{aligned} \tag{6.4}$$

6.1.3　等额本息下的月还贷额

1. 各期所偿还的利息和本金额。

$$pv = \frac{pmt}{1 + rate} + \frac{pmt}{(1 + rate)^2} + \cdots + \frac{pmt}{(1 + rate)^{nper}} \tag{6.5}$$

$$pmt = \frac{pv \times rate \times (1 + rate)^{nper}}{(1 + rate)^{nper} - 1} \tag{6.6}$$

2. 各期利息偿还额和本金偿还额。

首先计算第1期的利息偿还额，即

$$ipmt_1 = pv \times rate \tag{6.7}$$

本息偿还额减去第1期利息偿还额即得第1期本金偿还额，即

$$ppmt_1 = \frac{pv \times rate}{(1 + rate)^{nper} - 1} \tag{6.8}$$

贷款总额减去第1期本金偿还额得到第1期期末未偿还本金余额。

$$bal_1 = pv\left[\frac{(1 + rate)^{nper} - (1 + rate)}{(1 + rate)^{nper} - 1}\right] \tag{6.9}$$

第1期期末未偿还本金余额乘以利率得到第2期利息偿还额，本息偿还额减去第2

期利息偿还额得到第 2 期本金偿还额，据此可以计算第 2 期期末未偿还本金余额。按照这种方式递推，可以得到各期利息偿还额和本金偿还额。

$$ipmt_t = pv \times rate \times \left[\frac{(1+rate)^{nper} - (1+rate)^{t-1}}{(1+rate)^{nper} - 1}\right] \tag{6.10}$$

$$ppmt_t = \frac{pv \times rate}{(1+rate)^{nper} - 1}(1+rate)^{t-1} \tag{6.11}$$

在 Excel 和 VBA 中，可以使用 PMT（）函数来计算固定利率情况下等额本息每个月所需偿还的本金和利息之和，使用 PPMT（）函数来计算其中的本金偿还额，使用 IPMT（）函数来计算其中的利息偿还额。

工作表函数 CumIpmt（）计算累计的利息偿还额，工作表函数 CumPrinc（）计算累计的本金偿还额。

6.2 工作表界面下按揭贷款月还贷金额

6.2.1 模型基本框架

考虑到模型使用者习惯和模型的稳健性等因素，事先设计模型输出结果的基本框架，可以增加模型的可读性，可以减少事后这样或那样的返工。

需要模型使用者输入的信息有：（1）贷款金额；（2）贷款年限；（3）还款方式；（4）首次还款日期（可选）。在模型最后阶段，只有这四个信息所在的单元格是可编辑的，其他单元格区域应该是锁定的。为了突出该输入区域，我们对该区域设置了黑实粗外边框和虚线内边框，并将底色（填充色）设置为黄色。

除了给出各期还贷额信息外，我们还提供了贷款者经常关注的信息，即偿还总额和利息总额。

我们对每个项目均配以中英文，并显示于不同行。要将某单元格的内容以多行显示，我们只需将光标置于需要断行的地方，按组合键“Alt + Enter”即可。

模型基本框架如图 6－1 所示。

6.2.2 输入区域的数据验证

为了方便模型使用者的使用，我们可以对输入区域设置输入提示和输入内容的限制，这可以使用“数据验证”（Data Validation）来实现。我们分别以“贷款金额”和“首次还贷日”单元格的设置为例，说明如何设置数据验证。

1.“贷款金额”单元格的数据验证

步骤 1：选择“贷款金额”所在的单元格“D3”，点击菜单项“数据”。在“数据工具”栏目下点击“数据验证”，弹出如图 6－2 所示的输入框。在弹出框的“设置”菜单下，选择或输入我们需要的数据范围。

步骤 2：点击弹出框的“输入信息”菜单项，选择默认的“选定单元格时显示输入

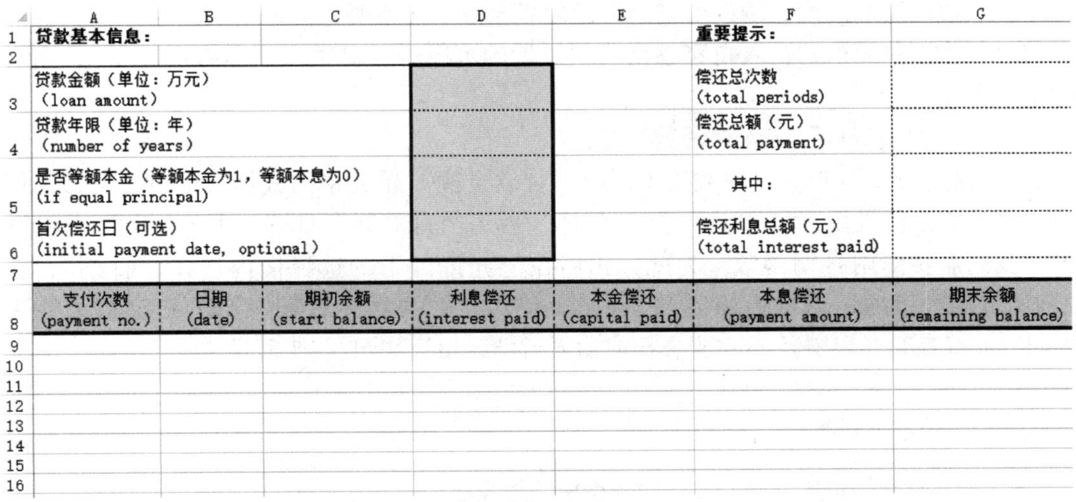

图 6－1　模型的基本框架

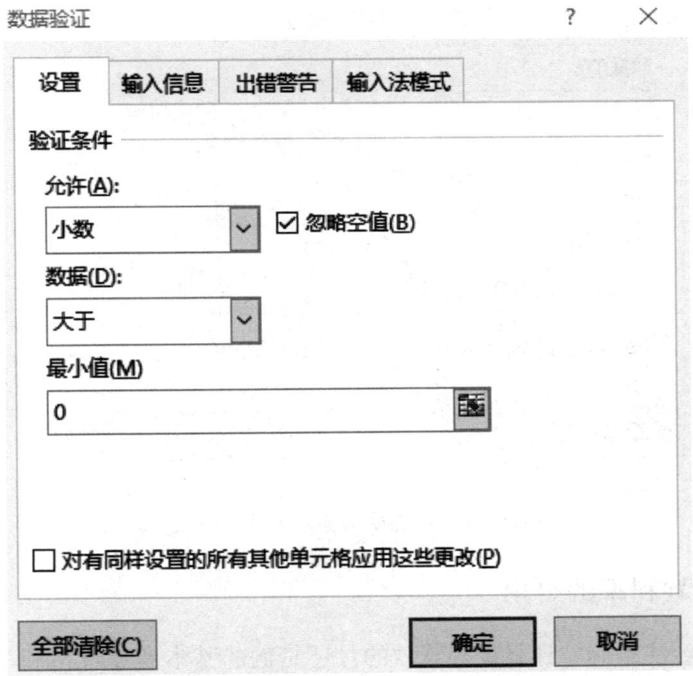

图 6－2　贷款金额输入值范围的设置

信息”，在“标题”下的矩形框内输入显示信息的标题（一般为单位名称，如 icbc），在“输入信息”下的矩形框内输入需要显示的提示信息。

步骤 3：点击弹出框的“出错警告”菜单项，在“样式”下选择出错时显示的图标，完成“标题”和“错误信息”下矩形框内的输入，然后点击“确定”，完成“贷款金额”单元格的数据验证。

完成数据验证的设置后，当我们将光标移至该单元格时，会显示我们事先输入的提示信息；当该单元格的输入内容超出我们设置的范围时（如输入了负数或文本），则会弹出错误提示。

2. “首次还贷日”单元格的数据验证

“首次还贷日”单元格的数据验证与“贷款金额”单元格的数据验证设置类似，但我们将日期范围设置为“今日”至“今日”后 3 个月的某个日期。由于该范围是弹性的，我们需要使用日期函数。为此，我们在“允许”下的选择框内选择“日期”，在“开始日期”下的矩形框内输入“ = Today （)”，在“结束日期”下的矩形框内输入“ = Edate （Date （), 3)”。完成选择或输入后的弹出框如图 6 – 3 所示。

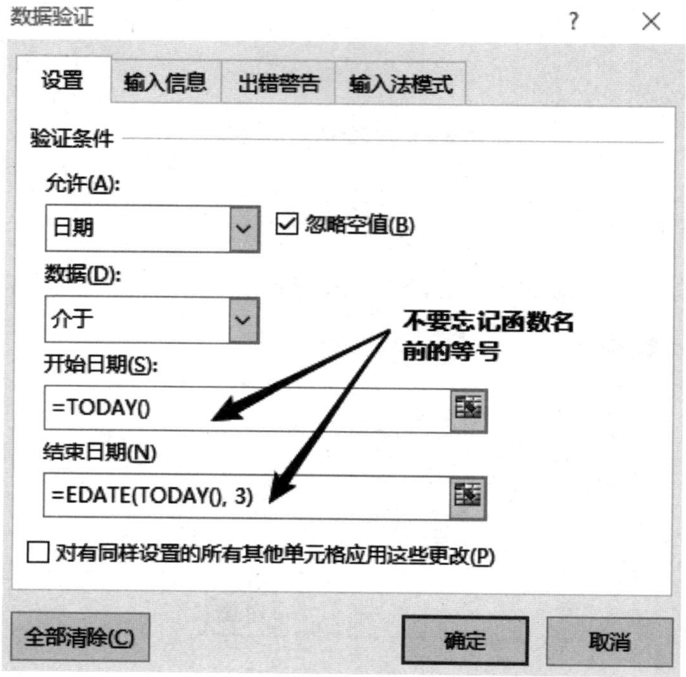

图 6 – 3　弹性期间输入范围的设置

6. 2. 3　贷款利率的引用

或许读者已经注意到，计算按揭贷款的月还贷额的基本变量包括利率，但输入区域并没有包含利率。作这样安排是因为利率往往由银行高层决定，窗口工作人员只需按照银行规定查询相应的利率即可。

工作表“parameter”的单元格区域“A1：C6”为各期限贷款利率表，数据来自工商银行官网。在该利率表中，“A”列各单元格为期限的低值（不含该值），“B”列所在的单元格为期限的高值（含该值），如当期限为 5 年时，对应的利率为 4. 75% ，而不是 4. 9% 。为了事后的利率查询，我们事先对区域“A1：C6”的数据根据“B”列以降序排序。出于相同的考虑，我们将工作表“parameter”的区域“B2：B6”命名为“perUpper”，将区域“C2：C6”命名为“intRates”，将工作表“mortgageLoan”的“D3”单元格（输入贷款金额所在的单元格）命名为“loanAmt”，将输入贷款年限所在的单元格“D4”命名为“yrs”，将还款方式所在的单元格“D5”命名为“equalPrinc”，这5个名称均在整个工作簿范围内有效。

在模型的最后阶段，我们将隐藏工作表“parameter”。

	A	B	C
1	period_lower	period_upper(include)	rate
2	5	30	4.9
3	3	5	4.75
4	1	3	4.75
5	0.5	1	4.35
6	0	0.5	4.35

注意按B列降序排序

图6-4　工作表“parameter”中利率表区域

我们将在月还贷额所在的工作表“mortgageLoan”的单元格“J3”根据模型使用者在单元格“D4”所输入的年限（0到30）查询相应的利率信息。比如，若贷款年限为12年，对应的利率为4.9%。

根据查询要求，我们可以使用Match（）函数。Match（）函数包含两个必需参数“lookup_value”和“lookup_array”，其中前者为需要查询的数值，这里为“D4”单元格所在的数值；后者为从中查询的区域，这里为区域“B2：B6”（已事先命名为“perUpper”）。Match（）函数还包含一个可选参数“match_type”，其取值可以为0、1或者-1。当“match_type”取值为0时，表示精确匹配；当“match_type”取值为1时，表示查询不大于查询值“lookup_value”的最大值，此时，“lookup_array”需要以升序排序；当“match_type”取值为-1时，表示查询不小于查询值“lookup_value”的最小值，此时，“lookup_array”需要以降序排序。对于本例问题，显然“match_type”应该取值为-1。因此，若贷款期限为12年，“Match（yrs，perUpper，-1）”所匹配的值为30，它在“lookup_array”（即区域perUpper）中为第一个单元格，因此返回“1”。而“Index（intRates，1）”将返回区域“intRates”中的第一个值，即“4.9”。合并上述两个函数，我们在工作表“mortgageLoan”的单元格“J3”输入的公式应该是“=Index（intRates，Match（yrs，perUpper，-1））”。

在工作表“mortgageLoan”的单元格“J4”输入公式“=J3/1200”，将利率转化为以小数表示的月利率，并将该单元格命名为“perRate”。

6.2.4　偿还总次数的计算

我们希望达到这样的效果：当输入区域的3个必需变量即“贷款金额”（D3单元格）、“贷款年限”（D4单元格）和“偿还方式”（D5单元格）均完成有效输入后，显示计算结果，而当这3个单元格中任意一个单元格没有完成有效输入时，则不显示计算结果。

故单元格“G3”的公式为“=IF（AND（ISNUMBER（loanAmt），ISNUMBER（yrs），ISNUMBER（equalPrinc）），yrs * 12，""）”。

6.2.5 支付次数列的设定

在单元格“D4”中，我们通过数据验证将贷款年限最高值设定为30年，偿还总次数不会大于360。当3个必需变量完成有效输入（此时单元格“G3”非空）并且支付次数没有超过偿还总次数时显示支付次数值，否则显示为空。

在单元格“A9”输入公式“=IF（AND（ROW（）-8<=$G$3，$G$3<>""），ROW（）-8，""）”，双击“A9”单元格右下角的填充柄将之自动填充至单元格“A368”。这里“Row（）”返回公式所在单元格的行号，由于第一个支付次数所在的单元格为“A9”，所以需要减去8。从单元格“A9”到“A368”，共360个单元格。

6.2.6 偿还日期序列的设定

在“B9”单元格输入公式“=IF（AND（$D$6<>""，A9<>""），EDATE（$D$6，A9-1），""）”，并将之自动填充至单元格“B368”。

6.2.7 各期本金偿还额的计算

如果偿还方式为等额本金，可以按公式（6.1）来计算各期本金偿还额；如果偿还方式为等额本息，则可以使用函数PPMT（）来计算各期本金偿还额。

故“E9”单元格的公式为“=IF（A9<>""，IF（equalPrinc=1，loanAmt * 10000/（yrs * 12），-PPMT（perRate，A9，yrs * 12，loanAmt * 10000）），""）”。该公式嵌套了双重IF，最外面的IF用来判断支付次数是否为空，若非空，则显示该期本金偿还额；里面的IF用来判断还款方式为等额本金还是等额本息，进而选择不同的本金偿还额的计算方法。将单元格“E9”的公式自动填充至单元格“E368”，完成各期本金偿还额序列的计算。

6.2.8 各期利息偿还额的计算

如果偿还方式为等额本金，可以按公式（6.3）来计算各期利息偿还额；如果偿还方式为等额本息，则可以使用函数IPMT（）来计算各期利息偿还额。

故“D9”单元格的公式为“=IF（A9<>""，IF（equalPrinc=1，（yrs * 12-A9+1）* loanAmt * 10000 * perRate/（yrs * 12），-IPMT（perRate，A9，yrs * 12，loanAmt * 10000）），""）”。

6.2.9 其他偿还金额的计算

各期本息偿还额为各期本金偿还额和利息偿还额之和，故“F9”单元格的公式为“=IF（A9<>""，D9+E9，""）”，我们可以将该公式自动填充至“F368”单元格。

第1期期初未偿还本金余额为贷款总额，故“C9”单元格的公式为“=IF（A9<>""，loanAmt * 10000，""）”。其他各期期初未偿还本金余额等于上一期期末未偿还本金余额，故单元格“C10”的公式为“ = IF（A10 < >"", G9,""）”，我们可以将单元格“C10”的公式自动填充至单元格“C368”。

各期期末未偿还本金余额等于同期期初余额减去本期所偿还本金额，故单元格“G10”的公式为“ = IF（A9 < >"", C9 - E9,""）”，我们可以将该公式自动填充至单元格“G368”。

所有各期本息偿还总额等于区域“G9：G368”之和，所有各期利息偿还之和等于本息偿还总额减去贷款总额。

6.2.10　工作表及行或列的隐藏

为了增加模型的可读性，节省模型使用者的时间，我们可以隐藏多余的行或列。以行的隐藏为例，本例从第 369 行开始的各行并没有我们所需要的信息，因此可以将它们隐藏。为此，我们先选中第 369 行，然后按住组合键“Ctrl + Shift”，同时按键盘向下箭头，选中从第 369 行开始的各行，然后点击鼠标右键，即可隐藏选中各列。

模型使用者并不需要工作表“parameter”中所包含的信息，因此可以隐藏该工作表。为此，将光标移至该工作表表名，然后点击鼠标右键，选择“隐藏”，即可隐藏该工作表。

6.2.11　单元格的保护

为了增加模型的稳健性，防止用户不经意的不恰当输入对模型所带来的破坏，我们可以对除了用户输入区域“D3：D6”以外的单元格进行保护。对单元格的保护主要有“锁定”和“隐藏”，前者可以防止对单元格进行编辑等改动，后者使得单元格的公式不在公式栏显示。

在完成模型的各项任务之后、在文档保存之前，首先如图 6 - 5 所示，点击工作表左上角的倒三角形，选中工作表的所有单元格。然后点击鼠标右键选择“设置单元格格

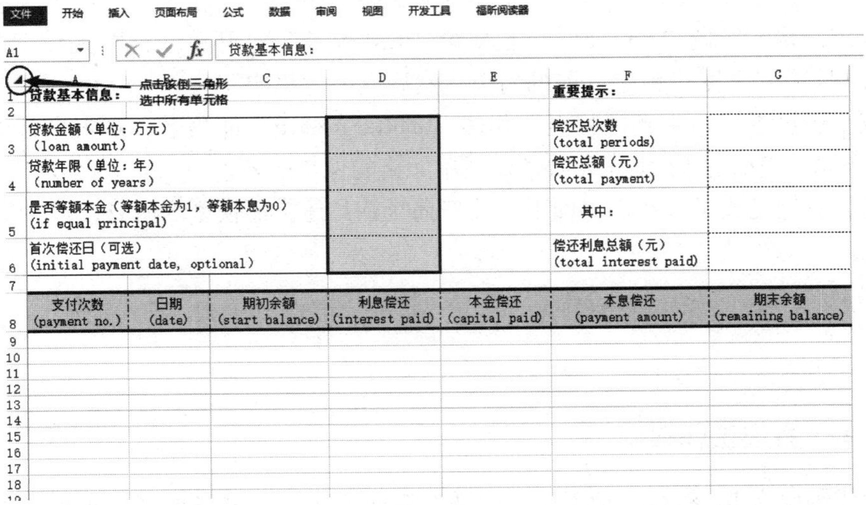

图 6 - 5　点击左上角倒三角形选中工作表的所有单元格

式”（或使用快捷方式“Ctrl + 1”），在随后出现如图 6 – 6 所示的弹出框中点击菜单项“保护”，勾选“保护”和“锁定”，然后点击“确定”。这样，我们完成了工作表单元格有关保护的全局设定。

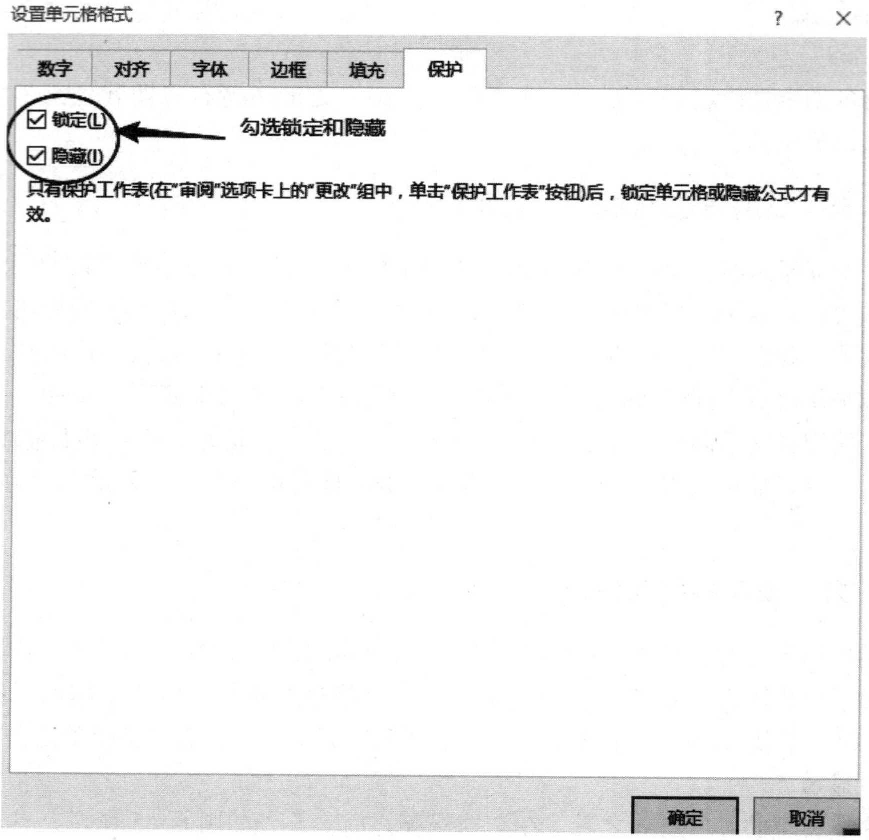

图 6 – 6　勾选锁定和隐藏

选择用户输入区域“D3：D6”，快捷键“Ctrl + 1”打开单元格格式设置框，点击菜单项“保护”，去掉“锁定”前的勾选，然后点击“确定”。

完成上述设置后，将光标移至工作表“mortgageLoan”的表名，点击鼠标右键选择“保护工作表”。在保护了工作表后，前述单元格的保护生效。

至此，我们完成了工作表界面下有关按揭贷款月还贷额模型的所有设置。

6.3　利用 VBA 计算按揭贷款的月还贷额

6.3.1　添加工作表

执行代码段 6.1，将在活动工作表后添加新的工作表，并将该工作表命名为“mortgageVBA”。

代码段 6.1　在活动工作表后添加新的工作表

```
Sub addSheet ()
   Dim sht As Worksheet
   Dim rngTitle As Range    '标题行
   Dim rngInput As Range    '用户输入区域
   Dim rngOutTitle As Range   '各期还贷额表格标题

   '在活动工作表后面添加新的工作表，并给新工作表命名
Set sht =ThisWorkbook.Worksheets.Add (After:=ActiveSheet)
sht.Name = "mortgageVBA"

   '设置标题行
sht.Range ("A1:G1").Merge   '合并单元格
   Set rngTitle = sht.Range ("A1")

   '模型标题行水平居中，20 号字，加粗，华文新魏字体
   With rngTitle
      .Value = "工商银行按揭贷款月还贷金额表"
      .Font.Name = "华文新魏"
      .Font.Size = 20
      .Font.Bold = True
      .HorizontalAlignment = xlCenter
   End With

   '设置输入区域
sht.Range ("A3:C3").Merge
   With sht.Range ("A3")
      .Value = "贷款基本信息"
      .Font.Bold = True
      .Font.Size = 12
   End With

  With sht
     .Range ("A5:D5").Merge
     .Range ("A6:D6").Merge
     .Range ("A7:D7").Merge
     .Range ("A8:D8").Merge
```

```
    .Range ("A5") = "贷款金额（万元)"
    .Range ("A6") = "贷款期限（年)"
    .Range ("A7") = "是否等额本息" &vbNewLine& _
         "(1 等额本息; 0 等额本金)"
    .Range ("A8") = "首次还贷月份（可选)"
    Set rngInput = .Range ("A5: E8")
  End With

  '设置输入区域上下边框: 实粗线
  With rngInput.Borders (xlEdgeTop)
    .LineStyle = xlContinuous
    .Weight = xlThick
  End With

  With rngInput.Borders (xlEdgeBottom)
    .LineStyle = xlContinuous
    .Weight = xlThick
  End With

  '将输入区域的底色设置为浅黄色
sht.Range ("E5: E8").Interior.Color = RGB (255, 255, 102)

  '设置第 7 行的行高为 28
sht.Rows (7).RowHeight = 28

  '设置输出区域标题行
  Set rngOutTitle = sht.Range (Cells (10, 1), Cells (10, 7))
  With rngOutTitle
    .Columns (1) = "支付次数"
    .Columns (2) = "日期"
    .Columns (3) = "期初余额"
    .Columns (4) = "利息偿还"
    .Columns (5) = "本金偿还"
    .Columns (6) = "本息偿还"
    .Columns (7) = "期末余额"
    .EntireColumn.AutoFit
    .Borders (xlEdgeTop).LineStyle = xlContinuous
```

```
      .Borders (xlEdgeBottom). LineStyle = xlContinuous
      .Borders (xlEdgeTop). Weight = xlThick
      .Borders (xlEdgeBottom). Weight = xlThin
      .EntireRow. RowHeight = 20
    End With
End Sub
```

新添加的工作表“mortgage VBA”包含了计算按揭贷款月还贷额模型的基本框架，其截图如图 6 –7 所示。

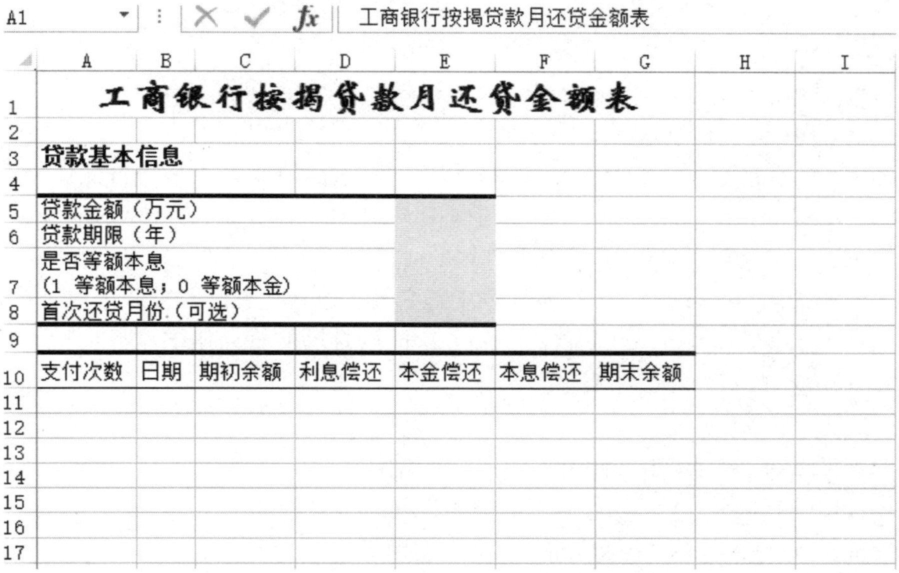

图 6 –7　新添加工作表的基本框架

6.3.2　利用 VBA 计算月还贷额

在代码段 6.2 中，我们通过输入框（Input Box）输入按揭贷款的贷款金额、贷款年限、还款方式和首次还贷日（可以忽略）等基本信息，将这些值赋值给 VBA 变量，并输出到工作表“mortgage VBA”的相关区域。

我们根据贷款年限从工作表“parameter”查询相应利率的信息，并据此进行计算，然后将计算结果输出到工作表单元格，最后对工作表的某些格式进行了适当的调整，如添加了边框和隐藏了多余的行和列等。

代码段 6.2　月还贷额相关计算

```
'按揭贷款月偿还额计算
'作者：finExcel
'第 1 版：2015 -05 -19
'最新版：2017 -10 -06
```

```
Option Explicit

Sub monthlyPay ()
   Dim sht _ rate As WorkSheet
   Dim sht _ vba As Worksheet
   Dim rng _ input As Range
   Dim rng _ rates As Range

   Dim loan _ amount As Single   '贷款金额，万元
   Dim yrs As Single  '贷款期限，单位为年
   Dim iequal _ principal As Integer
   Dim equal _ principal As Boolean   '是否等额本金
   Dim start _ date, vstart _ date    '首次还贷日，类型为可变体
   Dim yrate As Single     '年利率
   Dim mrate As Single   '月利率
   Dim nrate As Integer   利率表中包含几档利率
   Dim nper As Long   '贷款偿还期数，即以月计的贷款期限
   Dim i As Long  '循环变量

   Dim noPay () As Integer   '第几次偿还
   Dim payDates () As Date   '偿还日期
   Dim startBal () As Single   '期初余额
   Dim remainingBal () As Single   '期末余额
   Dim princ _ pay () As Single   '月本金偿还额
   Dim int _ pay () As Single   '月利息偿还额
   Dim princ _ int () As Single   '月本息偿还额
   Dim totalInt As Single  '利息偿还总额
   Dim totalPI As Single  '本息偿还总额
   Dim nTotalCol As Long   '工作表总列数
   Dim nTotalRow As Long   '工作表总行数

   ''''''''''通过 InputBox 输入贷款基本信息 ''''''''''''
loan _ amount = InputBox ("请以万元为单位输入贷款金额" & _
       vbNewLine& "比如 100 万元，则输入 100，然后按确认", _
       "icbc") * 10000
yrs = InputBox ("请以年为单位输入贷款年限" &vbNewLine& _
              "比如 3 年零 8 个月，则输入 3.67，然后按确认", "icbc")
```

```
iequal_principal = InputBox ("请输入还款方式，若等额本金，_
    则输入 1;" &vbNewLine&"若等额本息，则输入 0，然后 _
    按确认",   "icbc")

vstart_date = InputBox ("请输入首次还贷日，格式 YYYY-MM-DD，_
    输完后按确认" &vbNewLine&"若忽略首次还款日，则按取消", "icbc")

  If iequal_principal = 1 Then
equal_principal = True
  Else
   equal_principal = False
  End If

  If IsDate (vstart_date) Then
start_date = CDate (vstart_date)
  Else
start_date = ""
  End If

  '''''''''''''将用户输入信息输出到用户输入区域'''''''''''''''
  Set sht_vba = WorkSheets ("mortgageVBA")
  Set rng_input = sht_vba.Range ("E5: E8")

  With rng_input
   .Cells (1).Value = loan_amount / 10000
   .Cells (2).Value = yrs
   .Cells (3).Value = iequal_principal
   .Cells (4).Value = start_date
   .EntireColumn.AutoFit
  End With

  '''''''''''''''根据期限选择贷款利率'''''''''''''''''''''
  '利率表在工作表 parameter 中，含 3 列，分别为期限低值、期限高值（含）和
  '年利率（百分比），首行为标题
  Set sht_rate = WorkSheets ("parameter")
  Set rng_rates = sht_rate.UsedRange
 nrate = rng_rates.Rows.Count - 1
```

```
   With rng _ rates
      For i = 1 Tonrate
     If yrs > . Cells (i + 1, 1) And yrs < = . Cells (i + 1, 2) Then
    yrate = . Cells (i + 1, 3)
     End If
     Next i
   End With

mrate = yrate / 1200

   ''''''''''''月还贷额的计算 ''''''''''''''

nper = Round (yrs * 12, 0)
ReDimnoPay (1 To nper)
ReDimpayDates (1 To nper)
ReDimstartBal (1 To nper)
ReDimprinc _ pay (1 To nper)
ReDimint _ pay (1 To nper)
ReDimprinc _ int (1 To nper)
ReDimremainingBal (1 To nper)

   For i = 1 Tonper
noPay (i) = i   '第几次偿还序列
      '偿还日期序列
      If IsDate (start _ date) Then
payDates (i) = DateAdd ("m", i - 1, start _ date)
      End If
   Next i

    If equal _ principal Then
      For i = 1 Tonper
   princ _ pay (i) = loan _ amount / nper
     int _ pay (i) = (nper - i + 1) / nper * loan _ amount * mrate
     princ _ int (i) = princ _ pay (i) + int _ pay (i)
     startBal (i) = (nper - i + 1) / nper * loan _ amount
remainingBal (i) = (nper - i) / nper * loan _ amount
     Next i
```

```
    Else
     For i = 1 Tonper
princ_pay (i) = -PPMT (mrate, i, nper, loan_amount)
int_pay (i) = -IPMT (mrate, i, nper, loan_amount)
princ_int (i) = -PMT (mrate, nper, loan_amount)
      Next i

      startBal (1) = loan_amount
      remainingBal (1) = startBal (1) - princ_pay (1)
       For i = 2 Tonper
startBal (i) = remainingBal (i - 1)
            remainingBal (i) = startBal (i) - princ_pay (i)
       Next i
      End If

   '合计利息偿还总额和本息偿还总额
totalInt = Application.Sum (int_pay)
totalPI = Application.Sum (princ_int)

   ''''''''''''将计算结果输出到工作表单元格''''''''''''''
Application.ScreenUpdating = False    '关闭屏幕更新

   '输出第几次偿还
sht_vba.Cells (11, 1).Resize (nper, 1).Value = _
        Application.Transpose (noPay)

   '输出期初余额
sht_vba.Cells (11, 3).Resize (nper, 1).Value =_
        Application.Transpose (startBal)

   '输出月利息偿还额
sht_vba.Cells (11, 4).Resize (nper, 1).Value =_
        Application.Transpose (int_pay)

   '输出月本金偿还额
sht_vba.Cells (11, 5).Resize (nper, 1).Value =_
        Application.Transpose (princ_pay)
```

```
    '输出月本息偿还额
   sht_vba.Cells (11, 6). Resize (nper, 1). Value =_
          Application.Transpose (princ_int)

    '输出期末余额
   sht_vba.Cells (11, 7). Resize (nper, 1). Value =_
          Application.Transpose (remainingBal)

    '输出还贷日期序列
    If IsDate (start_date) Then
   sht_vba.Cells (11, 2). Resize (nper, 1). Value =_
          Application.Transpose (payDates)
    End If

    With sht_vba.Cells (11 + nper, 1)
       .Offset (0, 0) = "合计"
       .Offset (0, 3) = totalInt
       .Offset (0, 5) = totalPI
    End With

   Application.ScreenUpdating = True   '输出完成后，重新打开屏幕更新

    ''''''''''''''''''' 输出结果设置格式 ''''''''''''''''''''

    'C: G列保留两位小数，整个区域自动调整列宽
   sht_vba.Range ("C11: G" & 11 + nper -1). NumberFormat ="0.00"
   sht_vba.Cells (11 + nper, 4). NumberFormat = "0.00"    '利息偿还
总额
   sht_vba.Cells (11 + nper, 6). NumberFormat = "0.00"    '本息偿还
总额
   sht_vba.Columns.AutoFit

    '汇总行上下边框和行高调整
    With sht_vba.Cells (11 + nper, 1). Resize (1, 7)
       With.Borders (xlEdgeBottom)
          .LineStyle = xlContinuous
          .Weight = xlThick
```

```
      End With
    With . Borders (xlEdgeTop)
      . LineStyle = xlContinuous
      . Weight = xlThin
    End With
    . EntireRow. RowHeight = 16
     End With

   '隐藏多余的行和列
nTotalCol = sht _ vba. Cells (11, 8). End (xlToRight). Column
nTotalRow = sht _ vba. Cells (11, 8). End (xlDown). Row
sht _ vba. Columns (8). Resize (, nTotalCol -7). Hidden = True
sht _ vba. Rows (11 + nper + 1 & ":" &nTotalRow). Hidden = True
End Sub
```

运行代码 6. 2 后的结果如图 6－8 所示。

A1　fx　工商银行按揭贷款月还贷金额表

	A	B	C	D	E	F	G
1	工商银行按揭贷款月还贷金额表						
2							
3	贷款基本信息						
4						通过InputBox()由用户输入	
5	贷款金额（万元）				100		
6	贷款期限（年）				12		
7	是否等额本息（1 等额本息；0 等额本金）				1		
8	首次还贷月份（可选）				2017-10-24		
9							
10	支付次数	日期	期初余额	利息偿还	本金偿还	本息偿还	期末余额
11	1	2017-10-24	1000000.00	4083.33	6944.44	11027.78	993055.56
12	2	2017-11-24	993055.56	4054.98	6944.44	10999.42	986111.13
13	3	2017-12-24	986111.13	4026.62	6944.44	10971.06	979166.69
14	4	2018-1-24	979166.69	3998.26	6944.44	10942.71	972222.25
15	5	2018-2-24	972222.25	3969.91	6944.44	10914.35	965277.75
16	6	2018-3-24	965277.75	3941.55	6944.44	10886.00	958333.31
17	7	2018-4-24	958333.31	3913.19	6944.44	10857.64	951388.88
18	8	2018-5-24	951388.88	3884.84	6944.44	10829.28	944444.44
19	9	2018-6-24	944444.44	3856.48	6944.44	10800.93	937500.00
20	10	2018-7-24	937500.00	3828.13	6944.44	10772.57	930555.56
21	11	2018-8-24	930555.56	3799.77	6944.44	10744.21	923611.13
22	12	2018-9-24	923611.13	3771.41	6944.44	10715.86	916666.69
23	13	2018-10-24	916666.69	3743.06	6944.44	10687.50	909722.25
24	14	2018-11-24	909722.25	3714.70	6944.44	10659.14	902777.75
25	15	2018-12-24	902777.75	3686.34	6944.44	10630.79	895833.31
26	16	2019-1-24	895833.31	3657.99	6944.44	10602.43	888888.88

图 6－8　利用 VBA 进行按揭贷款相关计算的结果

本章小结

本章探讨了在 Excel 工作表和 VBA 中如何进行按揭贷款月还贷的相关计算。工作表和 VBA 函数 PMT（）、IPMT（）和 PPMT（）分别用来计算等额本息方式下各期本息偿还额、利息偿还额和本金偿还额。If（）函数可以用来控制是否显示计算结果。此外，为了增加模型的稳健性，我们需要对单元格进行适当保护，有时候还需要隐藏某些工作表。隐藏多余的行和列可以使得工作表更加简洁。

金融中许多序列的长度往往是动态的，所以我们将经常使用动态数组。在使用 Excel VBA 进行金融建模时，我们往往通过变量、数组等进行计算，当所有计算完成后，再将计算结果输出到工作表单元格。

金融关键词：等额本金、等额本息

Excel 和 VBA 关键词：PMT（）函数、IPMT（）函数、PPMT（）函数、EDate（）函数、If（）函数、IsNumber（）函数、用户自定义函数

本章习题

1. 在 6.2.3 部分，我们结合 Index（）函数和 Match（）函数查询某一期限的贷款利率。请思考能否使用 VLookup（）函数完成该查询，为什么？

2. 在 6.2.11 部分，我们先对工作表所有单元格的保护进行设置，然后再设置输入区域的保护。我们能否改变设置顺序，即先设置输入区域，然后再设置所有的单元格，为什么？

3. 对于等额本息偿还方式下，本例分别采用 PMT（）、IPMT（）和 PPMT（）函数来计算各期本息偿付额、利息偿付额和本金偿付额。请分别用公式（6.6）、公式（6.10）和公式（6.11）来计算各期本息偿付额、利息偿付额和本金偿付额，并完成按揭贷款月还贷额模型的构建。

4. 等额本息方式下可以使用 Excel 或 VBA 内在函数 PMT（）、IPMT（）和PPMT（）来计算各期本息偿还额、利息偿还额及本金偿还额。请设计等额本金方式下相应的用户自定义函数。

5. 在 6.3.2 中，我们使用 If 判断和 For 循环来查询相应的贷款利率，请在 VBA 中结合 Index（）和 Match（）函数得到相应的贷款利率。

6. 在 6.3.2 中，我们通过 VBA 隐藏了多余的行和列，如何使用 VBA 解除这些行和列的隐藏，请写出相应的代码。

7. 在 6.3 中，我们将相关的利率表放置在工作表“parameter”中，我们也可以将该利率表赋值给一个多维数组，请写出相关 VBA 代码。另外，请探讨这两种方式的利弊。

进阶阅读

1. 有关按揭贷款的进一步信息，读者可以参考维基百科，网址为 https：//en. wikipedia. org/wiki/Mortgage _ loan。

2. 有关使用 Excel 工作表进行按揭贷款相关计算，读者可以参考这篇网文，其网址为 http：//www. wikihow. com/Create – a – Mortgage – Calculator – With – Microsoft – Excel。

3. Keishiro Matsumoto etc. , An Excel Model of Mortgage Refinancing Decisions for Sensitivity Analysis and Simulation，该文可以从 http：//www. na – businesspress. com/JAF/MatsumotoK _ Web14 _ 3 _ . pdf 处下载。

第 7 章

债券相关计算

阅读本章前，请读者检查是否已经掌握如下内容：

是否掌握	任务模块
□	我国债券交易相关惯例
□	常见的日计数惯例如实际/实际、实际/365 等的含义
□	债券内在价值和收益率相关指标的计算
□	债券风险管理常用指标的计算
□	Price（）、Yield（）和 Duration（）等金融函数
□	利用 VBA 编写自定义函数
□	使用 If 和 Select Case 等控制结构
□	使用 For … Next 和 Do … Loop 循环

固定收入证券是金融学的一个重要组成部分，涉及比较多的计算。本章的探讨将限制于定期付息的固定利率债券（Plain Vanilla Bonds，又称为芳草型债券）。这样处理使得读者不必在金融专业知识方面费太多周章，而把注意力集中于如何利用 Excel 和 VBA 解决金融问题上面。

对本章相关金融学知识的初步了解，读者可以参考朱晋《证券投资学》（2015）第 5 章。对固定收入证券的进一步理解和掌握，推荐阅读法伯兹《固定收益分析》（2011）的前 8 章。

本章主要涉及债券内在价值、到期收益率、久期和凸性等的计算和图形展示。考虑到各国债券交易惯例存在某些差异，本章使用了许多用户自定义函数，这些函数的编写采用如下原则：

第一，尽可能将复杂金融问题分解为一个个相对简单的小问题。这样，不仅更容易查找代码可能存在的错误，也更方便读者理解。

第二，仅为解决分析中经常遇到的问题编写函数。那些偶然出现的问题，则在相关问题的代码中直接解决。

第三，由于将问题细分，所以函数之间存在依赖关系。读者应该加载整个代码文件，而不能只复制、粘贴单独某个函数。

7.1　债券应计利息的计算

目前世界上大多数国家和地区的债券市场采用“净价报价、全价结算”的制度，我国债券市场也从2002年开始采用该制度。

净价（Clean Price或Flat Price）交易是指债券报价中没有包含从上一次付息日至结算日所累积的利息（即应计利息，Accrued Interest），全价（Full Price或Dirty Price）交易的市场报价则包含了这部分利息。全价、净价和应计利息的关系为：

$$\text{全价} = \text{净价} + \text{应计利息} \tag{7.1}$$

应计利息的计算是将利息（每年或每期）在时期间进行分配，但相关时期日子的计数，不同的市场、不同的债券工具存在不同的惯例，即日计数惯例（Day Count Convention）。根据交易所债券交易细则等相关规定，我国债券银行间市场的国债现券交易目前采用“实际/实际”的惯例，上海证券交易所采用“实际/365”的惯例，深圳证券交易所则采用“nl/365”的惯例，其中nl表示“不包含闰日”（Not Include Leap Day）。具体请参见银发〔2007〕200号、上海证券交易所债券交易实施细则〔2014〕第3条和深圳证券交易所债券交易细则〔2016〕第12条等相关内容。

注意，某种惯例名称的具体内容并不存在统一的权威定义，同一市场同一证券品种在不同时期的日计数惯例也可能发生变化。

为方便读者阅读，这里简单介绍这三种惯例下应计利息的计算方法。

银行间债券市场的“实际/实际”（Act/Act）惯例下应计利息的计算公式为：

$$\text{应计利息} = \frac{\text{上一利息支付日至结算日实际天数}}{\text{整个付息期天数}} \times \frac{\text{年利息}}{\text{付息频率}} \tag{7.2}$$

上海证券交易所的“实际/365”（Act/365）惯例下应计利息的计算公式为：

$$\text{应计利息} = \frac{\text{上一利息支付日至结算日实际天数}}{365} \times \text{年利息} \tag{7.3}$$

深圳证券交易所的“nl/365”惯例与上海证券交易所的“实际/实际”惯例类似，主要区别为分子中“上一利息支付日至结算日实际天数”不包含闰日。

由上述分析可知，应计利息的计算看似简单，实际上包含了许多细节处理问题，如平闰年的判断、大小月或平月的天数和不同日计数惯例下日期的处理等。由于这是债券分析中不可回避的问题，下文先探讨VBA中相关的日期处理。

7.1.1　日期处理相关函数

1. 平闰年的判断。判断某一年份是否为闰年（Leap Year），可以采用如下标准：

（1）若某一年份不能被4整除，则该年份为平年；

（2）若某一年份能够被4整除，但不能被100整除，则该年份为闰年；

（3）若某一年份能够被400整除，则该年份为闰年。

例如，2015年不能被4整除，所以2015年为平年；2016年能被4整除，但不能被

100 整除，所以 2016 年为闰年；1900 年能够被 4 整除，并且也能够被 100 整除，但不能被 400 整除，所以 1900 年为平年；2000 年能够被 400 整除，所以 2000 年为闰年。

代码段 7.1　判断平闰年的函数 isLeapYear（）

```
Function isLeapYear (yyyy As Integer) As Boolean
  If ( (yyyy Mod 4  = 0) And (yyyy Mod 100  < > 0)) Or _
    (yyyy Mod 400  = 0) Then
   isLeapYear = True
  Else
   isLeapYear = False
  End If
End Function
```

代码段 7.1 中 If 后的表达式包含 2 个逻辑或关系的判断：（1）年份 yyyy 是不是能被 4 整除但不能被 100 整除；（2）年份 yyyy 是不是能被 400 整除。只要上述两种情况中有一个满足，该年度即为闰年，其他情况下则为平年。这里，Mod 为两个整数相除求余数（模）的算子，关系式“ < >”表示不等于。在 VBA 中，函数计算结果最后需要传递给函数名。函数 isLeapYear（）返回 True 或 False，如 isLeapYear（1998）返回 False。

2. 是否包含闰日。前述深圳证券交易所债券采用“nl/365”的日计数惯例，这需要分析者判断计息期是否包含闰日（Leap Day）2 月 29 日。代码段 7.2 包含了判断两个日期 start _ date（含）和 end _ date 之间是否包含闰日，如果包含闰日，则返回 True，否则返回 False。

代码段 7.2　判断两个日子之间是否包含闰日函数 includeLeapDay（）

```
Function includeLeapDay (start _ date As Date, _
         end _ date As Date) As Boolean
  Dim d As Date
  For d = start _ date To end _ date
If Format (d, "mm - dd") = "02 -29" Then
         includeLeapDay = True
         Exit Function
      End If
  Next d
  includeLeapDay = False
End Function
```

3. 是否为二月最后一天。下文将要论述的“30U/360”和“30E/360”日计数惯例需要判断债券的上一次付息日和结算日是否为二月最后一天，isLastDayOfFeb（）函数为此计算作铺垫，它本身很少单独使用。

代码段7.3 判断某日子是否为二月最后一天函数 isLastDayOfFeb ( )

```
Function isLastDayOfFeb (d As Date) As Boolean
  If isLeapYear (Year (d)) And Month (d) = 2 And Date (d) = 29 Then
     isLastDayOfFeb = True
  ElseIf Not isLeapYear (Year (d)) And Month (d) = 2 And _
         Date (d) = 28 Then
     isLastDayOfFeb = True
  Else
     isLastDayOfFeb = False
  End If
End Function
```

4. 日期处理相关内在函数。Excel 和 VBA 中包含了丰富的日期函数。在固定收入证券分析中，我们经常使用如下函数。

(1) YearFrac ( )。YearFrac ( ) 是工作表函数，用来计算基于某种日计数惯例下两个日子之间以年为单位的期间间隔。例如，若某债券的到期日为2021年8月31日，则在“实际/实际”的惯例下，该债券于2017年10月10日的剩余期限可以由如下公式计算，其返回值为3.8910。

```
=YearFrac (Date (2017, 10, 10), Date (2021, 8, 31), 1)
```

(2) EMonth ( ) 或 DateAdd ( )。EMonth ( ) 为工作表函数，返回从某开始日子为基准（函数的第1个参数 start _ date）前溯若干个月（当第2个参数 months 为负值时）或延后若干个月（当 months 为正值时）的日子。比如，若某债券的到期日为2021年8月31日，每半年支付一次利息，则该债券倒数第2次利息支付日可以由下述公式计算，其返回值应该为“2021-02-28”。

```
= EMonth (Date (2021, 8, 31), -6)
```

DateAdd ( ) 函数为 VBA 内在函数，按顺序其3个参数分别是 interval、number 和 date，其中 interval 可以是“yyyy”（年）、“q”（季度）、“m”（月）、“ww”（周）、“d”（日）、“h”（小时）、“n”（分）和“s”（秒）等。对于前述例子，使用 DateAdd ( ) 函数的代码是：DateAdd (“m”, -6, DateSerial (2021, 8, 31))。可见，DateAdd ( ) 函数在使用上比 EDate ( ) 函数更为灵活。

(3) 其他金融函数。Excel 工作表函数中有许多函数与债券分析直接相关，如上一次利息支付日函数 CoupPcd ( )、下一次利息支付日函数 CoupNcd ( ) 等。我们将会在具体使用中介绍这些函数。

7.1.2 剩余利息支付次数的计算

剩余利息支付次数表示从结算日一直到债券到期日还有几次利息支付，它决定了债券的相关现金流。计算剩余利息支付次数，需要债券到期日、付息频率及交易结算日等信息。由于国内定期支付利息债券大多每年或每半年支付一次利息，在这里付息频率仅包含每年付一次息（频率为1）和每半年支付一次利息（频率为2）这两种情景。

代码段7.4　债券剩余利息支付次函数CoupNum2（）

```
Function coupNum2 (settlement_date As Date, _
        maturity_date As Date, _
        Optional frequency As Integer = 1) As Integer
  Dim n As Integer
  '剩余利息支付次数粗略值
  n = CInt ( (maturity_date - settlement_date) / 365.25 * fre-
quency)

 '对上述粗略值微调
  If DateAdd ("m", -n * 12 / frequency, maturity_date) < = _
       settlement_date Then
 n = n - 1
  ElseIf DateAdd ("m", - (n + 1) * 12 / frequency, _
       maturity_date) > settlement_date Then
 n = n + 1
 Else
 n = n
 End If
 coupNum2 = n + 1
 End Function
```

在代码段7.4中，CoupNum2（）函数有两个必需参数，即债券结算日settlement_date和到期日maturity_date，一个可选参数付息频率frequency，其默认值为1（每年支付1次利息）。首先，我们根据结算日、到期日和付息频率等信息，计算一个粗略的剩余利息支付次数值；然后在此基础上，我们利用DateAdd（）函数对该值进行微调。

实际上，Excel工作表函数中已经存在计算债券剩余利息支付次数的函数CoupNum（），这也是我们把刚才的用户自定义函数取名为CoupNum2（）的原因。读者也许已经注意到，工作表内在函数CoupNum（）比CoupNum2（）函数多了一个参数base（日计数惯例选项），但对于芳草型债券而言，这个参数对于剩余利息支付次数的计算显然是多余的，因此，在CoupNum2（）函数中，我们并未使用该参数。

7.1.3　上一次利息支付日的计算

上一次利息支付日（Previous Coupon Payment Date）为结算日前且距离结算日最近

的利息支付日，若结算日刚好为利息支付日，则上一次利息支付日就是结算日①。

代码段7.5 上一次利息支付日函数 CoupPcd2（）

```
Function CoupPcd2 (settlement _ date As Date, _
                  maturity _ date As Date, _
                  Optional frequency As Integer = 1) As Date
   Dim n As Integer
   n = CoupNum2 (settlement _ date, maturity _ date, frequency)
   CoupPcd2 = DateAdd ("m", -n * 12 / frequency, maturity _ date)
End Function
```

Excel 工作表函数 CoupPcd（）与上述自定义函数功能相同，只是多了一个参数 base。

参考上述上一次利息支付日自定义函数 CoupPcd2（），读者应该不难编写下一次利息支付日（Next Coupon Payment Date）的自定义函数，这也是本章习题1的任务。下次利息支付日是指结算日之后并且距离结算日最近的利息支付日。Excel 工作表函数中已经包含计算债券下一次利息支付日的内在函数 CoupNcd（）。

7.1.4 日计数因子的计算

日计数因子（Day Count Factor）乘以年利息额即为应计利息。日计数因子的计算涉及日计数惯例。本函数只包括“实际/实际”“实际/365F”“nl/365”“30U/360”和“30E/360”这5种惯例。

本节开始已对上述5种惯例中的前3种作了介绍。接下来我们简单介绍余下2种惯例。为方便讲述，设 $y1$、$m1$ 和 $d1$ 分别为上一次利息支付日所对应的年、月和日，$y2$、$m2$ 和 $d2$ 分别为结算日对应的年、月和日。

1. 30U/360。30U/360 或 30/360 惯例主要应用于美国的公司债券和机构债券。其主要的日期计数规则如下：

（1）若 $d2$ 为2月的最后一天（平年的28日或闰年的29日）并且 $d1$ 也是2月的最后一天，则 $d2$ 设为30；

（2）若 $d1$ 为2月份最后一天，则 $d1$ 设为30；

（3）若 $d2$ 等于31并且 $d1$ 等于30或31，则 $d2$ 设为30；

（4）若 $d1$ 等于31，则 $d1$ 设为30。

2. 30E/360。“30E/360”惯例又称为“欧洲债券基准”（Eurobond Basis），该惯例下的日计数规则如下：

（1）若 $d1$ 等于31，则 $d1$ 设为30；

（2）若 $d2$ 等于31，则 $d2$ 设为30。

① 见中央国债登记结算有限责任公司中债字〔2002〕76号《关于明确现券交易交割日与债券付息日为同一天时债券利息归属问题的通知》第4条规定。Excel 工作表函数 CoupPcd（）计算结果也与此相符。

上述两种惯例下的日计数因子的计算公式为：

$$num = (y2 - y1) \times 360 + (m2 - m1) \times 30 + (d2 - d1) \tag{7.4}$$

$$dcc = \frac{num}{360} \tag{7.5}$$

代码段 7.6 给出了上述 5 种日计算惯例（默认为“ACT/ACT”）下日计数因子的计算函数。该函数有两个必需参数，即债券的结算日（settlement_date）和到期日（maturity_date）；两个可选参数，即付息频率（Frequency，默认值为 1，即每年付息 1 次）和日计数惯例（dcc，默认值为 ACT/ACT）。

代码段 7.6　日计数因子函数 dcFraction（）

```
Function dcf (settlement_date As Date, maturity_date As Date, _
         Optional frequency As Integer = 1, _
         Optional dcc As String = "ACT/ACT") As Single
  Dim pcd As Date, ncd As Date
  Dim y1 As Integer, m1 As Integer, d1 As Integer, _
     d1u As Integer, d1e As Integer
  Dim y2 As Integer, m2 As Integer, d2 As Integer, _
     d2u As Integer, d2e As Integer
  Dim dcf_act_act As Single, dcf_act_365f As Single, _
     dcf_nl_365 As Single, dcf_30u_360 As Single, _
     dcf_30e_360 As Single

  pcd = CoupPcd2 (settlement_date, maturity_date, frequency)
  ncd = CoupNcd2 (settlement_date, maturity_date, frequency)
  y1 = Year (pcd)
  m1 = Month (pcd)
  d1 = Day (pcd)
y2 = Year (settlement_date)
  m2 = Month (settlement_date)
  d2 = Day (settlement_date)

  'Actual/actual
  dcf_act_act = (settlement_date - pcd) / ( (ncd - pcd) * fre-
quency)

  'Actual/365f
  dcf_act_365f = (settlement_date - pcd) / 365
```

```
    'NL/365
    If includeLeapDay (pcd, settlement_date) Then
  dcf_nl_365 = (settlement_date - pcd - 1) /365
    Else
  dcf_nl_365 = (settlement_date - pcd) /365
    End If

    '30u/360
     If (isLastDayOfFeb (settlement_date) And isLastDayOfFeb
(pcd)) _
       Or (d2 = 31 And (d1 = 31 Or d1 = 30)) Then
       d2u = 30
    Else
       d2u = d2
    End If

    If isLastDayOfFeb (pcd) Or d1 = 31 Then
       d1u = 30
    Else
       d1u = d1
    End If

    dcf_30u_360 = ((y2 - y1) * 360 + (m2 - m1) * 30 + d2u - d1u) /360

    '30e/360
    If d1 = 31 Then
       d1e = 30
    Else
       d1e = d1
    End If

    If d2 = 31 Then
       d2e = 30
    Else
       d2e = d2
    End If
```

```
    dcf _ 30e _ 360 = ( (y2 - y1) * 360 + (m2 - m1) * 30 + d2e - d1e) /360

    Select Case dcc
       Case "ACT/ACT"
          dcf = dcf _ act _ act
   Case "ACT/365"
     dcf = dcf _ act _ 365f
   Case "NL/365"
     dcf = dcf _ nl _ 365
   Case "30U/360"
     dcf = dcf _ 30u _ 360
   Case Else
     dcf = dcf _ 30e _ 360
    End Select
End Function
```

在代码段 7.6 中，我们首先分别计算了 5 种日计数惯例下的日计数因子，然后使用 Select Case 结构给出了最终的日计数因子的计算结果。

7.1.5 应计利息的计算

根据上述定义，债券应计利息的计算公式如下：

$$应计利息 = 日计数因子 \times 年利息 \tag{7.6}$$

利用日计数因子函数 dcf（）和公式（7.6），我们很方便得到如下每百元面值债券的应计利息函数 accrInt2（），该函数的代码如代码段 7.7 所示。

代码段 7.7　债券应计利息函数 accrInt2（）

```
Function accrInt2 (settlement _ date As Date, _
                    maturity _ date As Date, _
                    coupon _ rate As Single, _
Optional frequency As Integer = 1, _
Optional dcc As String = "ACT/ACT") As Single
   accrInt2 = Round (coupon _ rate* 100* dcf (settlement _ date, _
             maturity _ date, frequency, dcc), 4)
End Function
```

实际上，Excel 工作表内在函数中已经存在计算债券应计利息的函数 accrInt（），但该函数在使用方面不是很方便。

7.2　债券内在价值的计算

在债券合理收益率水平（Required Rate of Yield）给定的情况下，债券的内在价值（Intrinsic Value）就是利用该利率对债券未来现金流（利息和本金）进行贴现的现值之和。由于国内债券一般采用净价报价，并且按面值百分比报价，因此我们也应该提供每百元面值的理论净价，即每百元面值的理论全价减去每百元面值的应计利息。对于定期付息的固定利率债券，每百元面值债券的理论全价可以由公式7.7计算。

$$p = \frac{100 \times i}{(1+y)^{t0}} + \frac{100 \times i}{(1+y)^{1+t0}} + \cdots + \frac{100 \times i + redemption}{(1+y)^{t0+n-1}} \tag{7.7}$$

上式中，p为每百元面值债券的理论全价；y为每期要求的收益率，即年要求收益率除以付息频率；i为每期票面利率，即年票面利率除以付息频率；$redemption$为到期偿还值，一般情况下为到期偿付的面值。$t0$为结算日距离下一次利息支付日的期数，n为从结算日开始至债券偿付时剩余利息支付次数。

根据公式（7.7），我们很容易计算其右边诸项的和，再减去每百元应计利息额，即可得到每百元面值债券的理论净价，如公式（7.8）所示。

$$\text{price} = \frac{100 \times \left(i \times (1+y)^n + \frac{redemption \times y}{100} - i\right)}{y \times (1+y)^{(n-1+t0)}} - AI \tag{7.8}$$

根据公式（7.8），代码段7.8提供了计算定期支付利息的固定利率债券每百元面值的内在价值（即理论净价）函数。

代码段7.8　债券理论净价函数Price2（）

```
Function Price2 (settlement_date As Date, maturity_date As Date, _
                 coupon_rate As Single, yld As Single, _
Optional redemption As Integer = 100, _
                 Optional frequency As Integer = 1, _
Optional dcc As String = "ACT/ACT") As Single
   Dim n As Integer    '剩余利息支付次数
   Dim pcd As Date     '上次利息支付日
   Dim ncd As Date     '下次利息支付日
   Dim a As Single     '结算日至下次利息支付日期数
   Dim i As Single     '每期息票率
   Dim y As Single     '每期要求收益率
   Dim ai As Single     '应计利息

   n = coupNum2 (settlement_date, maturity_date, frequency)
   pcd = coupPcd2 (settlement_date, maturity_date, frequency)
```

```
    ncd = coupNcd2 (settlement _ date, maturity _ date, frequency)
    a = (ncd - settlement _ date) / (ncd - pcd)
    ai = accrInt2 (settlement _ date, maturity _ date, coupon _ rate, _
                   frequency, dcc)
    i = coupon _ rate / frequency
    y = yld / frequency

    Price2 = 100 *  (i *  (1 + y) ^ n + redemption *  y / 100 - i) /_
            (y *  (1 + y) ^ (n - 1 + a)) - ai
End Function
```

price2 ( ) 函数类似于工作表函数 price ( )，与 price ( ) 函数相比，price2 ( ) 函数能够处理“nl/365”日计数惯例下债券的理论净价。

本章习题 2 要求直接根据公式 7.7，利用循环来计算债券的理论净价。请比较这两种方式的计算结果和运算速度。

7.3 债券收益率的计算

常用债券的投资收益率指标主要包括当期收益率（Current Yield）、持有期收益率（Holding Period Yield）和到期收益率（Yield to Maturity）。当期收益率为年利息收入除以当期价格，持有期收益率可以看做是当期收益率和资本利得收益率之和，它们的计算比较简单，我们没有必要专门编写计算函数。

债券的到期收益率是使债券未来的现金流的现值之和与债券当前的价格相等的利率。对于定期支付利息的固定利率债券而言，其计算如公式（7.9）所示。

$$P = \frac{i}{(1+y)^{t0}} + \frac{i}{(1+y)^{t0+1}} + \cdots + \frac{1+i}{(1+y)^{t0+n-1}} \tag{7.9}$$

其中 P 为债券在估值日（结算日）每百元的全价，i 为每期（年或半年等）的票面利率，$t0$ 为下一次利息支付日距离结算日的期数大小，n 为剩余利息支付次数。

由公式（7.9）得到的 y 值为每期的到期收益率，每期的到期收益率乘以付息频率即为年到期收益率。

7.3.1 到期收益率的计算

根据公式（7.9），我们可以方便地编写到期收益率函数，其代码见代码段 7.9。

代码段 7.9 债券到期收益率函数 yield2 ( )

```
Function yield2 (settlement _ date As Date, maturity _ date As Date, _
                 coupon _ rate As Single, prc As Single, _
Optional redemption As Integer = 100, _
```

```
                    Optional frequency As Integer = 1, _
Optional dcc As String = "ACT/ACT") As Single
Dim yld As Single    '用来存放到期收益率的临时值
    Dim pr As Single   '收益率等于 yld 时的净价
    Dim rhs As Single     '当收益率等于息票率时的准净价
    Dim increment As Double   '循环时的步长
    Const tolerance As Double = 0.01

    rhs = Price2 (settlement_date, maturity_date, coupon_rate, _
                coupon_rate, redemption, frequency, dcc)

    If prc > rhs Then
        increment = -0.001
    Else
        increment = 0.001
    End If

    yld = coupon_rate * 100

    Do
        pr = Price2 (settlement_date, maturity_date, coupon_rate, _
                yld / 100, redemption, frequency, dcc)
        yld = yld + increment
    Loop Until Abs (prc - pr) <= tolerance

    Yield2 = yld / 100
End Function
```

我们可以通过减小 increment 和 tolerance 值来增加 Yield2（）函数的计算精度。函数 Yield2（）与工作表内在函数 Yield（）类似，只是 Yield2（）增加了对“nl/365”日计数惯例的支持。

7.3.2　实现的收益率

到期收益率的计算需要有如下条件：第一，投资者能够将债券持有至到期日；第二，前面得到的利息收入能够以到期收益率再投资若干年（至到期日为止）。违背第一个条件的债券主要为接近或已经超过赎回价格的可赎回债券，它们存在非常高的可能性会被债券发行方赎回，因此，根据持有至到期假设为基础计算出来的到期收益率没有什么参考价值。但赎回收益率的计算方法类似于到期收益率，两者主要的区别在于现金流序列的不同。赎回收益率的计算方法与到期收益率类同，本章习题3要求读者参考到期收益率的计算方法，编写计算赎回收益率的函数。

违背假设二主要发生在市场预期未来利率将下降的情景下，在这种预期下，再假设前面得到的利息以到期收益率再投资显然没有什么现实意义。在这种情况下，我们可以计算实现的收益率（Realized Return）。

实现的收益率是指债券的利息收入按事先给定的、用其他方法估计得到的收益率再投资的复利收益率，其计算过程可以分为两步。

步骤1：将债券的利息收入按事先给定的利率再投资，计算其于到期日的终值。此时，该债券的现金流等价于这样的债券：期末的现金流为利息收入终值之和加期末的本金偿还 *FV*，期初的现金流为债券于结算日的全价 *fullPrice*。

步骤2：利用零息债的方法计算债券的到期收益率，就是该债券实现的收益率。

$$\text{realizedRet} = \left[\left(\frac{FV}{fullPrice}\right)^{\frac{1}{n}} - 1\right] \times frequency \tag{7.10}$$

其中，realizedRet 为实现的收益率，*FV* 和 *fullPrice* 的含义如前述，*n* 为从债券的结算日开始至到期日的总期数，*frequency* 为付息频率。

代码段7.10利用公式（7.10），计算了在单一再投资收益率 reinvest _ rate 下债券的实现收益率。

代码段7.10　实现的收益率函数 realizedRet（）

```
Function realizedRet (settlement _ date As Date, _
                      ByVal maturity _ date As Date, _
                      coupon _ rate As Single, _
reinvest _ rate As Single, prc As Single, _
Optional redemption As Single = 100, _
                      Optional frequency As Integer = 1, _
Optional dcc As String = "ACT/ACT") As Single
   Dim n As Integer
   Dim pcd As Date, ncd As Date
   Dim t0 As Single
   Dim fv As Single
   Dim p0 As Single
   Dim i As Integer

   n = coupNum2 (settlement _ date, maturity _ date, frequency)
   pcd = coupPcd2 (settlement _ date, maturity _ date, frequency)
   ncd = coupNcd2 (settlement _ date, maturity _ date, frequency)
   t0 = (ncd - settlement _ date) / (ncd - pcd)
   p0 = prc + accrInt2 (settlement _ date, maturity _ date, _
       coupon _ rate, frequency, dcc)
```

```
    fv = 100
    For i = 1 To n
       fv = fv + 100 *  coupon_rate / frequency * _
           (1 + reinvest_rate) ^ (n - i)
    Next i

    realizedRet = ( (fv / p0) ^ (1 / (n - 1 + t0)) - 1) *  frequency
End Function
```

7.4　债券久期的计算

利率风险是债券投资者必须面对的日常风险。所谓利率风险是指债券未来利率变动对债券价格的不利影响。久期和凸性是债券衡量利率的两个重要工具。本节介绍如何利用 Excel VBA 计算债券的久期，凸性的计算将在下一节展开。

对于定期付息的固定利率债券来说，常用的久期有 Macaulay 久期（MacD，国内债券投资者通常称之为麦氏久期，下文我们也沿用这种称法）、修正久期（Modified Duration，ModD）和货币久期（Money Duration，也称为 Dollar duration）。

麦氏久期是一个加权平均期限，其权重为现金流现值占总现值的比重。可以通过如下步骤计算麦氏久期：

步骤 1：根据估值日债券的到期收益率，计算债券各期现金流的现值。如果没有提供债券到期收益率信息，则可以利用债券的价格先计算其到期收益率。设债券各期现金流为 $C_1,C_2,\cdots,C_n$ ，其在到期收益率为 y 时对应的现值为 $PV_1,PV_2,\cdots,PV_n$ ，各期现金流发生的时间分别为 $t_1,t_2,\cdots,t_n$ ，单位为年。

步骤 2：计算各期现金流现值之和，即债券的现价（全价），记为 P。

步骤 3：计算权重，即每期现金流现值除以债券的现价，记权重为 $w_1,w_2,\cdots,w_n$ 。

步骤 4：求 $t_1,t_2,\cdots,t_n$ 的加权平均数，即为麦氏久期。

修正久期为债券的价格对到期收益率求一阶导数。在数值上，修正久期可以通过麦氏久期除以（1 + 每期的到期收益率）来调整，即

$$ModD = \frac{MacD}{1 + y/m} \tag{7.11}$$

其中 $ModD$ 表示修正久期，$MacD$ 表示麦氏久期，m 表示利息支付频率。若使用连续复利，则麦氏久期在数值上等于修正久期。

修正久期衡量一定的利率变化下，债券价格的变化百分比，即

$$\frac{\Delta P}{P} \approx - ModD \times \Delta y \tag{7.12}$$

公式（7.12）中的负号表示债券价格变化方向与利率变化方向刚好相反。

货币久期用来衡量一定的利率变化所带来的债券价格以货币来衡量的大小，即

$$\Delta P \approx MoneyD \times \Delta y \tag{7.13}$$

其中 *MoneyD* 表示货币久期。在数值上，货币久期等于修正久期乘以债券的现价，即

$$MoneyD = ModD \times P \tag{7.14}$$

通常报告的货币久期是指利率每变化一个百分点或一个基点所带来的价格变化，本节的货币久期为利率每变化一个百分点所带来的价格变化，对于利率每变化一个基点所带来的价格变化，读者只要在此基础上再除以 100 即可。

本节的久期函数 duration2（）可以通过参数 durType 来选择报告上述 3 个久期工具。

代码段 7.11　债券久期函数 Duration2（）

```
Function Duration2 (settlement_date As Date, _
                    maturity_date As Date, _
coupon_rate As Single, yld As Single, _
Optional frequency As Integer = 1, _
                    Optional dcc As String = "ACT/ACT", _
Optional durType As String = "macaulay") _
     As Single

  Dim t0 As Single   '结算日到下次付息日期数
  Dim n As Integer  '剩余利息支付次数
  Dim pcd As Date
  Dim ncd AsDate
  Dim ts () As Single   '各期现金流发生时间的动态数组
Dim cfs () As Single  '各期现金流的动态数组
  Dim dcfs () As Single  '贴现现金流数组
  Dim tdcfs () As Single  't * dcfs
  Dim i As Integer
  Dim MacDur As Single
  Dim ModDur As Single
  Dim MoneyDur As Single

  pcd = coupPcd2 (settlement_date, maturity_date, frequency)
  ncd = coupNcd2 (settlement_date, maturity_date, frequency)
  t0 = (ncd - settlement_date) / (ncd - pcd)
  n = coupNum2 (settlement_date, maturity_date, frequency)

  ReDim ts (1 To n)
```

```
ReDim cfs (1 To n)
ReDim dcfs (1 To n)
ReDim tdcfs (1 To n)

For i = 1 To n
    ts (i) = t0 + i - 1
    cfs (i) = coupon_rate * 100 / frequency
Next i

cfs (n) = cfs (n) + 100

For i = 1 To n
    dcfs (i) = cfs (i) / (1 + yld / frequency) ^ ts (i)
    tdcfs (i) = ts (i) * dcfs (i)
Next i

MacDur = Application.Sum (tdcfs) / (Application.Sum (dcfs) _
            * frequency)
ModDur = MacDur / (1 + yld / frequency)
'对于货币久期，报告利率每1%的变化所引起的债券价格变化
MoneyDur = ModDur * Application.Sum (dcfs) / 100

Select Case durType
    Case "macaulay"
        duration2 = MacDur
    Case "modified"
        duration2 = ModDur
    Case "money"
        duration2 = MoneyDur
    Case Else
        MsgBox "parameter durType should be either _
                macaulay, modified or money"
        Exit Function
End Select
End Function
```

在代码段7.11中，我们提供了债券到期收益率yld参数来计算诸久期指标。如果债券已知基本信息中只有交易价格而没有到期收益率，则可以利用yield2（）函数先计算

出该价格对应的到期收益率，然后再计算久期。

7.5 债券凸性的计算

用久期来衡量债券价格的变动，实际上就是用债券价格收益率曲线上的切线（一阶导数）来代替曲线本身。当利率变化不大时，这种替代的误差不会太大。但当利率变化较大时，仅用久期来衡量债券价格变化，会存在比较大的误差。图 7 – 1 展示了这种误差。

在图 7 – 1 中，初始的债券收益率为 10%，当利率从 10% 下降到 5% 时，久期低估了价格上升的幅度；而当利率上升，比如从 10% 上升到 15% 时，用久期来衡量则低估了价格的下跌幅度。

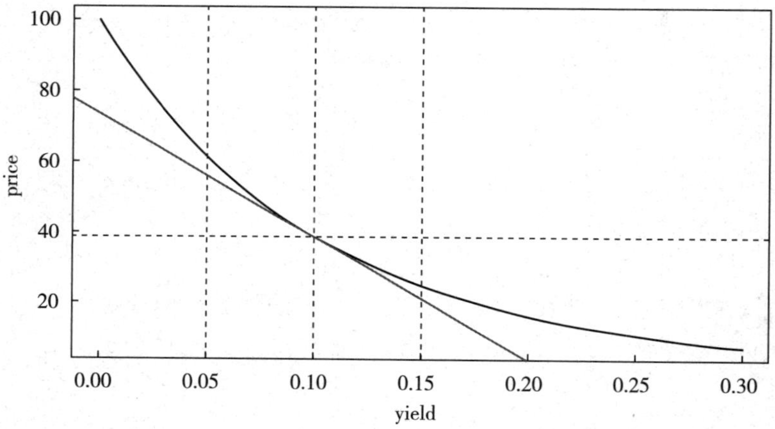

图 7 – 1　单独用久期来衡量债券价格变化所带来的误差

我们可以用凸性来降低这种误差的程度。债券的凸性为债券价格对收益率求二阶导数，再除以债券的价格，即

$$\text{convexity} = \frac{\partial^2 P}{\partial y^2} / P \tag{7.15}$$

引进凸性后，债券价格的变化率可用公式（7.16）来计算。

$$\frac{\Delta P}{P} \approx -ModD \times \Delta y + \frac{C}{2} \times (\Delta y^2) \tag{7.16}$$

可以通过如下步骤计算债券的凸性：

步骤 1：计算债券各期现金流的现值 PV_s；

步骤 2：计算权重，即各期现金流现值占总现值的比重 w_s；

步骤 3：计算 $t_s \times (t_s + 1) \times w_s$，并求和；

步骤 4：将步骤 3 的结果除以 $(1 + y/m)^2 \times m^2$，得到凸性的最终结果。这里，y 为到期收益率，m 为利息支付频率。

本节的凸性函数 Convexity（）就是按照上述步骤计算债券凸性的，除了久期函数的参数 DurType 外，该函数所用的参数和久期函数 Duration2（）相同。

代码段 7.12　债券凸性函数 Convexity（）

```
Function Convexity (settlement_date As Date, _
                    maturity_date As Date, _
coupon_rate As Single, yld As Single, _
Optional frequency As Integer = 1, _
                    Optional dcc As String = "ACT/ACT") As Single

   Dim cfs () As Single
   Dim dcfs () As Single
   Dim ts () As Single
   Dim weightedT () As Single    ' t * (t + 1) * dcf / prc
   Dim y As Single        '每期到期收益率
   Dim n As Integer       '剩余利息支付次数
   Dim ncd As Date
   Dim pcd As Date
   Dim t0 As Single
   Dim prc As Single
   Dim sumWeightedT As Single    ' t * (t + 1) * dcf / prc 的和
   Dim i As Integer

   n = coupNum2 (settlement_date, maturity_date, frequency)
   ncd = coupNcd2 (settlement_date, maturity_date, frequency)
   pcd = coupPcd2 (settlement_date, maturity_date, frequency)
   t0 = (ncd - settlement_date) / (ncd - pcd)
   y = yld / frequency

   ReDim cfs (1 To n)
   ReDim dcfs (1 To n)
   ReDim ts (1 To n)
   ReDim weightedT (1 To n)

   For i = 1 To n
      cfs (i) = 100 * coupon_rate / frequency
      ts (i) = t0 + i - 1
   Next i
```

```
    cfs (n) = cfs (n) + 100

    For i = 1 To n
        dcfs (i) = cfs (i) / (1 + y) ^ ts (i)
    Next i

    prc = Application. Sum (dcfs)

    For i = 1 To n
        weightedT (i) = dcfs (i) * ts (i) * (1 + ts (i)) / prc
    Next i

    sumWeightedT = Application. Sum (weightedT)

    convexity = sumWeightedT / ( (1 + y) * frequency) ^ 2
End Function
```

7.6 债券相关计算举例

7.6.1 债券基本信息

债券基本信息是指相关债券的如票面利率、利息支付频率、发行日、起息日和到期日等估值时所必需的信息。债券基本信息获取相对比较容易，债券发行主体或债券交易场所的官方网站、主要财经网站都可以方便地得到债券基本信息。现在，我们从上海证券交易所官方网站（http：//www. sse. com. cn）得到在交易的某只债券基本信息。

打开上海证券交易所网站，将光标移至“数据”条目下，可以看到第二栏为“债券数据”，如图 7 –2 所示。

点击其下的“债券基本信息”，得到如图 7 –3 所示的债券列表。

双击债券列表中我们需要查询的债券（如 17 国债 15，其上海证券交易所代码为 019569），在查询框里输入需要查询的债券代码然后双击，出现如图 7 –4 所示的“17 国债 15”的基本信息。

如图 7 –4 所示，17 国债 15 于 2017 年 10 月 13 日的收盘价为净价每百元 96. 73 元。我们还可以从上海证券交易所获取该债券如图 7 –5 所示的其他信息（见图 7 –2，点击“债券数据”下方的“净价与全价”）。如图 7 –5 所示，17 国债 15 在上海证券交易所

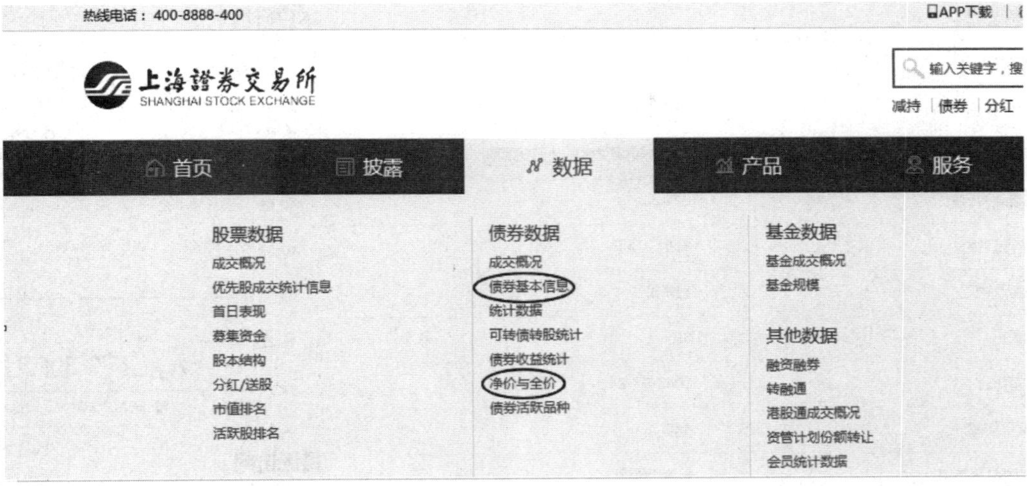

图 7-2　上海证券交易所官方网站“数据”条目

证券代码　查询

日期：2017-10-13

序号	债券代码	债券简称	债券全称	质押券简称	质押券代码	期限(年)	计息方式	付息方式	发行量(亿元)	上
1	019571	17国债17	2017年记帐式附息(十七期)国债	17国质17	091172	1.00	固定利息	到期一次还本付息	360.0000	20
2	019572	17国债18	2017年记帐式附息(十八期)国债	17国质18	091173	10.00	-	按半年付息	361.0000	20
3	020202	17贴债46	2017年记账式贴现（四十六期）国债	17贴质46	107202	0.25	-	到期一次还本付息	100.0000	20
4	019570	17国债16	2017年记帐式附息(十六期)国债	17国质16	091171	3.00	-	按年付息	400.0000	20
5	019575	17国债20	2017年记账式附息（二十期）国债	17国质20	091176	7.00	-	按年付息	400.9000	20
6	019574	17特国03	2017年特别国债（三期）	17特质03	091175	5.00	-	按年付息	360.0000	20
7	019569	17国债15	2017年记帐式附息(十五期)国债	17国质15	091170	30.00	-	按半年付息	293.4000	20
8	020201	17贴债45	2017年记账式贴现（四十五期）国债	17贴质45	107201	0.25	-	到期一次还本付息	100.0000	20
9	019568	17国债14	2017年记帐式附息（十四期）国债	17国质14	091169	5.00	-	按年付息	400.0000	20
10	019573	17国债19	2017年记账式附息(十九期)国债	17国质19	091174	2.00	-	按年付息	280.0000	20
11	020199	17贴债43	2017年记账式贴现（四十三期）国债	17贴质43	107199	0.25	-	到期一次还本付息	100.0000	20
12	020200	17贴债44	2017年记账式贴现（四十四期）国债	17贴质44	107200	0.50	-	到期一次还本付息	100.0000	20

图 7-3　上海证券交易所部分债券列表，查询时间：2017 年 10 月 13 日

2017 年 10 月 13 日的收盘价格为净价每百元 96.73 元，全价每百元 97.64 元，应计利息为每百元 0.91 元，到期收益率为 4.24%。在接下来的部分里，我们将把计算结果与该显示结果相比较。

将 17 国债 15 的相关信息输入工作表，其结果如图 7-6 所示。在图 7-6 中，我们在 D 列利用 FormulaText（）函数显示了 B 列相关单元格的公式。为了保证日期计算的准确性，我们使用 Date（）函数输入日期序列。

7.6.2　各相关指标的计算

对于 17 国债 15，我们利用本章介绍的函数，计算了该债券应计利息、到期收益率、

债券概况

挂牌代码:	019569
挂牌名称:	17国债15
国债全称:	2017年记账式附息(十五期)国债
实际发行量:	871.2
发行价格:	100
发行方式:	记帐式
期限:	30
到期日:	2047-07-24
票面利率:	4.05
国债付息方式:	按半年付息
计息日期:	2017-07-24
上市日期:	2017-07-26

本日行情

019569 17国债15

96.73 涨跌值 -0.17 -0.18%

2017-10-13

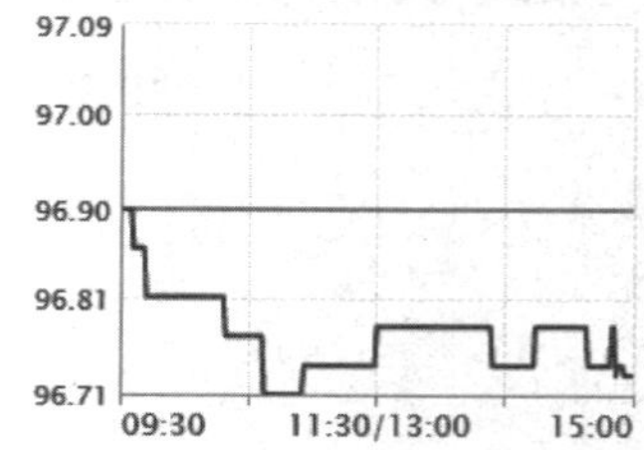

最近访问

证券代码	证券简称	现价(元)	涨跌幅(%)/涨跌值
019569	17国债15	96.73	-0.18%

图 7－4　17 国债 15 基本信息及其 2017 年 10 月 13 日行情

019559	17国债05	100	3.77	0.57	100.57
019560	17国债06	100	3.2	1.86	101.86
019561	17国债07	97.6	3.71	1.58	99.18
019562	17国债08	99.18	3.56	1.5	100.68
019563	17国债09	99.96	-	1.48	101.44
019564	17国债10	98.98	3.64	1.57	100.55
019565	17国债11	100	4.08	1.62	101.62
019566	17国债12	100	3.6	1.2	101.2
019567	17国债13	100	3.57	1.12	101.12
019568	17国债14	99.02	3.69	0.88	99.9
019569	17国债15	96.73	4.24	0.91	97.64
019570	17国债16	100	3.45	0.75	100.75
019571	17国债17	99.89	-	0.66	100.55

图 7－5　上海证券交易所官网显示的 17 国债 15 于 2017 年 10 月 13 日
的收盘价（净价和全价）、到期收益率和应计利息

久期和凸性等基本指标，如图 7－7 所示。

我们可以看到，债券应计利息、全价和到期收益率的计算结果与交易所所报告的基本一致。

	A	B	C	D	E
1	**17国债15基本信息：**				
2					
3	息票率	0.0405			
4	付息频率	2			
5	到期日	2047-7-24	<--	=DATE(2047,7,24)	
6	起息日	2017-7-24	<--	=DATE(2017,7,24)	
7	日计数惯例（dcc）	ACT/365			
8	结算日	2017-10-14	<--	=DATE(2017,10,14)	
9	净价	96.73			
10					

图 7－6　17 国债 15 基本信息输入

	A	B	C	D	E	F	G	H
1	**17国债15基本信息：**							
2								
3	息票率	0.0405						
4	付息频率	2						
5	到期日	2047-7-24	<--	=DATE(2047,7,24)				
6	起息日	2017-7-24	<--	=DATE(2017,7,24)				
7	日计数惯例（dcc）	ACT/365						
8	结算日	2017-10-14	<--	=DATE(2017,10,14)				
9	净价	96.73						
10								
11								
12	**基本指标计算：**							
13								
14	应计利息	0.91	<--	=accrInt2(B8,B5,B3,B4,B7)				
15	全价	97.64	<--	=B9+B14				
16	到期收益率	0.04	<--	=yield2(B8,B5,B3,B9,100,B4,B7)				
17	麦氏久期（年）	17.18	<--	=duration2(B8,B5,B3,B16,B4,B7,"macaulay")				
18	修正久期	16.83	<--	=duration2(B8,B5,B3,B16,B4,B7,"modified")				
19	货币久期	16.43	<--	=duration2(B8,B5,B3,B16,B4,B7,"money")				
20	凸性	401.49	<--	=convexity(B8,B5,B3,B16,B4,B7)				
21								
22								

利用formulaText(　)函数，显示B列相关单元格的公式

图 7－7　17 国债 15 各指标计算结果

7.7　债券价格与收益率的关系

本节利用数值调节钮（Spin Button）表单控件（Form Control）展示债券要求的收益率与债券理论净价的关系。我们所用的样本债券为上节所介绍的 17 国债 15，并假设要求收益率的变化范围为 1%～10%。

步骤1：插入数值调节钮表单控件。依次点击菜单栏“开发工具”—“插入”，在如图7-8所示的题为“表单控件”的诸控件按钮中选择数值调节钮，然后将该按钮放置于工作表单元格（比如“C25”）并调整按钮的大小。

步骤2：设置控件格式。将光标移至“C25”单元格的数值调节钮，然后点击鼠标右键，选择“设置控件格式”，这时出现如图7-9所示的弹出框。点击菜单项“控制”，设置控件对应的最小值（100）、最大值（1000）、步长（1）和链接的单元格（D25）。

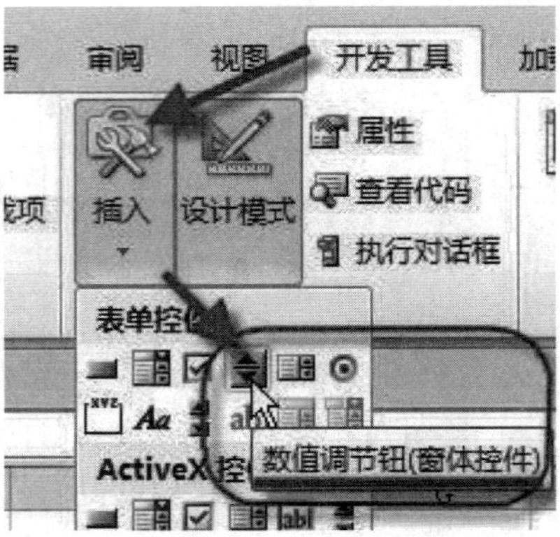

图7-8　插入数值调节钮表单控件

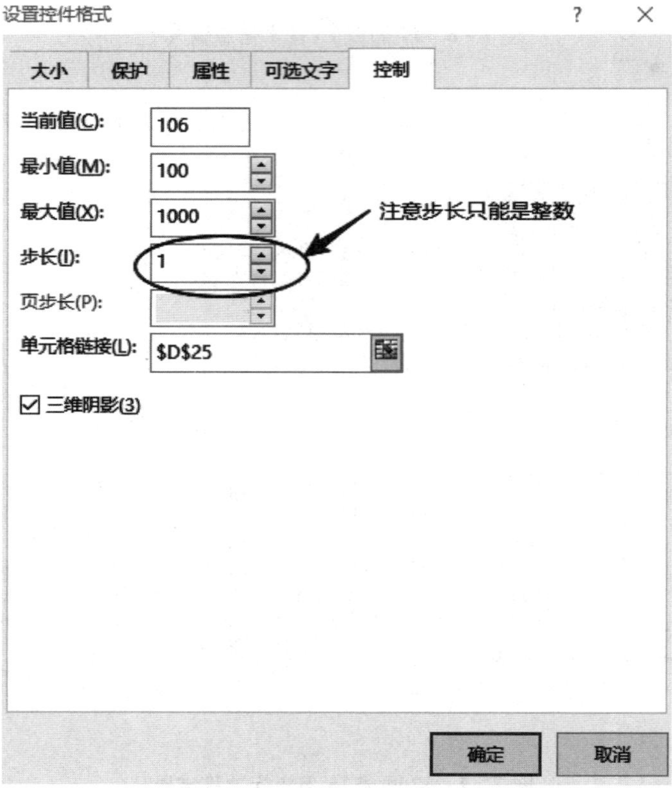

图7-9　数值调节钮控件的设置

需要强调的是，由于要求收益率的变动范围为1%～10%，但数值调节钮控件的步长只能是整数，所以我们将收益率放大10000倍，即100到1000，步长为1。这样，当“D25”单元格从100增加到101时，实际的收益率从1%增加到了1.01%。

步骤3：建立收益率实际所在单元格与控件链接单元格的关系。我们将要求收益率放置于单元格“B25”，故单元格“B25”的公式应该为“=D25/10000”。至此，各相关单元格的内容如图7-10所示。

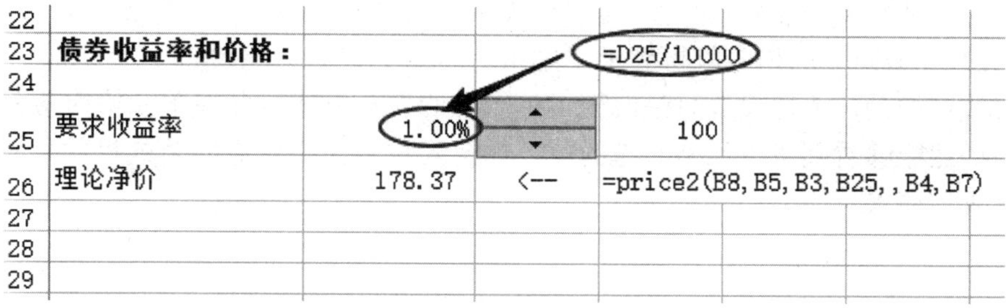

图7－10　数值调节钮链接单元格和收益率单元格

当我们每次点击数值调节钮的向上箭头时，单元格“D25”的数值将增加1，相应地，“B25”单元格的数值将增加0.01%；类似地，当我们每次点击数值调节钮的向下箭头时，单元格“D25”的数值将减小1，相应地，“B25”单元格的数值将减小0.01%。

步骤4：单元格“D25”内容的“隐藏”。由于单元格“D25”的内容并非我们最终所实际需要的，因此，将该单元格隐藏可以增加模型的可读性。

为此，选中单元格“D25”，按快捷键“Ctrl + 1”打开“设置单元格格式”选择框，在该选择框内选择“数字”菜单，选择“分类”下的“自定义”，在如图7－11所

图7－11　将单元格的显示设置为空

示的“类型”下的矩形框内将“G/通用格式”改为“;;;”（3 个半角分号），点击“确定”，单元格“D25”的内容就得到了“隐藏”。

值得注意的是，上述设置只是改变了单元格的显示方式，在该单元格对应的公示栏内，我们仍然能够看到该单元格对应的值。如何隐藏单元格对应的公式栏的显示，这是本章习题 4 的要求。

7.8 债券价格如何随时间变化

作为本章收尾之节，我们结合一只假想中的债券，来分析在未来利率不变的情况下，债券的净价、全价和应计利息如何随着时间的变化而变化的。

假想中的债券在债券银行间市场交易，其面值为 100 元，票面利率为 4%，每半年支付一次利息，2021 年 8 月 25 日到期。现在分析该债券于 2017 年 8 月 25 日至 2019 年 8 月 25 日期间的净价、全价和应计利息的变化，假设在该期间债券要求的收益率维持在 3% 的水平不变。

步骤 1：输入债券基本信息。债券基本信息所在单元格如图 7－12 所示。

	A	B	C	D
3	息票率	0.04		
4	付息频率	2		
5	到期日	2021-8-25		
6				
7	收益率	0.03		
8				
9	交易日期	净价	全价	应计利息

图 7－12　假想中的债券基本信息所在的单元格

步骤 2：设置交易日期。在单元格“A10”输入公式“ = Date（2017，8，25）+ Row（）－ 10”，并将之自动填充到单元格“A740”。

步骤 3：计算净价。在单元格“B10”输入公式“ = price2（A10，$B$5，$B$3，$B$7，$B$4)”，并将之自动填充至单元格“B740”。

步骤 4：计算应计利息。在单元格“D10”输入公式“ = accrInt2（A10，$B$5，$B$3，$B$4)”，并将之自动填充至单元格“D740”。

步骤 5：计算全价。在单元格“C10”输入公式“ = B10 ＋ C10”，并将之自动填充至单元格“C740”。

步骤 6：插入折线图。以交易日期为横轴，以全价和净价为纵轴，绘制折线图。其结果如图 7－13 所示。

从图 7－13 可以看出，如果利率不变，随着时间的变化，净价变化较小，而债券的全价呈锯齿形变化，即从计息期开始，全价逐步上升，到了下次付息日随着除权，全价突然下降，然后在下一个计息周期，重复前面的模式。因此，使用净价报价，能够让债券价格更好地反映利率的变化。

债券基本信息：	
息票率	0.04
付息频率	2
到期日	2021-8-25
收益率	0.03

交易日期	净价	全价	应计利息
2017-8-25	103.742966	103.74297	0
2017-8-26	103.740456	103.75136	0.0109
2017-8-27	103.738052	103.75975	0.0217
2017-8-28	103.73555	103.76815	0.0326
2017-8-29	103.733047	103.77655	0.0435
2017-8-30	103.730644	103.78494	0.0543
2017-8-31	103.728142	103.79334	0.0652
2017-9-1	103.725639	103.80174	0.0761
2017-9-2	103.723137	103.81014	0.087
2017-9-3	103.720741	103.81854	0.0978
2017-9-4	103.718239	103.82694	0.1087
2017-9-5	103.715744	103.83534	0.1196
2017-9-6	103.713348	103.84375	0.1304
2017-9-7	103.710846	103.85215	0.1413
2017-9-8	103.708351	103.86055	0.1522

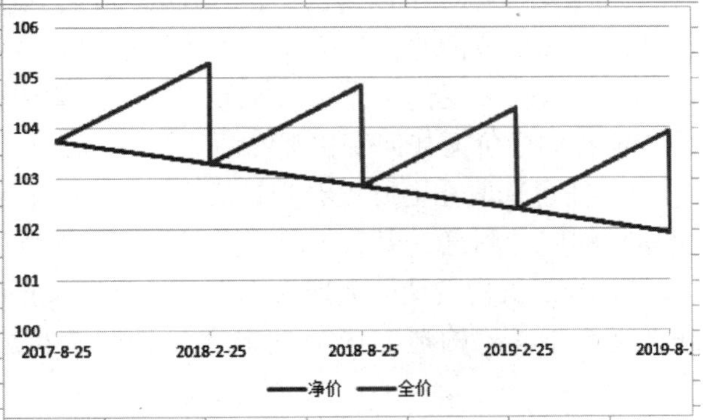

图 7－13　收益率不变时债券全价和净价随时间的变化

本章小结

本章主要利用 Excel VBA 编写了计算固定利率债券的应计利息、理论净价、到期收益率、实现的收益率、久期（含麦氏久期、修正久期和货币久期）及凸性的用户自定义函数，并利用这些函数实际应用于 17 国债 15 的相关计算。

数值调节钮控件可以很好地反映某指标的变化如何影响其相关变量的变化。

随着时间的变化，债券距离到期逐渐临近，如果该期间市场利率没有发生变动，债券的净价变化不大，但全价呈锯齿形变化。

金融关键词：应计利息、净价、全价、到期收益率、内在价值、麦氏久期、修正久期、货币久期（美元久期）、凸性

Excel 和 VBA 关键词：控件、动态数组、Price（）函数、Yield（）函数、CoupPcd（）函数、CoupNcd（）函数、CoupNum 函数

本章习题

1. 在 7.1.3 中，我们编写了计算债券上一次利息支付日的自定义函数 CoupPcd2（）。请仿照该函数，编写计算下一次利息支付日的自定义函数 CoupNcd2（）。

2. 代码段7.8提供了根据公式（7.8）计算的固定利率债券的理论净价。请直接根据公式（7.7），并考虑债券提前赎回的可能性（添加参数赎回日期 call_date），利用循环编写计算债券理论净价的函数。

3. 参考代码段7.9，编写计算已知赎回日期情况下债券的赎回收益率。

4. 在7.7节，我们“隐藏”了单元格“D25”的显示，但在公示栏内，我们仍然能够看到该单元格的内容，思考如何隐藏该单元格的公式栏显示。

5. 从图7–13可以看出，当利率不变时，随着时间的变化，债券的净价逐步下降。为什么？如果该债券在分析周期内的到期收益率维持在4%的水平，你认为债券净价的图形应该有什么变化。如果该债券在分析周期内的到期收益率维持在6%的水平，你认为该债券的净价又如何变化呢？

6. 任意选取在上海证券交易所交易的某只债券，获取债券的基本信息，计算其某一交易日的应计利息、麦氏久期、修正久期、货币久期及凸性，并报告计算结果。

7. 若某机构负债的久期为6年，任意选取4只在沪深证券交易所交易的债券，用修正久期为工具，构造一个免疫组合，要求债券组合的收益率不低于3%，并且不允许卖空。

8. 收集5只在银行间债券市场交易的债券的基本信息，用本章介绍的函数计算各债券的应计利息、到期收益率、麦氏久期、修正久期和凸性，并以表格形式输出。

9. 在7.3.2节中，我们编写了计算单一再投资收益率情况下实现的收益率的函数。请思考，如果各期再投资收益率不同，我们应该如何计算实现的收益率。

进阶阅读

1. 有关债券的入门知识，请参考朱晋：证券投资学，第5章，机械工业出版社，2015。

2. 有关固定收益证券的进一步理解，请阅读法伯兹：固定收益分析，东北财经大学出版社，2011。

3. 如果你需要加深对国内债券市场的理解，可以阅读陈松男：固定收益证券与衍生品——原理与应用，机械工业出版社，2014。

4. 有关债券相关计算，请阅读唐纳德·史密斯：债券计算——公式背后的逻辑，机械工业出版社，2015。

5. Excel 在投资和财务领域的应用，请阅读霍顿：投资学——以 Excel 为分析工具，机械工业出版社，2010。

第 8 章

股票相关计算

阅读本章前，请读者检查是否已经掌握如下内容：

是否掌握	任务模块
□	通过 Excel 和 VBA 获取股票交易数据
□	资产 β 系数的含义
□	基本 β 系数和调整的 β 系数的估计方法
□	投资组合协方差矩阵的估算方法
□	允许卖空和不允许卖空下组合优化策略
□	利用工作表函数 Linest（）进行回归分析
□	利用 VBA 调用规划求解
□	使用 Excel 及其 VBA 绘制图形

权益证券的价值估计和投资决策是金融学的重要领域。本章将探讨如何利用 Excel 和 VBA 来分析普通股等权益证券，主要包括：（1）股票行情和历史数据的获取；（2）股票等资产 β 系数的估计，包括历史 β 系数及其调整的 β 系数的估计；（3）利用规划求解实现组合优化等。

8.1 股票行情和历史数据的获取

普通股理论价值的估计及投资组合优化等，需要获取相关股票报价、历史分红和历史交易价格等数据。金融数据来源很多，如商业经济金融数据库、证券行情软件和财经网站等。这一节，我们将探讨如何从雅虎财经获取股票历史交易价格等数据，从巨潮资讯获取公司历史分红数据，为下文的股票 β 系数的估计和投资组合优化准备相关数据。

8.1.1 通过雅虎下载股票历史交易数据

雅虎财经（https：//finance. yahoo. com）提供了丰富的金融数据的下载链接，使用者既可以访问其官方网站，通过一系列鼠标点击完成数据的下载，也可以利用 Excel VBA 编程来完成数据的下载工作。前者简单易懂，方便初学者，但对于需要从雅虎多次重复下载的使用者来说过于烦琐。利用编程的方法获取雅虎数据，可以弥补“点击—点击”方法的缺陷。

雅虎财经的金融数据非常丰富，本节以“海澜之家”（600398）的历史交易数据为例，说明如何通过访问雅虎官方网站来获取金融数据。

步骤1：打开雅虎财经网站（https：//finance. yahoo. com），在网页顶部的矩形方框内输入“海澜之家”的代码，即“600398. ss”。这里代码后的“. ss”表示该股票在上海证券交易所交易，如果股票在深圳交易（包括深圳主板、中小板和创业板），则在股票代码后加“. sz”。输入代码按回车后，可以看到如图8－1所示的页面。

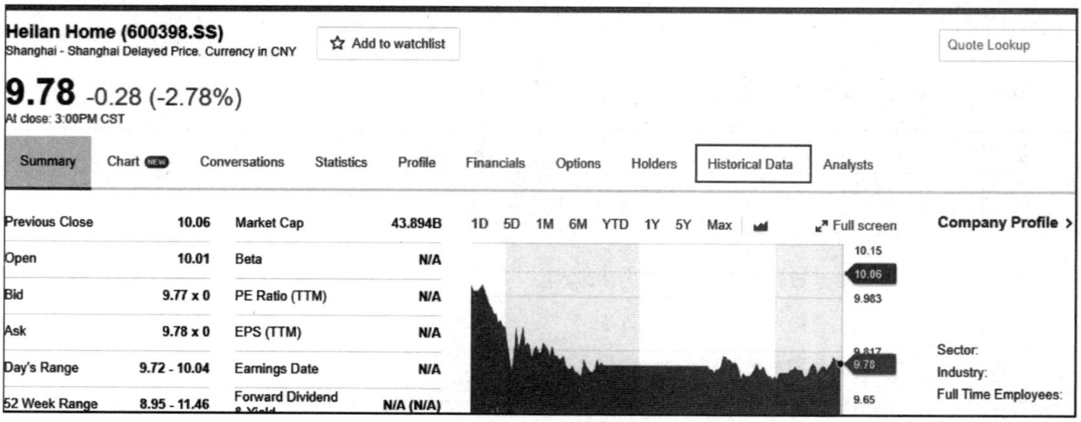

图8－1　雅虎财经“海澜之家”页面

步骤2：点击图8－1方框标注的“Historical Data”，出现如图8－2所示的页面，点击图中“Time Period”右边的小箭头（图中椭圆形标注处），在弹出的方框中选择数据区间（max为最长数据期间，5Y为5年，YTD为本年年初至当前日期等），或者在“Start Date”和“End Date”处输入想要获取数据的开始和截止时间，点击“Apply”后，再点击其下的“Download Data”，完成数据的下载。

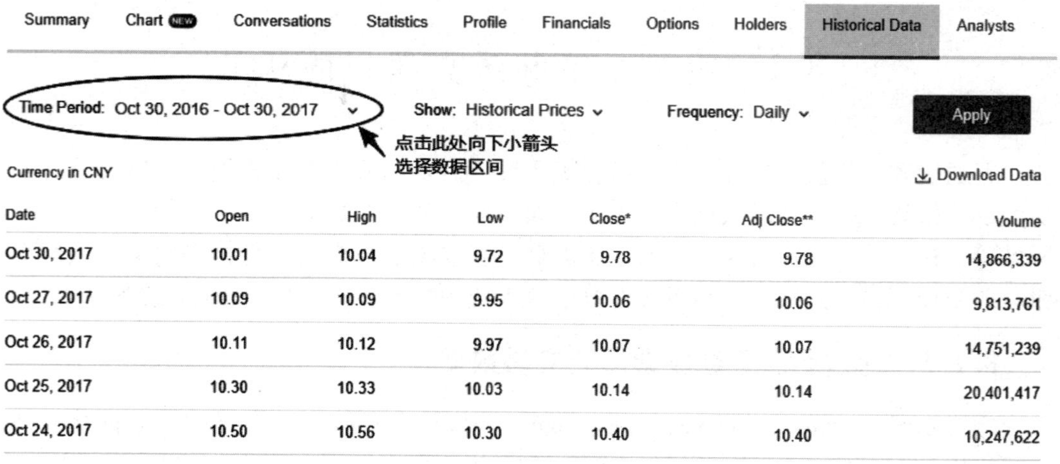

Date	Open	High	Low	Close*	Adj Close**	Volume
Oct 30, 2017	10.01	10.04	9.72	9.78	9.78	14,866,339
Oct 27, 2017	10.09	10.09	9.95	10.06	10.06	9,813,761
Oct 26, 2017	10.11	10.12	9.97	10.07	10.07	14,751,239
Oct 25, 2017	10.30	10.33	10.03	10.14	10.14	20,401,417
Oct 24, 2017	10.50	10.56	10.30	10.40	10.40	10,247,622

图8－2　雅虎财经“海澜之家”历史交易价格

8.1.2　通过巨潮资讯下载股票历史分红数据

有关股票的历史分红，雅虎财经仅包括股票现金红利信息，而不包含股票红利和公积金转增等讯息，我们可以从巨潮资讯获取相关信息。本节以“海澜之家”为例，阐述从巨潮资讯下载金融数据的主要过程。

步骤 1：打开巨潮资讯网站（http：//www. cninfo. com. cn/），在网页右上角的矩形框内输入“海澜之家”的股票代码“600398”，回车后出现如图 8－3 所示的页面。

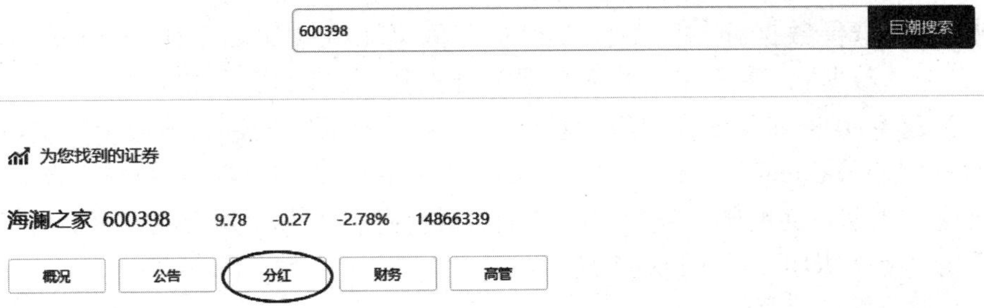

图 8－3　巨潮资讯“海澜之家”搜索结果

步骤 2：点击图 8－3 标注处的“分红”，出现如图 8－4 所示的“海澜之家”股票的历史分红页面。

分红年度	分红方案	股权登记日	除权基准日	红股上市日
2016年度	10派4.9元(含税)	20170418	20170419	
2015年度	10派3.3元(含税)	20160530	20160531	
2014年度	10派3.8元(含税)	20150429	20150430	
2013年度	10派1.9元(含税)	20140520	20140521	
2012年度	10派0.5元(含税)	20130628	20130701	
2011年度	10派0.5元(含税)	20120531	20120601	
2010年度	10派1元(含税)	20110426	20110427	
2009年度	10派0.3元（含税）	20100621	20100622	
2008年度	10派0.5元（含税）	20090615	20090616	
2007年度	10转增10股	20080616	20080617	20080618
2005年度	10派0.8元(含税)	20060418	20060419	
2004年度	10派1元（含税）	20050523	20050524	
2003年度	10派1元（含税）	20040614	20040615	

图 8－4　巨潮资讯“海澜之家”历史分红信息

我们可以通过复制、粘贴方式将该信息导入 Excel 文档，下文我们还将介绍如何通过 Web 查询方式导入该数据。为此，请注意分红页面的网址 http：//www. cninfo. com. cn/information/companyinfo _ n. html？dividend？shmb600398，在 Web 查询中我们需要该网址信息。

8.1.3 通过 Web 查询获取历史分红数据

由于巨潮资讯中“海澜之家”历史分红数据存放于网页表格之中，故我们可以使用 Web 查询来获取该数据。其主要步骤为：

步骤 1：选择数据存放的工作表和左上角单元格（比如工作表 Sheet1 的 A1 单元格），点击“数据”，在“获取外部数据”处选择“自网站”，出现如图 8 –5 所示的标题为“新建 Web 查询”的弹出框。在弹出框的“地址”处输入该股票历史红利数据的网址 http：//www. cninfo. com. cn/information/dividend/shmb600398. html，点击“转到”。如果出现“当前页面的脚本发生错误”的警告信息，点击“是否在此页面上继续运行脚本”下的“是”即可，如图 8 –5 所示。

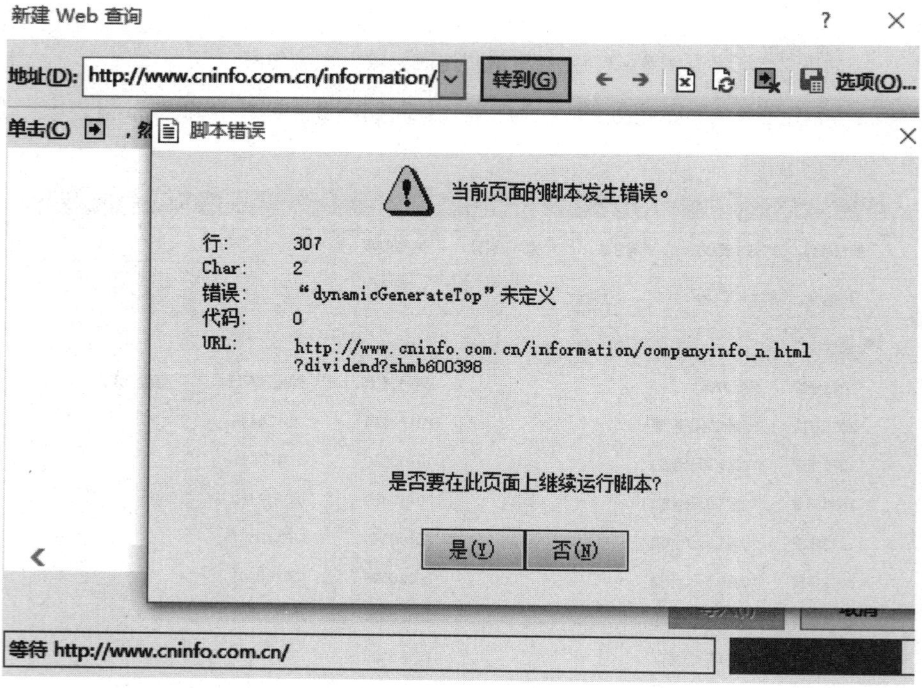

图 8 –5 Web 查询：输入网址

步骤 2：单击需要导入的表格的左上角处的黄底向右小箭头，此时小箭头变为绿底的黑钩（见图 8 –6），表示该表格被选中，点击“导入”。此时出现如图 8 –7 所示的题为“导入数据”的弹出框，选择默认的存放位置，点击“确定”即可导入数据。

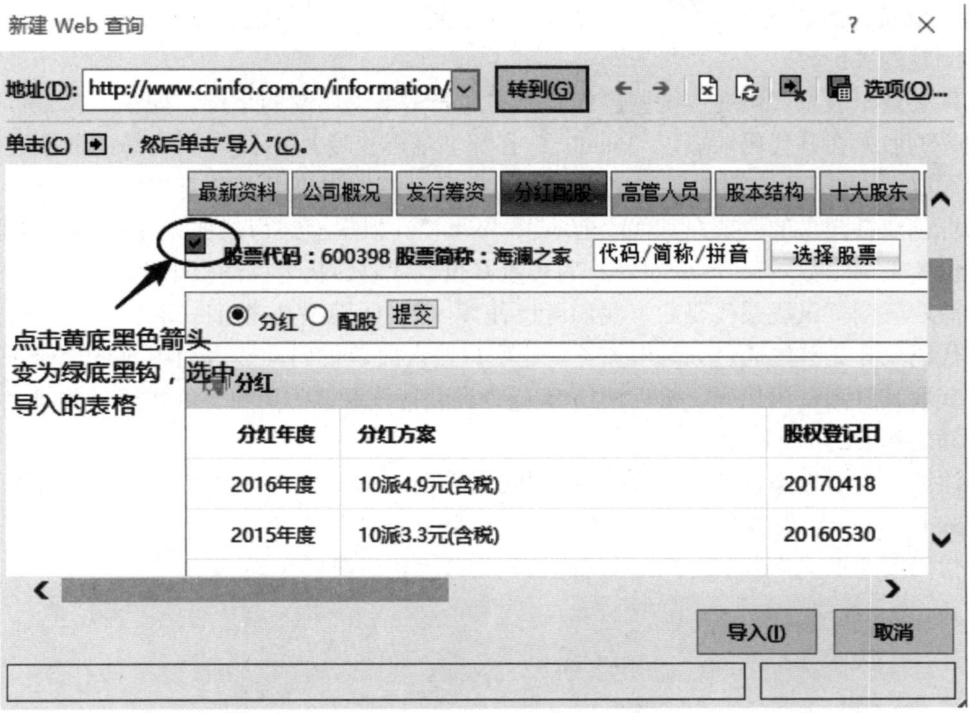

图 8－6　Web 查询：选择需要导入的表格

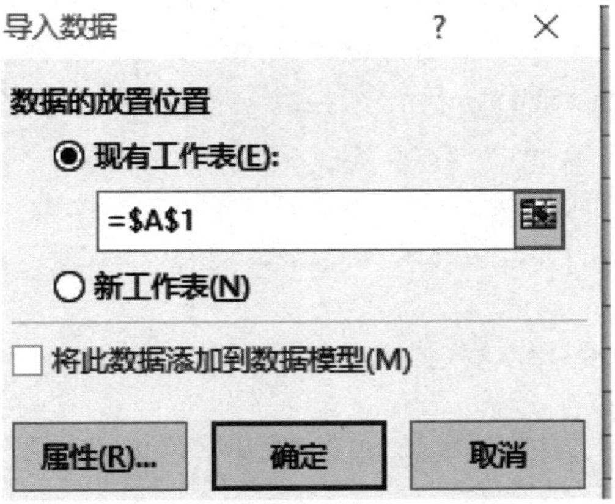

图 8－7　Web 查询：选择导入数据的放置位置

8.1.4　通过 VBA 导入历史分红数据

由于我们经常需要获取股票历史分红数据，因此通过 VBA 编程来获取数据可以大大便利我们的工作。

由 8.1.2 节和 8.1.3 节可知，从巨潮资讯获取上市公司历史红利数据的网址由三部分构成：（1）开始共同部分，即 http：//www.cninfo.com.cn/information/dividend；

（2）巨潮资讯股票代码；（3）结尾共同部分，即“. html”。因此，获取第2部分股票代码是问题的关键。

巨潮资讯股票代码在传统股票代码前添加表示市场属性的字母，如在上海证券交易所交易的股票在其代码前冠以“shmb”，在深圳证券交易所主板市场交易的股票在其代码前冠以“szmb”，在深圳证券交易所中小板交易的股票在其代码前冠以“szsme”，而在深圳创业板交易的股票在其代码前冠以“szcn”。根据上述市场股票代码的设置原则，代码段8.1的函数cninfoSymbol（）将传统6位数代码转化为巨潮资讯代码。

获取巨潮资讯股票代码后，我们可以使用VBA调用Web查询获取股票历史分红信息。代码段8.2首先通过InputBox（）让用户输入股票代码，然后利用cninfoSymbol（）函数获取其巨潮资讯代码，然后调用Web查询获得该股票的历史分红数据，并将之存放于活动工作表的“A1”单元格中。

注意，为了提高程序运行效率，在将数据导入工作表单元格之前，我们将屏幕刷新（ScreenUpdating）设置为假，导入结束后重新将之设置为真。

代码段8.1　将6位数字股票代码转化为巨潮资讯股票代码

```
Function cninfoSymbol (ticker_symbol As String) As String
   If Left (ticker_symbol, 1) = "6" Or _    '上海A股
      Left (ticker_symbol, 3) = "900" Then   '上海B股
cninfoSymbol = "shmb" & ticker_symbol
   ElseIf Left (ticker_symbol, 3) = "000" Or _     '深圳A股
         Left (ticker_symbol, 3) = "200" Then      '深圳B股
cninfoSymbol = "szmb" & ticker_symbol
   ElseIf Left (ticker_symbol, 3) = "002" Then    '中小板
      cninfoSymbol = "szsme" & ticker_symbol
   ElseIf Left (ticker_symbol, 3) = "300" Then     '创业板
      cninfoSymbol = "szcn" & ticker_symbol
   Else
      MsgBox "请检查你输入的代码是否正确", Title: ="finExcel"
      Exit Function
   End If
End Function
```

代码段8.2　从巨潮资讯获取股票历史分红信息

```
Sub getDividends ()
   Dim tickerSym As String, cninfoSym As String
   Dim url As String
   Dim qt As QueryTable

   tickerSym = InputBox ("请输入6位数字的股票代码", "finExcel")
```

```
    cninfoSym = cninfoSymbol (tickerSym)
    url = "http: //www.cninfo.com.cn/information/dividend/" & _
          cninfoSym & ".html"

    ActiveSheet.Cells.Clear
    Application.ScreenUpdating = False
    Set qt = ActiveSheet.QueryTables.Add (Connection: ="URL;" & _
            url, Destination: =Cells (1, 1))
    With qt
        .RefreshOnFileOpen = True
        .Name = "divFromCninfo"
        .FieldNames = True
        .WebSelectionType = xlSpecifiedTables
        .WebTables = 3      '网页中第3张表
        .AdjustColumnWidth = True
        .WebFormatting = xlWebFormattingNone
        .Refresh BackgroundQuery: =False
    End With
    Set qt = Nothing
    Application.ScreenUpdating = True
End Sub
```

8.1.5　分红比率的提取

上节从巨潮资讯所获得的股票历史分红数据有一列叫“分红方案”，它的基本格式为“10派a元送b股转增c股”，其中a、b和c可能是整数，也可能是小数。对特定股票的某一次分红来说，既有可能派息（现金红利）、送股（股票红利）和公积金转增都存在，也有可能仅包含其中的某一种或某两种方式。

这种文本和数字混合形式的信息给数据的后续处理（如计算复权价格）带来很大的不便，我们需要根据分红方案提取每股现金红利比率、股票红利比率和公积金转增比率，并将结果存放于不同的变量中。

代码段8.3使用正则表达式（Regular Expression）来提取分红比率，该函数有两个参数，参数div_plan为分红方案，dtype为红利类型，其取值可以是“派”“送”或“转增”。有关正则表达式的详细使用方法，请读者参阅本章末的“进阶阅读”。

在VBA中，使用正则表达式需要调用“Microsoft vbScript Regular Expression”（vbscript.dll），本代码段使用了“后绑定”（Late Binding）的方法来使用该对象。

我们以现金红利比率为例来说明代码段8.3的计算思路。首先我们利用InStr()函数判断分红方案中是否存在“派”，如果不存在，则现金红利比率为0；如果存在，则提取紧接着“派”之后的数字。规则字符串 pattern 为“dtype& "(\ d + \ .?　(\ d +)?)"”，其中“\ d”表示 0 到 9 的数字，其后的“+”号表示可以有 1 到多个数字；“\ .”表示小数点，其后加了 1 个“?”号表示可以没有小数点，也可以有小数点；“(\ d +)?”表示可以有 1 到多位数字，也可以没有。整个规则字符串表示“dtype”（派、送或转增）后的数字（可能带小数点，也可能不带）。

代码段 8.3　分红比率的提取

```
Function divRatio (div_plan As String, dtype As String) As Single
   Dim regX As Object
   Dim mtch As String
   Set regX = CreateObject ("VBScript.RegExp")

With regX
.Global = False
.IgnoreCase = True' 忽略大小写
.Pattern = dtype & "( \d+ \.? ( \d+)?)"
End With

'判断是否存在这种分红类型 (dtype)
'如果存在，继续，否则该类型分红比率为 0
   If InStr (div_plan, dtype) > 0 Then
mtch = regX.Execute (div_plan) (0). Value
      divRatio = CSng (Replace (mtch, dtype, "")) / 10
   Else
      divRatio = 0
   End If
End Function
```

如果单元格“B10”的值为“10 送 3 转增 3 股派 0.5 元（含税）”，“G10”单元格的格式为“= divRatio（B10,“派”）”，则返回值为 0.05；“H10”单元格的公式为“= divRatio（B10,“送”）”，则其返回值为 0.3。

8.2　资产 β 系数的估计

8.2.1　历史 β 系数和调整的 β 系数

β 是金融学的基本概念，它反映了资产或资产组合的系统风险。β 起源于资本资产定价模型（CAPM），因此常用特征线（Characteristic Line）方程来估计 β 系数。

$$R_{it} - R_{ft} = \alpha_i + \beta_i(R_{mt} - R_{ft}) + \mu_{it} \tag{8.1}$$

其中 R_{it} 为资产 i 在第 t 期的收益率，R_{mt} 为市场指数的收益率，R_{ft} 为无风险利率，α_i 为截距项，β_i 为回归系数，μ_{it} 为随机误差项。

有时候我们也用市场模型（Market Model）来估计 β 系数：

$$R_{it} = \alpha_i + \beta_i R_{mt} + \mu_{it} \tag{8.2}$$

如果估计期内无风险利率为常数，则利用公式（8.1）和公式（8.2）这两种估计方法所估计的 β 系数是一致的。

实际估计 β 系数时，我们需要考虑如下技术问题：

1. 收益率的选择。我们可以选择简单收益率或对数收益率，实践中，这两种收益率往往差异较小，雅虎财经报告的股票 β 系数采用简单收益率进行估计。本章我们采用对数收益率（或连续收益率）来估算资产的 β 系数。

2. 市场指数的选择。理论上，我们应该采用市场证券组合（参见 Roll，1977），即包含所有可投资品，其权重为各自市值所占比重。实践中，这样的市场证券组合并不存在，我们只能选择一个近似的替代物。但我们应该注意，选择不同的指数，最终得到 β 系数会有较大的差异。本章我们选择上证综指作为市场组合的替代物。

3. 无风险利率的选择。这有较大的争议，如在美国，有采用 3 个月期的国库券利率，也有采用长期国债利率的。在国内，有关无风险利率的争议更大，本章采用 6 个月期的上海银行间拆放利率（Shibor－3m）。

4. 收益率频率问题。我们可以选择日收益率、周收益率或月收益率。使用日收益率，可以增加样本容量，增加 β 系数估计的时效性。但也会带来诸如日收益率的非正态性和非同步交易等问题。Pogue 和 Solnik（1974）、Blume（1975）、Eubank 和 Zumwalt（1979）以及 Corhay（1992）研究了不同频率的选择对 β 预测能力的影响，他们大多支持使用月收益率来估计 β 系数。

5. 样本期间长短。采用数据的时段越长，系数的方差将能得到改善，其稳定性可能会提高。但时段过长，由于企业经营的变化、市场的变化、技术的更新、竞争力的变迁、企业间的兼并与收购行为以及证券市场特征的变化等都有可能影响 β 系数的计算结果。大多数研究采用 2～5 年的数据。如彭博资讯（Bloomberg）默认使用 2 年的样本期计算 β，晨星（Morningstar）采用 3 年的估计期，雅虎（Yahoo）则使用 3 年的估计期。考虑到国内证券市场波动性较大，本章采用 1 年的周收益率来估计 β 系数。考虑到 1 年期间无风险利率变化较大，所以我们采用特征线模型而不是市场模型来估算 β 系数。

上述方法估计 β 系数通常称为基础或未调整 β 系数（Raw Beta），也称为历史 β 系数（Historical Beta）。基本 β 系数只是反映了估计期资产和市场收益率波动之间的关系。金融研究发现，大多数资产收益波动存在时变性（Time Variant）和波动集聚性（Volatility Clustering），因此为了提高估计精度，我们需要对基本 β 系数进行调整。常用的调整方法有 Blume β 和 Vasicek β。

Blume（1971，1975）发现个股 β 有向市场所有资产 β 的平均值回归的趋势。若我们要估计 2017 年 10 月后的 β 系数，我们需要 2013 年 11 月至 2015 年 10 月和 2015 年 11 月至2017年10月资产和市场指数收益率的数据，分别在两个不同的时间段估计每个资产的β系数。记β_{1i}为第1阶段资产i的β系数，β_{2i}为第2阶段资产i的β系数。估计如下横截面数据的模型：

$$\beta_{2i} = k_1 + k_2 \beta_{2i} + \varepsilon_i \tag{8.3}$$

在得到参数k_1和k_2的估计值后，Blume β为：

$$\beta_i^{Blume} = \hat{k}_1 + \hat{k}_2 \beta_i^{historical} \tag{8.4}$$

许多财经网站如彭博资讯直接将权重设为0.33和0.67，即

$$\beta_i^{Blume} = 0.33 + 0.67\beta_i^{historical} \tag{8.5}$$

国内许多金融数据提供商如“万得”（Wind）和“同花顺”（iFinD）也采用类似彭博资讯的调整方法。考虑到国内股票市场“齐涨齐跌”问题更为严重，我们认为采用权重0.33和0.67值得商榷。

Vasicek（1973）根据估计的β系数的样本方差大小来调整β系数。若某资产β系数的样本方差较大，则该资产的β系数与市场平均水平的β系数差异更大。

$$\beta_i^{Vasicek} = \frac{\sigma_{\beta_i}^2}{\sigma_{\beta_i}^2 + \sigma_{\bar{\beta}}^2} \times \bar{\beta} + \frac{\sigma_{\bar{\beta}}^2}{\sigma_{\beta_i}^2 + \sigma_{\bar{\beta}}^2} \times \beta_i \tag{8.6}$$

其中，β_i为资产i的基本β系数，$\beta_i^{Vasicek}$为其Vasicek调整，$\bar{\beta}$为所有样本资产在估计期基本β系数的算术平均值，$\sigma_{\beta_i}^2$为资产i的历史β系数的估计方差（通过回归方程8.1获得），$\sigma_{\bar{\beta}}^2$为所得到的各样本资产基本β系数的横截面样本方差。

8.2.2 利用Excel估计股票的历史β系数

本章所用的10只样本股票从沪深300指数的成分股随机抽取，它们分别是华数传媒（000156）、招商银行（600036）、歌华有线（600037）、兖州煤业（600188）、营口港（600317）、广深铁路（601333）、东吴证券（601555）、长城汽车（601633）、中海油服（601808）和光大银行（601818）。样本期间从2015年10月16日至2017年10月27日，共计96周。10只样本股的周收益率数据来自雅虎财经。

无风险利率采用6个月期的上海银行间同业拆放利率（Shibor-6m），数据来源于Shibor官方网站（http://www.shibor.org）。

样本期间10只样本股票、上证综指和6个月期的上海同业拆放利率的周收益率的数据保存于数据文件“cha08_wrets.csv”。本章分析所用的文件为“cha08_stock.xlsm”。

利用Excel估计资产的历史Beta系数的主要步骤如下：

步骤1：超额收益率的计算。在工作簿“cha08_wrets.csv”的工作表“raw_data”读入上述数据文件“cha08_wrets.csv”。将10只样本股和上证综指的周收益率减去周无风险利率，即得其超额收益率（Excess Return）。为此，在工作簿添加一张新的工作表，并命名为“excess_return”。在工作表“excess_return”的“B2”单元格输入公式“=raw_data!B2-raw_data!$M2”，并将之自动填充至区域“B2:L97”，得到10只样本股和上证综指的周超额收益率，如图8-8所示。

步骤2：估算资产的历史β系数。如果仅仅估计各资产的历史β系数，我们可以使

B2　=raw_data!B2-raw_data!$M2

	A	B	C	D	E	F	G	H	I	J	K	L
1	trdDate	er000001	er000156	er600036	er600037	er600188	er600317	er601333	er601555	er601633	er601808	er601818
2	2015-10-16	0.06271328	0.050735	0.033295	0.176852	0.057329	0.051788	0.066847	0.13475	0.043176	0.065857	0.034099
3	2015-10-23	0.00555274	-0.01169	-0.02186	-0.01747	-0.042	-0.0125	-0.00486	0.065837	-0.00397	-0.05477	0.016285
4	2015-10-30	-0.0094132	-0.05121	-0.01502	0.015784	-0.05457	0.009271	0.003599	0.010154	-0.02846	-0.01003	-0.01511
5	2015-11-6	0.0589126	0.10773	0.040363	0.030194	0.084764	0.01501	0.064581	0.199629	0.05025	0.062925	0.051529
6	2015-11-13	-0.0031793	-0.04733	-0.02995	-0.01324	0.009315	-0.01624	-0.03472	-0.04661	0.018709	-0.02532	0.010866
7	2015-11-20	0.01315822	0.07287	-6.4E-05	-0.02299	0.012149	0.009179	0.01357	-0.04163	0.061229	0.009566	0.017485
8	2015-11-27	-0.0555896	-1.5E-05	-0.06372	-0.05131	-0.08718	-0.09242	-0.09552	-0.09724	-0.08341	-0.10679	-0.05593
9	2015-12-4	0.02486659	-0.0429	0.011633	0.005974	0.035942	0.022617	0.036305	-0.00193	0.01874	0.009967	0.041154
10	2015-12-11	-0.0265986	0.060101	-0.01993	-0.02949	-0.05218	-0.04327	0.024649	-0.00392	-0.03639	-0.03079	-0.03766
11	2015-12-18	0.04056306	0.022963	0.034231	0.01725	0.046837	0.020937	0.065741	0.073965	0.005985	0.026456	0.013436
12	2015-12-25	0.01299301	-0.00581	0.044581	0.024304	0.027813	0.005761	-0.00062	0.001226	-0.00226	0.003104	0.008644
13	2015-12-31	-0.0254016	-0.05346	-0.01934	-0.07359	-0.05619	0.00572	-0.02623	-0.01544	-0.00889	-0.04102	-0.02393
14	2016-1-8	-0.1056127	-0.25393	-0.06845	-0.21532	0.004665	-0.10014	-0.11466	-0.1898	-0.12141	-0.11735	-0.05141
15	2016-1-15	-0.0944535	-0.20132	-0.08303	-0.17433	-0.1201	-0.13214	-0.11671	-0.08121	-0.1115	-0.07655	-0.08604
16	2016-1-22	0.00476172	0.036163	-0.0136	0.111996	0.008846	-0.00325	-0.01579	-0.03966	-0.02283	-0.00451	0.0021
17	2016-1-29	-0.0639244	-0.11885	-0.01976	-0.0508	0.075185	-0.11606	-0.13705	-0.09566	-0.11384	-0.04552	-0.03907
18	2016-2-19	0.03374274	0.034689	-0.00802	0.045408	0.042272	0.019612	0.067143	0.056985	0.057256	0.025061	0.013593
19	2016-2-26	-0.0335721	-0.11632	-0.02113	-0.12324	0.131345	-0.04737	-0.07372	-0.08003	-0.00528	-0.04131	-0.03497
20	2016-3-4	0.03734154	-0.04874	0.099443	-0.0172	0.119589	0.01133	0.062438	0.10517	0.036381	0.062164	0.083273
21	2016-3-11	-0.0230294	0.000567	-0.0138	-0.02746	-0.06898	-0.02149	-0.06087	-0.04117	-0.03635	-0.05297	-0.01406
22	2016-3-18	0.04969761	0.120932	0.025125	0.104228	0.066946	0.066621	0.057201	0.136458	0.074137	0.045063	0.015615

图 8 - 8　样本股票和指数的周超额收益率

用 Slope（）函数来估计。但为了下文调整的 β 系数的估算，我们还需要获取各股票历史 β 系数的估计标准误，为此，我们结合使用 Index（）函数和 LinEst（）函数。对于简单回归模型公式（8.1），LinEst（）函数返回一个 5 行 2 列的矩阵，其中 β 系数位于矩阵的第 1 行第 1 列，其估计标准误位于矩阵的第 2 行第 1 列，回归标准误[①]位于第 3 行第 2 列，有关 LinEst（）函数的进一步信息，读者可以参阅该函数的帮助文件。我们可以使用 Index（）函数来提取这 3 个值。为此，在“C99”单元格输入公式“= Index（LinEst（C $ 50：C $ 97，$ B $ 50：$ B $ 97，True，True)，1，1)”，得到“华数传媒”在该期间的历史 β 系数。这里，“C $ 50：C $ 97”为“华数传媒”最近 1 年的周超额收益率，“$ B $ 50：$ B $ 97”为相应期间指数的超额收益率，第 1 个“True”表示需要估计截距项，第 2 个“True”表示需要返回诸如参数标准误和决定系数等额外统计量。

类似地，在“C100”单元格输入公式“= Index（LinEst（C $ 50：C $ 97，$ B $ 50：$ B $ 97，True，True)，2，1)”，得到“华数传媒”在该期间历史 β 系数的估计标准误。在“C101”单元格输入公式“= INDEX（LINEST（C $ 50：C $ 97，$ B $ 50：$ B $ 97，True，True)，3，2)”，得到“华数传媒”在该期间历史 β 系数估计的回归标准误。

将上述 3 个公式自动填充至区域“C99：L101”，完成 10 只样本股历史 β 系数的估计，其结果如图 8 - 9 所示。

8.2.3　β 系数的调整

1. β 系数的 Blume 调整。β 系数经典的 Blume 调整需要将估计期分为两个阶段，然

---

① 下文在估计协方差矩阵时我们需要使用该指标。

C99 =INDEX(LINEST(C$50:C$97, $B$50:$B$97, TRUE, TRUE), 1, 1)

	A	B	C	D	E	F	G	H	
91	2017-9-1	0.009784722	0.003181	-0.02921	0.030198	0.089105	0.024618	0.012657	0.0
92	2017-9-8	-0.00140382	0.003162	-0.01515	0.007095	-0.03512	-0.02059	-0.01241	-0.
93	2017-9-15	-0.004303774	-0.01901	-0.01651	-0.02082	-0.04405	-0.00656	0.037184	-0.
94	2017-9-22	-0.001169259	-0.01658	-0.00161	-0.00759	-0.00784	-0.01527	-0.04081	-0.
95	2017-10-13	0.011495749	0.027173	0.024279	0.005909	-0.03676	0.010784	-0.00679	-0.
96	2017-10-20	-0.004352461	-0.04001	0.020679	-0.04136	-0.0348	0.007789	-0.04349	-0
97	2017-10-27	0.010387611	-0.00225	0.047643	0.012382	0.012227	-0.00371	0.027787	-0.
98									
99		beta	0.890458	1.272569	1.246164	1.521142	0.701693	1.081647	1.1
100		se(beta)	0.201663	0.368552	0.24134	0.483215	0.227293	0.545892	0.2
101		se(y_hat)	0.016929	0.030939	0.02026	0.040564	0.019081	0.045826	0.0

图 8-9　各股票的历史 β 系数及其估计标准误

后分别估计每一个估计期的历史 β 系数，据此寻求样本资产在两个估计期 β 系数的关系。

步骤 1：估计两个不同期间的历史 β 系数。我们将历史数据分为两个期间，即 2015 年 10 月 16 日至 2016 年 10 月 14 日（共计 48 周）和 2016 年 10 月 21 日至 2017 年 10 月 27 日（共计 48 周）。在上一小节我们已经利用 LinEst（）和 Index（）函数，估计了第 2 个估计期的历史 β 系数（单元格 C99：L99）。

对第 1 个估计期 β 系数的估计，我们无须其他额外的信息，因此可以使用 Slope（）函数，更方便地得到样本股票的历史 β 系数估计值，如图 8-10 所示。

C103 =SLOPE(C$2:C$49, $B$2:$B$49)

	A	B	C	D	E	F	G
94	2017-9-22	-0.001169259	-0.01658	-0.00161	-0.00759	-0.00784	-0.01527
95	2017-10-13	0.011495749	0.027173	0.024279	0.005909	-0.03676	0.010784
96	2017-10-20	-0.004352461	-0.04001	0.020679	-0.04136	-0.0348	0.007789
97	2017-10-27	0.010387611	-0.00225	0.047643	0.012382	0.012227	-0.00371
98		第1阶段历史Beta系数					
99		beta	0.890458	1.272569	1.246164	1.521142	0.701693
100		se(beta)	0.201663	0.368552	0.24134	0.483215	0.227293
101		R-squared	0.297682	0.205835	0.366932	0.177244	0.171628
102							
103		beta1	1.655967	0.664916	1.608891	0.927986	1.10432

图 8-10　利用 Slope（）函数估计第 1 阶段历史 β 系数

步骤 2：探求两个估计期样本股票历史 β 系数的关系。根据公式（8.3），以第 2 阶段样本股票的历史 β 系数为被解释变量（单元格区域 C99：L99），以第 1 阶段样本股票的历史 β 系数为解释变量（单元格区域 C103：L103），分别利用 Intercept（）函数和 Slope（）函数，在单元格"C105"和"E105"估计公式（8.3）的截距项和回归系数。

步骤3：估计Blume调整的β系数。根据公式（8.4），在“C107”单元格输入公式“=$C$105+$E$105*C99”，得到“华数传媒”Blume调整的β系数。这里，“$C$105”和“$E$105”分别是步骤2所估计的截距项和回归系数，“C99”为“华数传媒”在第2阶段的历史β系数。将该公式自动填充至区域“C107：L107”，得到所有样本股票的Blume调整β系数。

由上述计算可知，该样本股票在上述两个估计期的历史β系数变化较大，两个时期的历史β系数之间的关系并不十分明确，因此利用Blume方法来调整β系数，其效果也不会太好。

在单元格区域“C108：L108”，我们利用公式（8.5），估计了样本股票Blume调整的β系数。

2. β系数的Vasicek调整。由公式（8.6），计算资产的Vasicek调整的β系数，主要有如下步骤：

步骤1：估计样本股票的横截面均值和方差。为此，在单元格“I105”，我们输入公式“=Average（C99：L99）”，得到在估计期样本股票历史β系数的横截面均值1.083；在单元格“L105”输入公式“=VAR.S（C99：L99）”，得到样本股票历史β系数的横截面方差0.081。

步骤2：计算各样本股票在估计期历史β系数的估计标准误。我们已经在8.2.2小节估计了上述标准误，见单元格区域“C100：L100”。

步骤3：计算Vasicek调整的β系数。根据公式（8.6），在单元格“C109”输入公式“=（$I$105*C100^2+C99*$L$105）/（C100^2+$L$105）”，得到“华数传媒”的Vasicek调整的β系数。这里“$I$105”所在的单元格为样本股票历史β系数的横截面均值；“C99”所在的单元格为“华数传媒”的历史β系数；“C100”所在的单元格为“华数传媒”历史β系数的回归标准误，其平方为估计方差；“$L$105”所在的单元格为样本股票历史β系数的横截面方差。将公式自动填充至区域“C109：L109”，得到所有样本股票Vasicek调整的β系数，其结果如表8-1所示。

表8-1　　样本股票β系数估计结果

股票代码	历史β	Blume's β	Blume's β2	Vasicek's β
000156	0.890	1.095	0.927	0.955
600036	1.273	1.080	1.183	1.154
600037	1.246	1.081	1.165	1.178
600188	1.521	1.070	1.349	1.196
600317	0.702	1.102	0.800	0.850
601333	1.082	1.087	1.055	1.083
601555	1.193	1.083	1.130	1.136
601633	0.696	1.102	0.796	0.936
601808	1.370	1.076	1.248	1.161
601818	0.859	1.096	0.906	0.941

注：Blume's β2为根据公式（8.5）计算的β系数。

8.2.4 利用 VBA 估计资产的 β 系数

代码段 8.4 首先从工作表单元格读入样本股票、上证综指和 6 个月期的上海银行间同业拆放利率的周数据，然后估计样本股票的历史 β 系数、Blume 调整的 β 系数和 Vasicek 调整的 β 系数，最后将估计结果输出到新的工作表“beta _ res”中。

代码段 8.4　β 系数的估计

```
Sub betaEstimate ()
    Dim rng As Range      '原始数据区域
    Dim nr As Long, nc As Long, i As Long, j As Long
    '第 1 阶段解释变量与被解释变量
    Dim arr1 _ x () As Single, arr1 _ y () As Single
    '第 2 阶段解释变量与被解释变量
    Dim arr2 _ x () As Single, arr2 _ y () As Single
    '两个阶段 LinEst () 函数回归结果
    Dim arr1 _ hist () As Variant, arr2 _ hist () As Variant
    '两个阶段样本股票历史β系数，第 2 阶段回归系数估计标准误
    Dim beta1 () As Double, beta2 () As Double, se _ beta () As Double

    Dim a As Double     'β系数横截面回归截距项估计值
    Dim b As Double     'β系数横截面回归系数估计值
    Dim mean _ beta As Double    '样本股票β系数样本均值
    Dim var _ beta As Double    '样本股票β系数样本方差
    Dim res () As Variant    '估计结果
    Dim sht As Worksheet    '输出到该工作表
    Dim hdr () As Variant    '输出区域标题行

    Set rng = Worksheets ("raw _ data"). Range ("B2: m97")

    nr = rng. Rows. Count
    nc = rng. Columns. Count
    ReDim arr1 _ x (1 To (nr \ 2))
    ReDim arr1 _ y (1 To (nr \ 2))
    ReDim arr2 _ x (1 To (nr \ 2))
    ReDim arr2 _ y (1 To (nr \ 2))
    ReDim beta1 (1 To nc - 2)    '不包含上证综指和 Shibor 所在列
    ReDim beta2 (1 To nc - 2)
    ReDim se _ beta (1 To nc - 2)
```

```
    ReDim res (1 To nc - 2, 1 To 5)
    For i = 1 To nc - 2
        '第1列为样本股代码
        res (i, 1) = Right (rng.Cells (1, i + 1). Offset (-1, 0), 6)

        '两个阶段个股和指数的超额收益率
        For j = 1 To (nr \ 2)
            arr1_y (j) = rng.Cells (j, i + 1) - rng.Cells (j, nc)
            arr2_y (j) = rng.Cells ( (nr \ 2) + j, i + 1) -_
                        rng.Cells ( (nr \ 2) + 1, nc)
            arr1_x (j) = rng.Cells (j, 1) - rng.Cells (j, nc)
            arr2_x (j) = rng.Cells ( (nr \ 2) + j, 1) -_
                        rng.Cells ( (nr \ 2) + 1, nc)
        Next j
         arr1_hist = Application.LinEst (arr1_y, arr1_x, True,
True)
         arr2_hist = Application.LinEst (arr2_y, arr2_x, True,
True)

        '历史 beta
        beta1 (i) = arr1_hist (1, 1)
        beta2 (i) = arr2_hist (1, 1)
        res (i, 2) = beta2 (i)
        ' Blume's beta2
        res (i, 4) = 0.33 + 0.67 * beta2 (i)

        se_beta (i) = arr2_hist (2, 1)    'β估计量标准误
    Next i

    a = Application.Intercept (beta2, beta1)
    b = Application.Slope (beta2, beta1)
    mean_beta = Application.Average (beta2)
    var_beta = Application.Var_S (beta2)

    For i = 1 To nc - 2
        ' Blume's beta
        res (i, 3) = a + b * beta2 (i)
```

```
        ' Vasicek's beta
        res (i, 5) = (mean_beta * se_beta (i) ^ 2 +_
            beta2 (i) * var_beta) / (se_beta (i) ^ 2 + var_beta)
    Next i

    hdr = Array ("股票", "历史 Beta", "Blume's Beta", _
                "Blume's Beta2", "Vasicek's Beta")
    Set sht = Worksheets.Add (after: = Worksheets ("excess_re-
turn"))
    sht.Name = "beta_res"

    Application.ScreenUpdating = False

    With sht.Cells (2, 1)
        .Resize (1, 5).Value = hdr
        .Offset (1, 0).Resize (nc - 2, 5).Value = res
    End With

    '设置数据格式
    sht.Range ("a3: A" & nc + 2).NumberFormat = "00000#"
    sht.Range ("b3: e" & nc + 2).NumberFormat = "0.000"
    sht.Range ("A2: E" & nc + 2).EntireColumn.AutoFit

    '设置边框
    With sht.Range ("A2: E2")
        .RowHeight = 18
        .Borders (xlEdgeTop).Weight = xlThick
        .Borders (xlEdgeBottom).Weight = xlThin
    End With

    sht.Range (Cells (nc, 1), Cells (nc, 5)) _
        .Borders (xlEdgeBottom).Weight = xlThick

    Application.ScreenUpdating = True
End Sub
```

8.3 投资组合优化

8.3.1 投资组合优化简介

1952 年 Markowitz《投资组合选择》论文的发表，标志着现代投资理论的诞生。

根据投资组合理论，相同的一组资产，通过改变其权重，可以得到不同期望收益率和风险的投资组合。这些资产和组合在“风险—期望收益”平面上形成了可行集（Feasible Set）或机会集（Opportunity Set）。可行集的左边界是一个开口向右的双曲线，边界上的投资组合称为边界组合或前沿组合（Frontier Portfolio）。

可行集左边界的顶点在所有可能的投资组合中风险最小，该顶点所在的投资组合称为整体最小风险组合（Global Minimum Variance Portfolio）。可行集左边界在该顶点以上的部分被称为有效边界（Efficient Frontier），其组合称为有效组合。所谓有效组合，就是在给定风险下拥有最大期望收益的投资组合，或者在给定期望收益下具有最小风险的投资组合。

以上探讨的是仅存在风险资产情况下组合的有效边界。如果存在无风险资产，则在标准差—期望收益平面上，有效边界变为从无风险利率出发与风险资产构成的有效边界相切的直线，其中切点所在的投资组合称为切点证券组合（Tangency Portfolio）。有效边界上其他投资组合均由该切点组合与无风险资产再组合构成，如图 8 - 11 所示。

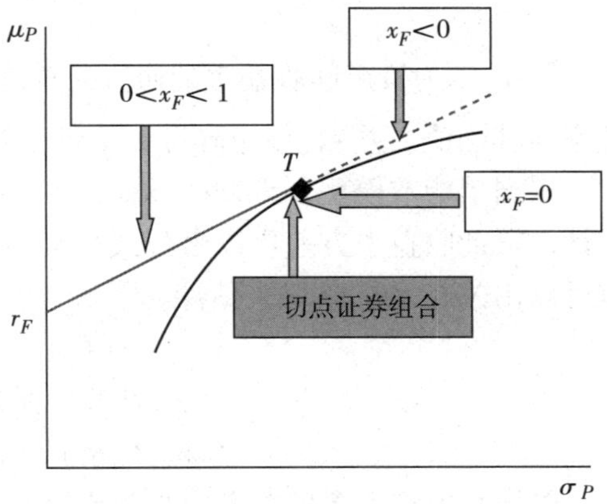

图 8 - 11 投资有效边界

有关投资组合理论的基础知识，请参见朱晋《证券投资学》（2015）第 9 章的相关内容，对投资组合理论的进一步学习，推荐大家阅读卢恩伯格《投资科学》（2004）和埃尔顿《现代投资组合理论与投资分析》（2008）等相关书籍。

本节主要探讨如下问题：（1）资产期望收益率和协方差矩阵的估计；（2）投资组合期望收益和收益率方差或标准差的计算；（3）投资组合优化的实现，包括有限边界、切点投资组合的计算和绘图等。

8.3.2 资产期望收益率和协方差矩阵的估计

资产收益率和协方差矩阵的估计是投资组合分析的基础。资产未来的收益率可以用历史收益率的均值来估计，即

$$\overline{R}_i = \frac{1}{T}\sum_{t=1}^{T} R_{it} \tag{8.7}$$

资产的风险可以用历史收益的方差或标准差来估计，即

$$\sigma_i^2 = \frac{1}{T-1}\sum_{t=1}^{T}(R_{it} - \overline{R}_i)^2 \tag{8.8}$$

$$\sigma_i = \sqrt{\sigma_i^2} \tag{8.9}$$

资产 i 和资产 j 收益率之间的关系可以用其历史收益率的协方差或相关系数来估计，即

$$\sigma_{ij} = \frac{1}{T-1}\sum_{t=1}^{T}(R_{it} - \overline{R}_i)(R_{jt} - \overline{R}_j) \tag{8.10}$$

$$\rho_{ij} = \frac{\sigma_{ij}}{\sigma_i \sigma_j} \tag{8.11}$$

其中 R_{it} 为资产 i 在第 t 期的收益率，$\overline{R}_i$ 为资产 i 历史收益率的算术平均数，σ_i^2 为资产 i 历史收益率的方差，σ_i 为标准差，σ_{ij} 为资产 i 和资产 j 收益率协方差，ρ_{ij} 为资产 i 和资产 j 收益率相关系数，T 为估计期的期数。

多项资产收益率间的协方差也可以用公式（8.12）的矩阵形式来表示。

$$\Omega = \frac{1}{T-1}\dot{U}^T \dot{U} \tag{8.12}$$

其中 Ω 为资产间收益率的协方差矩阵，$\dot{U}$ 为各资产历史收益率离差矩阵（各资产收益率与其均值之差），该矩阵有 T（估计期数）行 n（资产数）列，$\dot{U}^T$ 为该矩阵的转置。

根据单指数模型（Single – index Model），资产未来的收益率可以由公式（8.13）来估计，资产收益率方差可以由公式（8.14）来估计，资产 i 和资产 j 之间收益率的协方差可以由公式（8.15）来估计。

$$E(R_i) = \alpha_i + \beta_i E(R_m) \tag{8.13}$$

$$Var(R_i) = \beta_i^2 Var(R_m) + Var(\varepsilon_i) \tag{8.14}$$

$$Cov(R_i, R_j) = \beta_i \beta_j Var(R_m)(i \neq j) \tag{8.15}$$

单指数模型下多项资产间收益率协方差矩阵可以用公式（8.16）来估计。

$$\Omega = \beta\beta^T Var(R_m) + \Lambda \tag{8.16}$$

其中，$E(R_i)$ 为资产 i 的期望收益，$Var(R_i)$ 为资产 i 收益率方差，$Cov(R_i, R_j)$ 为资产 i 和 j 收益率的协方差，Ω 为协方差矩阵，α_i 和 β_i 为单指数模型的参数，$Var(R_m)$ 为市场未来收益率的方差，ε_i 为单指数模型中的随机误差项，$Var(\varepsilon_i)$ 为其方差，Λ 为主对角线元素等于各资产随机误差项方差的对角阵，即

$$\Lambda = \begin{pmatrix} Var(\varepsilon_1) & \cdots & 0 \\ \vdots & \ddots & \vdots \\ 0 & \cdots & Var(\varepsilon_n) \end{pmatrix}$$

本小节我们将以 8.2 节所分析的 10 只样本股票为分析对象，利用 Excel 及 VBA 来估计其未来收益和协方差矩阵。

1. 历史收益率法估计资产未来收益和协方差矩阵。在 Excel 中，利用工作表函数

Average ( )、Var. S ( ) 和 Stedev. S ( ) 可以方便地根据资产的历史收益率计算其样本均值、方差和标准差。

如图 8 - 12 所示，我们利用样本股票于 2016 年 10 月 21 日至 2017 年 10 月 27 日共计 48 周的周收益率，在工作簿 “cha08 _ stock. xlsm” 的工作表 “raw _ data”，利用工作表函数 Average ( )、Var. S ( ) 和 Stedev. S ( ) 估算了样本股票的期望收益率及其风险，其结果如表 8 - 2 所示。

C98　　=AVERAGE(C$50:C$97)

	A	B	C	D	E
94	2017-9-22	-0.000325028	-0.015737581	-0.000770339	-0.006747664
95	2017-10-13	0.012339364	0.028016865	0.025122171	0.00675222
96	2017-10-20	-0.003508557	-0.039166806	0.021522409	-0.040513608
97	2017-10-27	0.011232342	-0.001402525	0.048487719	0.013226785
98		mean	-0.004273255	0.007630738	-0.002081774
99		sd	0.019978693	0.034361046	0.025200027
100		var	0.000399148	0.001180681	0.000635041
101					
102					

图 8 - 12　利用历史收益率估计资产的期望收益和风险

从表 8 - 2 中可以看出，使用历史收益率法估计的资产的期望收益率，存在许多负值。对于估计期实现的收益率，存在负收益率实属正常，这正体现了股票作为高风险投资工具的特征。但是，若将该历史收益率均值作为该股票未来收益的估计，负收益率显然难以体现投资者对该股票未来收益的预期。因此在下文投资组合分析中，我们将不采用这种估计方法。

表 8 - 2　　历史收益率法估计的样本股票预期收益和风险

股票代码	预期收益（%）	标准差（%）	方差（$\%^2$）
000156	-0.4273	1.9979	3.9915
600036	0.7631	3.4361	11.8068
600037	-0.2082	2.5200	6.3504
600188	-0.2296	4.4258	19.5881
600317	-0.0215	2.0736	4.2999
601333	0.4811	4.7212	22.2898
601555	-0.1860	2.8852	8.3244
601633	0.2357	3.1387	9.8515
601808	0.0539	4.2326	17.9149
601818	0.1355	2.0764	4.3114

在 Excel 中，不存在计算协方差矩阵的内在函数，下文，我们将利用 VBA 编写计算协方差矩阵的函数 VarMat（）（参见代码段 8.5）。这里，我们先来介绍在工作表中如何利用公式（8.12）计算资产的协方差矩阵，其主要步骤如下：

步骤 1：计算各资产收益率的离差，即各期收益率减去其均值。在工作簿“cha08 _ stock. xlsm”添加一张新的工作表，并将之命名为“cov _ mat”，在该工作表的“B2”单元格输入公式“ = raw _ data！C50 – raw _ data！C ＄ 98”。这里，“raw _ data！C50”为工作表“raw _ data”的“C50”单元格，为第 1 只样本股票“华数传媒”于第 1 个样本期 2016 年 10 月 21 日的周收益率。由于下文需要将该公式自动填充，所以选择了相对引用；“raw _ data！C ＄ 98”为“华数传媒”于样本期周收益率的均值。

将上述公式自动填充至区域“B2：K49”，完成了 10 只样本股于 48 周的样本期周收益率离差的计算。这时的截图如图 8 – 13 所示。

将收益率离差所在的区域“B2：K49”命名为“dev _ ret”，以备今后使用。

B2　=raw_data!C50-raw_data!C$98

	A	B	C	D	E	F	G	H	I	J	K
1	trdDate	dr000156	dr600036	dr600037	dr600188	dr600317	dr601333	dr601555	dr601633	dr601808	dr601818
2	2016-10-21	0.051776	-0.01818	0.005672	-0.01523	0.014481	0.065433	0.01014	0.019246	0.004343	0.01182
3	2016-10-28	-0.00818	-0.00819	-0.02149	0.031605	-0.00832	-0.04045	0.069952	-0.06577	-0.00379	-0.0013
4	2016-11-4	0.015174	-0.00707	0.016051	-0.01186	-0.01128	-0.01621	0.06889	-0.00807	-0.00872	0.006467
5	2016-11-11	-0.01765	-0.00151	0.028274	0.059982	0.03988	0.020105	0.030267	-0.00045	0.023793	0.01410
6	2016-11-18	0.009011	-0.0032	0.013764	-0.02575	0.041037	-0.00258	-0.05984	0.001446	0.003459	-0.0142
7	2016-11-25	-0.00364	0.04037	-0.01019	-0.02498	-0.01321	-0.00258	0.003213	0.044896	0.065096	0.06867
8	2016-12-2	-0.00103	-0.03431	-0.02957	-0.08687	-0.02718	0.100772	-0.02765	-0.02802	0.021635	-0.0159
9	2016-12-9	0.029498	0.029007	-0.01567	0.01772	-0.02226	-0.03327	-0.04665	0.024214	-0.04386	0.02285
10	2016-12-16	-0.03058	-0.06118	-0.04665	-0.05187	-0.01698	-0.02986	-0.03689	-0.00689	0.000224	-0.0579
11	2016-12-23	-0.01252	-0.04005	-0.02887	-0.038	0.005979	0.108971	0.004895	-0.02905	0.005545	-0.0166
12	2016-12-30	-0.01727	-0.00763	0.02653	0.017138	-0.00266	-0.04918	0.007149	0.028867	-0.02821	0.00377
13	2017-1-6	0.014826	0.012617	0.004038	-0.00975	0.005962	0.096399	-0.00799	-0.01327	0.025616	0.00119
14	2017-1-13	-0.03459	0.006742	0.008575	-0.01367	-0.01421	-0.01917	0.001098	-0.00327	-0.01276	-0.0013
15	2017-1-26	0.005996	0.014184	-0.00648	0.026438	0.014771	0.000629	0.003415	0.008078	0.027011	0.018447
16	2017-2-10	0.015669	0.003008	0.022484	0.036876	0.034406	-0.03638	0.027139	0.07031	0.017966	0.01097
17	2017-2-17	-0.00999	-0.0013	-0.00642	-0.01667	0.022377	0.013881	0.005635	-0.02211	-0.0036	0.00353
18	2017-2-24	0.027001	0.013696	0.025459	-0.00594	-0.01358	-0.00852	-0.0004	0.065139	0.01316	0.01317
19	2017-3-3	0.00146	-0.02948	-0.00178	-0.02945	-0.00815	-0.02547	-0.01413	0.001521	0.003986	-0.0013
20	2017-3-10	-0.00421	-0.01291	-0.02337	-0.02463	-0.02245	0.017704	-0.0043	-0.01874	-0.03265	-0.00617
21	2017-3-17	-0.00028	-0.01293	0.006698	0.043351	-0.00553	-0.0407	0.004174	-0.02866	0.001014	-0.0062
22	2017-3-24	-0.00894	-0.00923	0.006676	0.010679	0.028626	0.010457	-0.00665	0.008888	-0.00443	-0.0184
23	2017-4-7	0.013084	-0.02234	0.058579	0.036782	0.013496	0.03847	0.023486	0.050287	0.029058	-0.01114

图 8 – 13　样本股票于样本期的收益率离差

步骤 2：计算协方差矩阵。由于有 10 只样本股，所以协方差矩阵应该有 10 行 10 列。因此，我们先选择一个 10 行 10 列的区域（比如 A52：J61），然后在公式栏输入公式“ = Mmult（Transpose（dev _ ret），dev _ ret）/47”，按组合键“Ctrl + Shift + Enter”完成输入。这里，Transpose（）为矩阵转置，Mmult（）函数计算矩阵的乘积，47 为样本期 48 减去 1 而得。协方差矩阵的计算结果如图 8 – 14 所示。

为方便今后的分析，我们将协方差矩阵所在的区域“A52：J61”命名为“cov _ mat”。

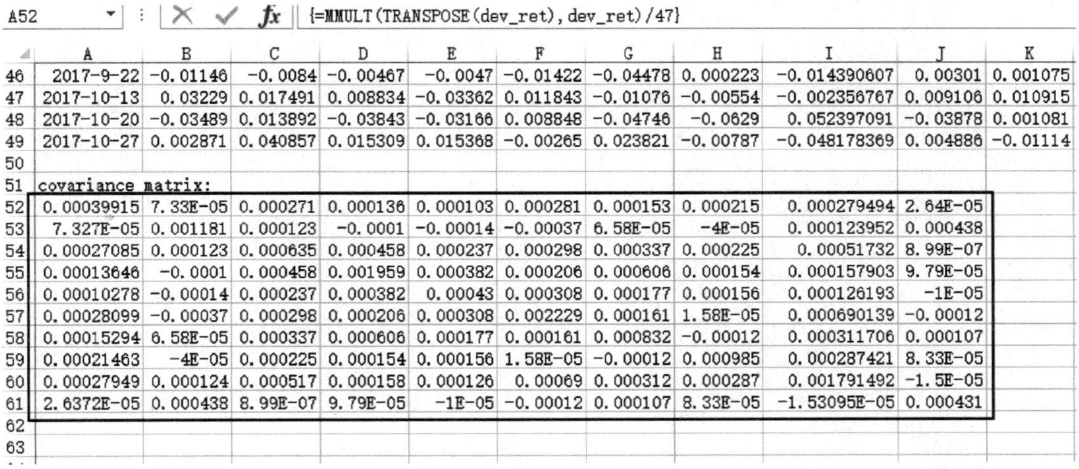

A52 {=MMULT(TRANSPOSE(dev_ret), dev_ret)/47}

	A	B	C	D	E	F	G	H	I	J	K
46	2017-9-22	-0.01146	-0.0084	-0.00467	-0.0047	-0.01422	-0.04478	0.000223	-0.014390607	0.00301	0.001075
47	2017-10-13	0.03229	0.017491	0.008834	-0.03362	0.011843	-0.01076	-0.00554	-0.002356767	0.009106	0.010915
48	2017-10-20	-0.03489	0.013892	-0.03843	-0.03166	0.008848	-0.04746	-0.0629	0.052397091	-0.03878	0.001081
49	2017-10-27	0.002871	0.040857	0.015309	0.015368	-0.00265	0.023821	-0.00787	-0.048178369	0.004886	-0.01114
50											
51	covariance matrix:										
52	0.00039915	7.33E-05	0.000271	0.000136	0.000103	0.000281	0.000153	0.000215	0.000279494	2.64E-05	
53	7.327E-05	0.001181	0.000123	-0.0001	-0.00014	-0.00037	6.58E-05	-4E-05	0.000123952	0.000438	
54	0.00027085	0.000123	0.000635	0.000458	0.000237	0.000298	0.000337	0.000225	0.00051732	8.99E-07	
55	0.00013646	-0.0001	0.000458	0.001959	0.000382	0.000206	0.000606	0.000154	0.000157903	9.79E-05	
56	0.00010278	-0.00014	0.000237	0.000382	0.00043	0.000308	0.000177	0.000156	0.000126193	-1E-05	
57	0.00028099	-0.00037	0.000298	0.000206	0.000308	0.002229	0.000161	1.58E-05	0.000690139	-0.00012	
58	0.00015294	6.58E-05	0.000337	0.000606	0.000177	0.000161	0.000832	-0.00012	0.000311706	0.000107	
59	0.00021463	-4E-05	0.000225	0.000154	0.000156	1.58E-05	-0.00012	0.000985	0.000287421	8.33E-05	
60	0.00027949	0.000124	0.000517	0.000158	0.000126	0.00069	0.000312	0.000287	0.001791492	-1.5E-05	
61	2.6372E-05	0.000438	8.99E-07	9.79E-05	-1E-05	-0.00012	0.000107	8.33E-05	-1.53095E-05	0.000431	
62											
63											

图 8－14　利用历史收益率法估计资产的协方差矩阵

2. 使用 VBA 计算协方差矩阵。在代码段 8.5，我们编写了计算协方差矩阵的函数 covMatrix（）。该函数有一个必需参数 rng，表示计算协方差所需要的数据区域；可选参数 by _ col 可以取值为 True 或 False，默认为 True。当 by _ col 取值为 True 时，表示数据区域中每一列为一个变量；若 by _ col 取值为 False，则表示每一行为一个变量。

值得注意的是，在工作表中使用工作表函数 Covariance. S（）时，“Covariance”和“S”之间用的是圆点“.”。由于在 VBA 中，圆点“.”有特殊的含义，因此，在 VBA 中调用该函数时，需要将圆点“.”改为下划线“_”，从而函数名从“Covariance. S”变为“Covariance _ S”。

代码段 8.5　计算资产收益率协方差矩阵的函数 CovMatrix（）

```
Function covMatrix (rng As Range, _
                    Optional by _ col As Boolean = True) As Double ()
  Dim nr As Long, nc As Long, i As Long, j As Long
  Dim res () As Double

  nr = rng. Rows. Count
  nc = rng. Columns. Count

  If by _ col Then
     ReDim res (1 To nc, 1 To nc)
     For i = 1 To nc
        For j = 1 To nc
             res (i, j) = Application. Covariance _ S (rng. Columns
(i), _
```

```
                                                rng.Columns (j))
            Next j
        Next i
    Else
        ReDim res (1 To nr, 1 To nr)
        For i = 1 To nr
            For j = 1 To nr
                res (i, j) = Application.Covariance_S (rng.Rows (i), _
                                                            rng.Rows (j))
            Next j
        Next i
    End If
    covMatrix = res
End Function
```

由于表格较大，我们不在这里列示利用历史收益率法所估计的样本股票的收益率协方差矩阵了。

3. 用单指数模型估计资产期望收益和协方差矩阵。如果通过其他方式我们已经获得预测期市场的预期收益率（比如10%）、市场收益率标准差（比如7%）和无风险利率（比如3%），利用公式（8.13）至（8.16）及前述样本股票β系数的估计值，我们可以得到样本股票预期收益率及其协方差矩阵的估计，其主要步骤如下：

步骤1：添加表格，准备数据。在工作簿“cha08_stock.xlsm”中添加一张工作表，并将之命名为“sim”。在表格中，输入估算股票预期收益率和收益率协方差矩阵所需要的样本股票的β系数①、回归标准误、市场预期收益率、市场收益率标准差及无风险利率等信息。

为了方便今后的计算，我们将β系数所在区域“B6：B15”命名为“v_beta”，将回归标准误所在的区域“C6：C15”命名为“v_sey”，将市场预期收益率所在单元格“B1”命名为“expRet_m”，将市场收益率标准差所在区域“B2”命名为“sd_m”，将无风险利率所在的单元格“B3”命名为“r_f”。

步骤2：估计样本股票的预期收益率。根据公式（8.13），在工作表“sim”的单元格“E6”输入公式“=（r_f + B6 *（expRet_m－r_f））/ 52”，得到“华数传媒”的预期收益率。上述公式中除以52是为了将年收益率转化为周收益率。将该公式自动填充至区域“E6：E15”，得到所有样本股票的预期收益率。

步骤3：根据公式（8.16）估计样本股票收益率协方差矩阵。在工作表“sim”选取一个10行10列的单元格区域（比如A17：J27），在公式栏输入公式“=MMULT（v_beta，TRANSPOSE（v_beta））* sd_m^2 / 52 + v_sey^2 * MUNIT（10）”，按组合键

① 这里使用Vasicek调整的β系数，有关不同β系数的预测能力，请参看本章末的“进阶阅读”相关材料。

“Ctrl + Shift + Enter”完成输入，得到 10 只样本股的协方差矩阵。

在数组公式里，“v_sey^2”表示对回归标准误所在的区域“v_sey”的每个单元格的值求平方，得到样本股票的非系统风险；“MUnit（10）”得到一个 10 行 10 列的单位矩阵；“v_sey^2 * MUNIT（10）”得到主对角线元素分别为各样本股票非系统风险的对角矩阵。

完成上述分析后的“sim”工作表如图 8－15 所示。

A18　{=MMULT(v_beta, TRANSPOSE(v_beta)) * sd_m^2 / 52 + v_sey^2 * MUNIT(10)}

	A	B	C	D	E	F	G	H	I	J
1	市场预期收益率	10%								
2	市场收益率标准差	7%								
3	无风险利率	3%								
4										
5	股票	Vasicek Beta	回归标准误		周预期收益率					
6	000156	0.954723265	0.01692896		0.001862127					
7	600036	1.154099172	0.03093875		0.002130518					
8	600037	1.178139891	0.02025972		0.002162881					
9	600188	1.196295488	0.04056441		0.002187321					
10	600317	0.849926491	0.01908054		0.001721055					
11	601333	1.082861231	0.04582591		0.002034621					
12	601555	1.135534512	0.02515705		0.002105527					
13	601633	0.935630862	0.03053228		0.001836426					
14	601808	1.160819722	0.03929006		0.002139565					
15	601818	0.940844577	0.01810637		0.001843445					
16										
17	协方差矩阵（利用单指数模型）									
18	0.000372481	0.000103828	0.00010599	0.000108	7.6463E-05	9.74E-05	0.000102	8.42E-05	0.000104	8.46E-05
19	0.000103828	0.001082716	0.00012812	0.00013	9.24309E-05	0.000118	0.000123	0.000102	0.000126	0.000102
20	0.000105991	0.000128125	0.00054125	0.000133	9.43563E-05	0.00012	0.000126	0.000104	0.000129	0.000104
21	0.000107624	0.000130099	0.00013281	0.00178	9.58104E-05	0.000122	0.000128	0.000105	0.000131	0.000106
22	7.6463E-05	9.24309E-05	9.4356E-05	9.58E-05	0.000432137	8.67E-05	9.09E-05	7.49E-05	9.3E-05	7.54E-05
23	9.74189E-05	0.000117763	0.00012022	0.000122	8.67255E-05	0.002211	0.000116	9.55E-05	0.000118	9.6E-05
24	0.000102158	0.000123491	0.00012606	0.000128	9.09441E-05	0.000116	0.000754	0.0001	0.000124	0.000101
25	8.41734E-05	0.000101751	0.00010387	0.000105	7.4934E-05	9.55E-05	0.0001	0.001015	0.000102	8.29E-05
26	0.000104432	0.000126241	0.00012887	0.000131	9.29692E-05	0.000118	0.000124	0.000102	0.001671	0.000103
27	8.46424E-05	0.000102318	0.00010445	0.000106	7.53515E-05	9.6E-05	0.000101	8.29E-05	0.000103	0.000411

图 8－15　利用单指数模型估计资产的预期收益率和协方差矩阵

为了方便今后的分析，我们将利用单指数模型估计的资产预期收益率向量所在的单元格区域命名为“expRet_sim”，将收益率协方差矩阵所在的单元格区域命名为“cov_sim”。上述分析可以通过 VBA 来完成，其代码参见代码段 8.6。

代码段 8.6　利用单指数模型估计资产的预期收益和协方差矩阵

```
Sub expReturn_covMat_SIM ()
   Dim arr_beta () As Variant, arr_sey () As Variant
   Dim r_m As Double, var_m As Double, r_f As Double
   Dim arr_expRet () As Double, arr_cov () As Double
   Dim i As Long, j As Long, n As Long

   arr_beta = Worksheets ("sim"). Range ("v_beta"). Value
   arr_sey = Worksheets ("sim"). Range ("v_sey"). Value
   r_m = Worksheets ("sim"). Range ("expRet_m"). Value / 52
```

```
    var_m = (Worksheets ("sim"). Range ("sd_m"). Value) ^2 / 52
    r_f = Worksheets ("sim"). Range ("r_f"). Value / 52

    n = UBound (arr_beta, 1) - LBound (arr_beta, 1) + 1
    ReDim arr_expRet (1 To n)
    ReDim arr_cov (1 To n, 1 To n)

    For i = 1 To n
       arr_expRet (i) = r_f + (r_m - r_f) * arr_beta (i, 1)
       For j = 1 To n
          If i = j Then
             arr_cov (i, j) = arr_beta (i, 1) * arr_beta (j, 1) * _
                              var_m + arr_sey (i, 1) ^ 2
          Else
             arr_cov (i, j) = arr_beta (i, 1) * arr_beta (j, 1) * var_m
          End If
       Next j
    Next i

    Application.ScreenUpdating = False
       Worksheets ("sim"). Range ("G6"). Resize (n, 1). Value =_
          Application.Transpose (arr_expRet)
       Worksheets ("sim"). Range ("A29"). Resize (n, n). Value =
arr_cov
    Application.ScreenUpdating = True
 End Sub
```

8.3.3 投资组合的期望收益和风险

投资组合的期望收益率和方差可以分别用公式（8.17）和公式（8.18）来表示，其矩阵形式分别为公式（8.19）和公式（8.20）。

$$E(R_P) = \sum_{i=1}^{n} x_i E(R_i) \tag{8.17}$$

$$Var(R_P) = \sum_{i=1}^{n} \sum_{j=1}^{n} x_i x_j \sigma_{ij} \tag{8.18}$$

$$E(R_P) = x^T U \tag{8.19}$$

$$Var(R_P) = x^T \Omega x \tag{8.20}$$

其中 $E(R_P)$ 为组合 P 的期望收益率，$Var(R_P)$ 为组合 P 收益率的方差，x_i 为资产 i 的投资比重，x 为投资比重向量，$E(R_i)$ 为资产 i 的期望收益率，U 为资产期望收益率向量，σ_{ij} 为资产 i 和 j 的协方差，Ω 为协方差矩阵。

利用公式（8.19）和公式（8.20），以前述 10 只样本股票为分析对象，不失一般性，假设该 10 只股票在组合中的权重分别为 0.08、0.12、0.06、0.14、0.07、0.13、0.15、0.05、0.10、0.10。采用前述单指数模型得到的结果作为各样本股票的期望收益率及其协方差矩阵的估计值。收益率组合的期望收益率、收益率标准差或方差计算的主要步骤如下：

步骤 1：在工作表"sim"的单元格区域"G6：G15"中分别输入上述各股票在组合中的权重，并将该区域命名为"wght"。

步骤 2：根据公式（8.19），估计组合的期望收益率。在工作表"sim"的单元格"B29"输入公式"= MMULT（TRANSPOSE（wght），expRet _ sim）"，按组合键"Ctrl + Shift + Enter"完成输入，得到样本股票在上述权重下组合的周期望收益率为 0.2%。

步骤 3：根据公式（8.20），估计组合的方差和标准差。在单元格"B30"输入公式"= MMULT（TRANSPOSE（wght），MMULT（cov _ sim，wght））"，按组合键"Ctrl + Shift + Enter"完成输入，得到样本股票在上述权重下组合周收益率的方差为 $2.32\ \%^2$。

步骤 4：计算组合的标准差。在单元格"B31"输入公式"= Sqrt（B30）"，得到组合收益率标准差的估计值为 1.52%。

8.3.4　利用 Excel 实现允许卖空下投资组合优化

对于给定的一系列资产（其期望收益率 U 和协方差矩阵 Ω 已经通过前面的方法得到估计），投资组合优化主要涉及有效边界的估计和绘图，包含最小方差集、整体最小方差组合和切点证券组合等的估计。

在允许卖空的情景下，有效边界的估计可以通过解析的方法获得，即求解如下优化问题：

$$\begin{aligned} &\text{minimum } \frac{1}{2} x^T \Omega x \\ &\text{subject to } x^T U = \mu \\ &1^T x = 1 \end{aligned} \tag{8.21}$$

允许卖空下有效边界可以通过如下两个性质得到求解。

性质 1：设 c 为常数，向量 z 为方程 $U - c = \Omega z$ 的解，$x = z / z^T z$，其中 U 为资产期望收益率向量，Ω 为资产收益率协方差矩阵。则权重为 x 的组合为前沿组合。

性质 2：任意一个前沿组合均可以通过左边界上任意选定的两个前沿组合再组合构成。性质 2 也称为"两基金定理"（Two - fund Theorem）。

上述两个性质对于实现允许卖空下组合优化至关重要，考虑到初级投资学教材很少涉及这两个性质，以下我们给出简单的证明。

性质 1 的证明

有效组合是下面目标函数的最大化：

$$\text{Maximum}\theta = \frac{E(R_P - R_f)}{\sigma_P}$$

$$\text{subject to} \sum_{i=1}^{n} x_i = 1 \tag{8.22}$$

上述目标函数可以转化为：

$$\theta = \frac{\sum_{i=1}^{n} x_i(E(R_i) - R_f)}{\sqrt{\sum_{i=1}^{n}\sum_{j=1}^{n} x_i x_j \sigma_{ij}}} \tag{8.23}$$

令该函数对所有 x_i 的偏导数为0，即 $\frac{\partial\theta}{\partial x_i} = 0$，得：

$$\begin{cases} E(R_1) - R_f = \lambda x_1 \sigma_{11} + \lambda x_2 \sigma_{12} + \cdots + \lambda x_n \sigma_{1n} \\ \cdots \\ E(R_n) - R_f = \lambda x_1 \sigma_{n1} + \lambda x_2 \sigma_{n2} + \cdots + \lambda x_n \sigma_{nn} \end{cases} \tag{8.24}$$

其中

$$\lambda = \frac{\sum_{i=1}^{n} x_i(E(R_i) - R_f)}{\sum_{i=1}^{n}\sum_{j=1}^{n} x_i x_j \sigma_{ij}} \tag{8.25}$$

记 $z_i = \lambda x_i$，并写成矩阵的形式，得：

$$U - R_f = \Omega z \tag{8.26}$$

因为 z_i 和 x_i 成比例，故：

$$x_i = \frac{z_i}{\sum_{i=1}^{n} z_i} \tag{8.27}$$

或

$$x = z / z^T z \tag{8.28}$$

性质2的证明

设组合A和组合B均为前沿组合，则它们的权重 x^A 和 x^B 应该满足公式（8.24）的 n 个方程和约束条件方程。由这两个前沿组合按权重 π 和 1 - π 构成的新的组合的权重为：

$$x^N = \pi x^A + (1 - \pi) x^B \tag{8.29}$$

容易证明新组合 N 的权重仍能满足公式（8.22）和上述约束条件，因此组合 N 为前沿组合。

切点证券组合是在一系列约束条件下，最大化 Shape 比率，即

$$\text{maximum} \frac{E(R_P) - R_f}{\sqrt{x^T \Omega x}} \tag{8.30}$$

利用上述两个性质得到两个前沿组合 A 和 B，再对前沿组合 A 和 B 进行组合，可以得到所有前沿组合。

$$E(R_N) = \pi E(R_A) + (1 - \pi)E(R_B) \tag{8.31}$$

$$\mathrm{sd}(R_N) = \sqrt{\pi^2\sigma_A^2 + (1 - \pi)^2\sigma_B^2 + 2\pi(1 - \pi)\sigma_{AB}} \tag{8.32}$$

$$\sigma_{AB} = x_A^T\Omega\, x_B \tag{8.33}$$

以下简述如何在 Excel 中，利用上述两个性质来进行组合优化，其主要步骤如下：

步骤1：添加新的工作表，并将之命名为“port _ optim”。分别在该工作表的“B2”和“G2”单元格输入两个常数，比如0 和0.01。

步骤2：计算方程 $U - c = \Omega z$ 的左边，即资产的期望收益率向量减去某一常数。为此，选择单元格数与股票数相等的区域（比如 B5：B14），在公式栏输入数组公式“ = expRet _ sim - $ B $ 2”，按组合键“Ctrl + Shift + Enter”完成输入。这里，“expRet _ sim”为构造组合的各股票的预期收益率所在区域的名称，“ $ B $ 2”是步骤 1 选择的第 1 个常数所在的单元格。用相同的方法完成第 2 个常数对应的相关计算。

步骤3：求方程 $U - c = \Omega z$ 的解，即 $z = \Omega^{-1}(U - c)$ 。为此，选择单元格区域“C5：C14”，在公式栏输入“ = MMULT （MINVERSE （cov _ sim），B5：B14）”，按组合键“Ctrl + Shift + Enter”完成输入，得到第一个常数下 z 的解。用同样的方法在单元格区域“G5：G14”得到第 2 个常数下 z 的解。

步骤4：计算两个前沿组合中各股票在组合中的投资比重，即 $w = z/\sum z$ 。为此，首先在单元格“C15”和“G15”分别求两个常数下 z 的和，然后在单元格“D5”输入“ =C5/ $ C $ 15”，并将该公式自动填充至区域“D5：D14”，得到第 1 个前沿组合。类似地，我们可以在“H5：H14”，得到第 2 个前沿组合。

为方便下文的计算，我们将单元格区域“D5：D14”和“H5：H14”分别命名为“wght1”和“wght2”。

步骤5：计算两个前沿组合的期望收益、收益率方差及其两者的协方差。为此，在单元格“D17”输入公式“ = MMULT （TRANSPOSE （wght1），expRet _ sim）”，按组合键“Ctrl + Shift + Enter”完成输入，得到第一个前沿组合的期望收益率。类似地，在单元格“H17”输入公式“ = MMULT （TRANSPOSE （wght2），expRet _ sim）”，按组合键“Ctrl + Shift + Enter”完成输入，得到第二个前沿组合的期望收益率。

在单元格“D18”输入公式“ = MMULT （TRANSPOSE （wght1），MMULT （cov _ sim，wght1））”，按组合键“Ctrl + Shift + Enter”完成输入，得到第一个前沿组合收益率的方差；在单元格“H18”输入公式“ = MMULT （TRANSPOSE （wght2），MMULT（cov _ sim，wght2））”，按组合键“Ctrl + Shift + Enter”完成输入，得到第二个前沿组合收益率的方差。

在单元格“D19”输入公式“ = MMULT （TRANSPOSE （wght1），MMULT （cov _ sim，wght2））”，按组合键“Ctrl + Shift + Enter”完成输入，得到上述两个前沿组合收益率的协方差。

至此，工作表“port _ optim”的内容如图 8 - 16 所示。

D17 {=MMULT(TRANSPOSE(wght1), expRet_sim)}

	A	B	C	D	E	F	G	H
1	前沿组合1：					前沿组合2：		
2	c1	0				c2	0.01	
3								
4	股票	R-c1	z1	w1		R-c2	z2	w2
5	000156	0.001862	2.508753	0.200942		-0.00814	-12.0605	0.228189
6	600036	0.002131	0.782119	0.062645		-0.00787	-2.30919	0.043691
7	600037	0.002163	1.832659	0.146789		-0.00784	-5.01912	0.094964
8	600188	0.002187	0.458791	0.036747		-0.00781	-1.18304	0.022384
9	600317	0.001721	1.932032	0.154748		-0.00828	-11.2928	0.213665
10	601333	0.002035	0.35145	0.02815		-0.00797	-1.26456	0.023926
11	601555	0.002106	1.178565	0.094399		-0.00789	-3.67591	0.06955
12	601633	0.001836	0.768211	0.061531		-0.00816	-3.83571	0.072573
13	601808	0.00214	0.485616	0.038896		-0.00786	-1.40465	0.026577
14	601818	0.001843	2.186787	0.175153		-0.00816	-10.8075	0.204482
15		sum:	12.48498			sum:	-52.8529	
16								
17	前沿组合期望收益			0.001947				0.001902
18	前沿组合方差			0.000156				0.000153
19	两个前沿组合的协方差			0.000152				

图 8-16　前沿组合及其收益率、方差和协方差的计算

步骤6：得到最小方差集合。由性质2，将两个前沿组合进行组合，所得到的组合仍然为前沿组合，利用该性质，我们可以得到由10只样本股票构成的组合的左边界，即最小方差组合。为此，在工作表“port_optim”的单元格“D21”输入第1个前沿组合的初始权重（比如0.5），然后在单元格“B24”和“C24”分别利用公式（8.32）和公式（8.31）计算在该初始权重下上述两个前沿组合再组合所得到的新的组合的收益率标准差和期望收益率。

单元格“B24”的公式为“=SQRT（D21^2 * D18 +（1 - D21）^2 * H18 + 2 * D21 *（1 - D21）* D19）* 100”，单元格“C24”的公式为“=（D21 * D17 +（1 - D21）* H17）* 100”。上述两个公式中乘以100是为了将标准差和期望收益率转化为百分数的形式。

在单元格区域“A25：A55”输入第1个前沿组合在整个组合中权重的可能值（这里为 -1.5、-1.4、-1.3 … 1.4、1.5），然后选择区域“A24：C55”（该区域包含了第1个前沿组合的所有权重和计算期望收益率及收益率标准差的公式）。完成选择后点击菜单栏“数据”—“模拟分析”—“模拟运算表”，保持随后出现的选择框的“输入引用行的单元格”后的方框为空，而在“输入引用列的单元格”后的方框内选择第1个前沿组合初始权重所在的单元格“D21”，点击“确定”，得到第1个前沿组合的权重分别为区域“A25：A55”的值情况下整个组合的收益率标准差和期望收益率。

步骤7：绘制散点图。选择单元格区域“B25：C55”，点击菜单栏“插入”，在“图表”区域选择“散点图”，即可得到横轴为组合标准差、纵轴为组合期望收益率的散点图，对所得的散点图进行诸如添加坐标轴标题等修饰后，其图形如图 8－17 所示。

B24　fx　=SQRT(D21^2 * D18 + (1 - D21)^2 * H18 + 2 * D21 * (1 - D21) * D19) * 100

	A	B	C	D
19	两个前沿组合的协方差			0.000152
20				
21	前沿组合1的初始权重			0.5
22				
23		sigma_p	mu_p	
24		1.238841	0.192464	
25	-1.5	1.287257	0.183527	
26	-1.4	1.281604	0.183974	
27	-1.3	1.276273	0.184421	
28	-1.2	1.271267	0.184868	
29	-1.1	1.266591	0.185314	
30	-1	1.262249	0.185761	
31	-0.9	1.258243	0.186208	
32	-0.8	1.254577	0.186655	
33	-0.7	1.251253	0.187102	
34	-0.6	1.248276	0.187548	
35	-0.5	1.245646	0.187995	
36	-0.4	1.243367	0.188442	
37	-0.3	1.24144	0.188889	
38	-0.2	1.239867	0.189336	
39	-0.1	1.23865	0.189783	
40	0	1.237788	0.190229	
41	0.1	1.237284	0.190676	
42	0.2	1.237137	0.191123	
43	0.3	1.237348	0.19157	

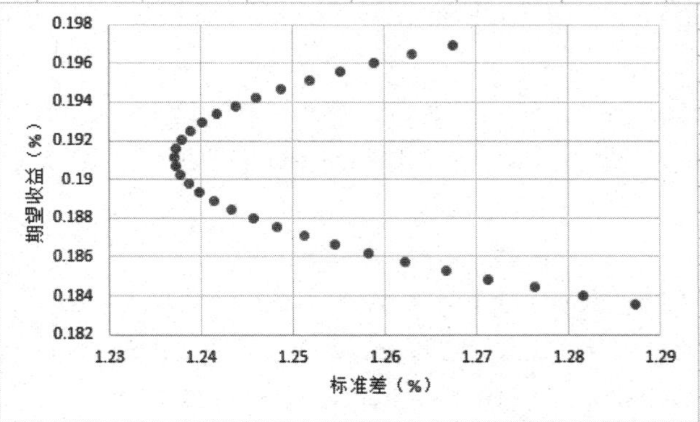

图 8－17　允许卖空下最小方差集的获取和绘图

8.3.5　利用 VBA 实现允许卖空情况下投资组合的优化

我们可以用 VBA 来实现上一小节允许卖空情况下投资组合的优化，代码段 8.7 利用上述性质 1 和性质 2，通过数组来计算各前沿组合，最后将上述 10 只样本股票形成最小方差集的图表（Chart Sheet）“chart_minimumVarianceSet” 插入在工作表 “port_optim” 之后。

需要注意的有两点：第一，在 VBA 使用诸如 MMult（）等工作表数组函数时，往往需要将数组声明为可变体；第二，我们不能直接将图表（Chart Sheet）添加到所有的 Sheet 之后，因此在代码段 8.7 中，我们先添加图表，然后再移动。

代码段 8.7　允许卖空下投资组合的优化

```
Sub minimumVarianceSet ()
    Dim rng_mu As Range, rng_cov As Range
    Dim arr_mu () As Variant, arr_cov As Variant
    Dim arr_rmc1 () As Variant, arr_rmc2 () As Variant
    Dim arr_z1 () As Variant, arr_z2 () As Variant
    Dim s_z1 As Variant, s_z2 As Variant
    Dim arr_w1 () As Variant, arr_w2 () As Variant
    Dim mu1 As Variant, mu2 As Variant
```

```
Dim var1 As Variant, var2 As Variant, sigma12 As Variant
Dim arr_mu_p () As Variant, arr_sigma_p () As Variant
Dim wght () As Variant
Dim nstk As Long, i As Long
Const c1 As Double = 0, c2 As Double = 0.01
Dim chtsht As Chart, ser As Series

Set rng_mu = Worksheets ("sim").Range ("expRet_sim")
Set rng_cov = Worksheets ("sim").Range ("cov_sim")

arr_mu = rng_mu.Value
arr_cov = rng_cov.Value
nstk = UBound (arr_mu, 1) - LBound (arr_mu, 1) + 1
ReDim arr_rmc1 (1 To nstk, 1 To 1)
ReDim arr_rmc2 (1 To nstk, 1 To 1)
ReDim arr_w1 (1 To nstk, 1 To 1)
ReDim arr_w2 (1 To nstk, 1 To 1)

For i = 1 To nstk
   arr_rmc1 (i, 1) = arr_mu (i, 1) - c1
   arr_rmc2 (i, 1) = arr_mu (i, 1) - c2
Next i

arr_z1 = Application.MMult (Application.MInverse (arr_cov), _
                                   arr_rmc1)
arr_z2 = Application.MMult (Application.MInverse (arr_cov), _
                                   arr_rmc2)
s_z1 = Application.Sum (arr_z1)
s_z2 = Application.Sum (arr_z2)

For i = 1 To nstk
   arr_w1 (i, 1) = arr_z1 (i, 1) / s_z1
   arr_w2 (i, 1) = arr_z2 (i, 1) / s_z2
Next i

mu1 = Application.MMult (Application.Transpose (arr_w1), arr_mu)
```

```
    mu2 = Application.MMult (Application.Transpose (arr_w2), arr_mu)
    var1 = Application.MMult (Application.Transpose (arr_w1), _
          Application.MMult (arr_cov, arr_w1))
    var2 = Application.MMult (Application.Transpose (arr_w2), _
          Application.MMult (arr_cov, arr_w2))
    sigma12 = Application.MMult (Application.Transpose (arr_w1), _
          Application.MMult (arr_cov, arr_w2))

    ReDim wght (1 To 31)
    ReDim arr_mu_p (1 To 31)
    ReDim arr_sigma_p (1 To 31)

  For i = 1 To 31
       wght (i) = -1.5 + (i - 1) * 0.1
       arr_mu_p (i) = (wght (i) * mu1 (1) + (1 - wght (i)) * _
                        mu2 (1)) * 100
       arr_sigma_p (i) =100 * Sqr (wght (i) ^ 2 * var1 (1) + _
                        (1 - wght (i)) ^ 2 * var2 (1) + _
  2 * wght (i) * (1 - wght (i)) * sigma12 (1)) Next i

    Set chtsht = Charts.Add ()
    chtsht.Move After: =Workshets ("port_optim")
    Set ser = chtsht.SeriesCollection.NewSeries

    With ser
       .Name = "portfolio"
       .XValues = arr_sigma_p
       .Values = arr_mu_p
       .ChartType = xlXYScatter
    End With

    With chtsht
       .Name = "chart_minimumVarianceSet"
       .SetElement (msoElementChartTitleNone)
       .SetElement (msoElementLegendNone)
       .Axes (xlCategory, xlPrimary). HasTitle = True
```

```
        .Axes (xlCategory, xlPrimary).AxisTitle.Text = "标准差（%）"
        .Axes (xlValue, xlPrimary).HasTitle = True
        .Axes (xlValue, xlPrimary).AxisTitle.Text = "期望收益率（%）"
    End With
End Sub
```

8.3.6 不允许卖空下投资组合优化

组合优化往往涉及在一系列约束条件下，对目标函数求最小值或最大值。组合优化中常见的约束条件主要有：

第一，资金没有剩余，即：$\sum_{i=1}^{n} x_i = 1$；

第二，不允许卖空，即：$x_i \geq 0$；

第三，投资不要过于集中，如任何一只证券的权重不得超过0.4。

上述约束条件中第二项和第三项涉及非等式约束，此时不能运用8.3.4小节和8.3.5小节中解析的方法来求解有效边界。对于这类问题，我们可以使用规划求解来解决。

本小节分为两个部分，第一部分讲述在工作表界面下，使用规划求解估计有约束条件下的切点证券组合（Tangency Portfolio）；第二部分讲述在VBA中调用规划求解得到有约束条件下投资组合的左边界（即最小方差集）。

1. 估计切点证券组合

如图8－18所示，切点证券组合为从无风险利率出发与风险证券有效边界相切处的投资组合。

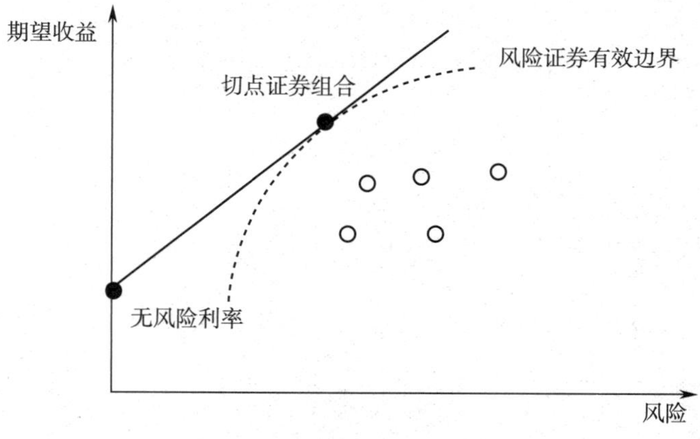

图8－18　切点证券组合

切点证券组合的求解是在一定的约束下最大化Sharpe比率，即

$$\max \frac{w^T U - R_f}{\sqrt{w^T \Omega w}} \tag{8.34}$$

上式中，w为投资组合中各资产的投资比重，U为资产期望收益率向量，Ω为各资

产收益率协方差矩阵。因此，上式的分子为投资组合的超额收益率，分母为组合收益率标准差，Sharpe 比率为单位风险的超额收益率。

本小节仍然以前述 10 只样本股票为分析对象，样本股票在预测期的预期收益率及其协方差矩阵仍然使用 8.3.4 节所使用的数据，我们仍然假设无风险资产的年预期收益率为 3%。额外地，我们添加了不允许卖空的约束。

在 Excel 中，使用规划求解来获取切点证券组合的主要步骤如下：

步骤 1：数据准备。添加新的工作表，并将之命名为“tangency_port”。在该工作表的单元格区域“B2：B11”输入 10 只样本股票在组合中的初始权重（比如每只股票的权重均为 0.1），并在“B12”单元格求这些初始权重的和。在单元格“B14”输入公式“=0.03/52”，得到周无风险利率。这时的画面如图 8-19 所示。为了今后分析的方便，我们将单元格区域“B2：B11”命名为“wt_tgc”，将单元格“B14”命名为“wrf”。

wrf　=0.03/52

	A	B	C	D	E
1	股票	权重			
2	000156	0.1			
3	600036	0.1			
4	600037	0.1			
5	600188	0.1			
6	600317	0.1			
7	601333	0.1			
8	601555	0.1			
9	601633	0.1			
10	601808	0.1			
11	601818	0.1			
12	合计：	1			
13					
14	周无风险利率	0.00057692			

图 8-19　10 只样本股的初始权重

步骤 2：计算初始权重下 Sharpe 比率。为此，在单元格“B16”输入公式“=(MMULT(TRANSPOSE(wt_tgc), expRet_sim) - wrf)/

SQRT(MMULT(TRANSPOSE(wt_tgc), MMULT(cov_sim, wt_tgc)))”。

步骤 3：加载“规划求解”。点击菜单栏“文件”—“选项”，在随后出现的题为“Excel 选项”的弹出框的左侧点击“加载项”，然后在其下方位置点击“转到”，出现如图 8-20 所示的画面，勾选“规划求解加载项”后，点击“确定”完成规划求解的加载。这时，菜单栏“数据”下已经存在“规划求解”的项目。

步骤 4：使用规划求解获得切点证券组合。选中目标函数所在单元格“B16”，点击菜单栏“数据”，在其右上方的“分析”栏目下点击“规划求解”，出现如图 8-21 所示的弹出框。

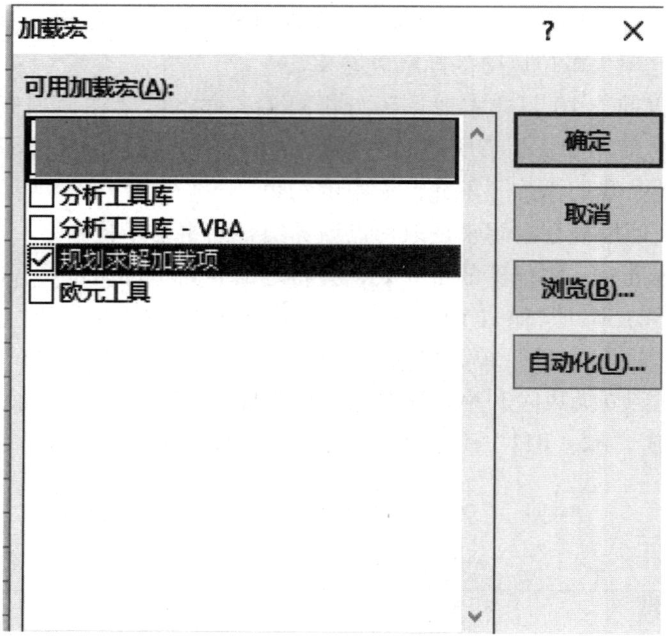

注：图中矩形灰色区域是作者隐藏的项目。

图 8－20　规划求解的加载

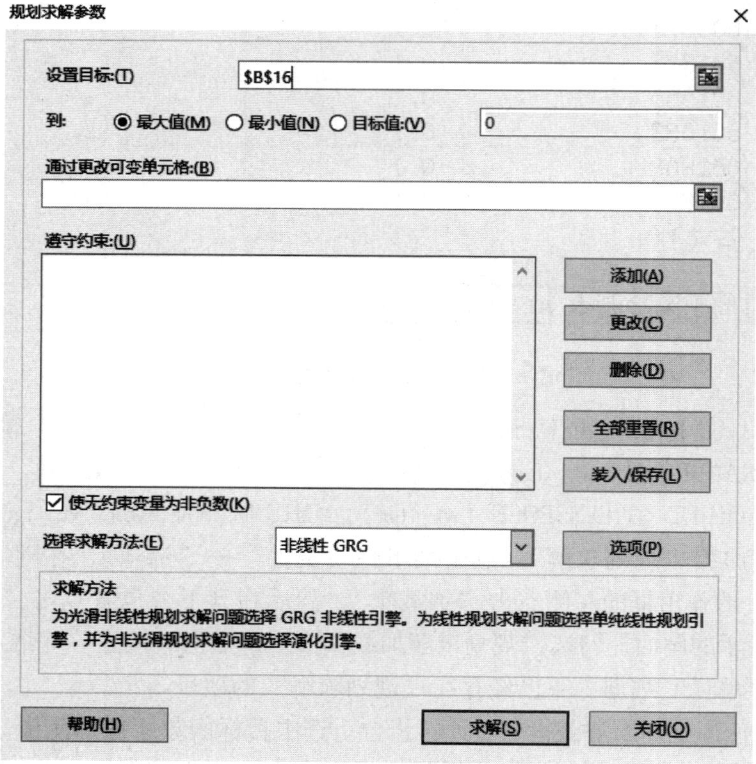

图 8－21　规划求解参数的设置

保持弹出框“设置目标”后矩形框内的选择（＄B＄16）不变，在“通过更改可变单元格”下方的矩形框选择样本股票初始权重所在的单元格区域（名称为“wt_tgc”）。在“遵守约束”下方的矩形框的右侧点击“添加”，出现标题为“添加约束”的弹出框。

现在我们添加第 1 个约束条件，即权重之和等于 1。在弹出框的“单元格引用”下的矩形框内选择权重和所在单元格“B12”，在其后的关系式中选择“＝”，在“约束”下的矩形框输入“1”。这时的画面应该如图 8－22 所示。

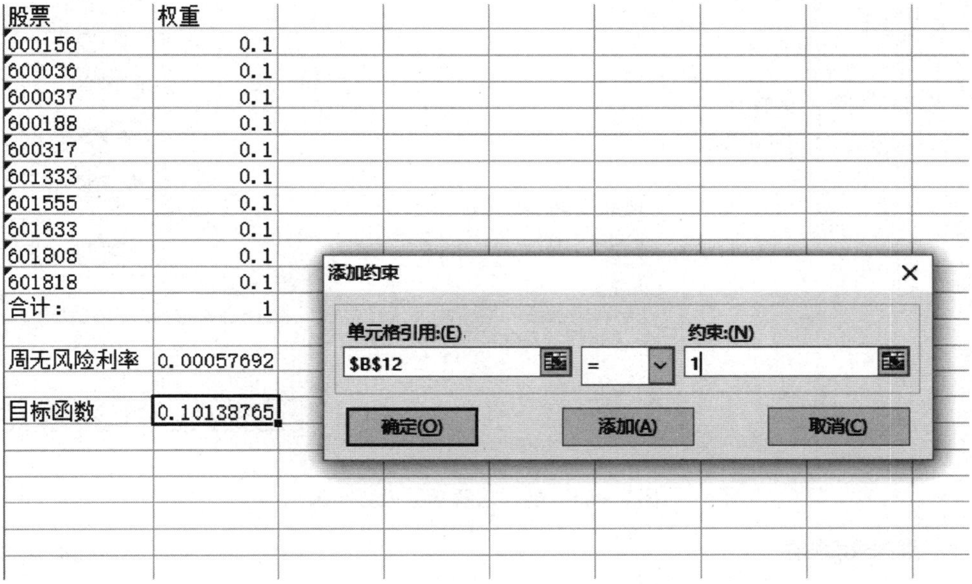

图 8－22　规划求解约束条件的添加

现在添加第 2 个约束条件，即每个权重均为非负。在上述题为“添加约束”的弹出框点击“添加”，在“单元格引用”下的矩形框内选择初始权重所在的区域（其名称为“wt_tgc”），在中间比较关系式的矩形框内选择“＞＝”，在“约束”下的矩形框内输入“0”。至此，我们已经设置好规划求解所需的所有参数，点击“确定”完成设置。这时的画面如图 8－23 所示。

点击上述题为“规划求解参数”弹出框下方的求解，出现如图 8－24 标题为“规划求解结果”的弹出框，点击“求解”，得到如图 8－25 所示的切点证券组合的求解结果。

2. 利用 VBA 获取有约束条件下投资组合的左边界

本小节还是以前述 10 只样本股票为分析对象，其期望收益和收益率协方差矩阵仍如前所述。我们在以下三个约束条件下最小化组合收益率标准差：第一，不允许卖空，即每只股票的权重非负；第二，10 只股票的权重之和等于 1；第三，组合的期望收益率达到目标收益率。

代码段 8.8 包含两个子过程，子过程 noShortingOpt（）调用规划求解计算在上述约束下的最小方差（标准差）组合；子过程 backInit（）将各样本股票的权重恢复到其初始值，即每只股票的权重均为 0.1。

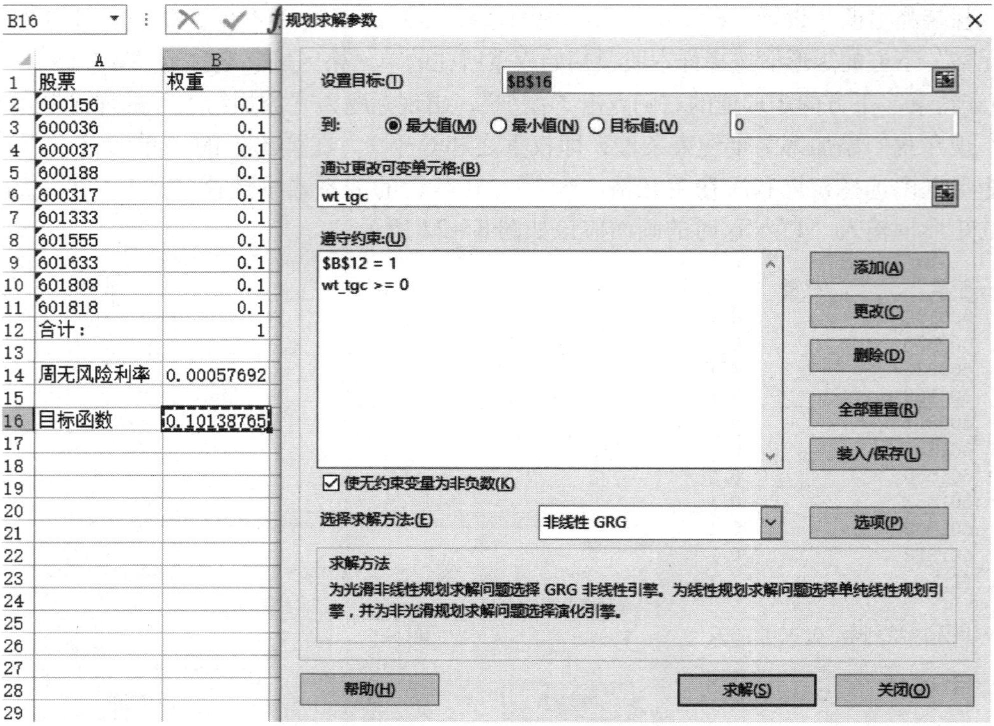

图 8－23　规划求解参数设置结果

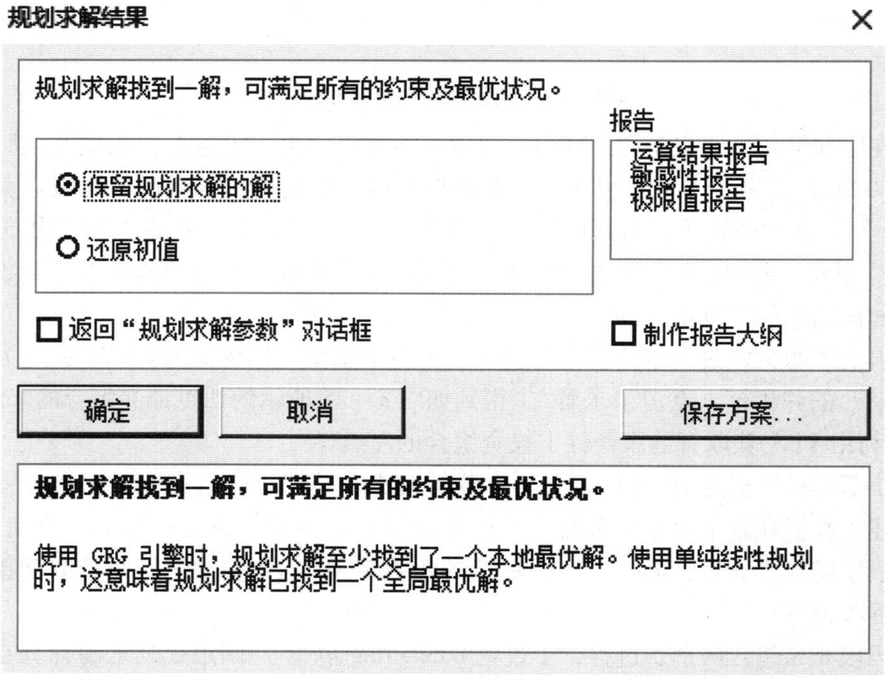

图 8－24　规划求解确认框

	A	B	C	D	E
1	股票	权重			
2	000156	0.19140628			
3	600036	0.06931436			
4	600037	0.16489304			
5	600188	0.04177293			
6	600317	0.13418361			
7	601333	0.02962717			
8	601555	0.10308233			
9	601633	0.05762343			
10	601808	0.04321032			
11	601818	0.16488652			
12	合计：	1			
13					
14	周无风险利率	0.00057692			
15					
16	目标函数	0.10989511			
17					

图 8－25　利用规划求解得到有约束条件下切点证券组合的结果

在使用该代码段前，我们需要做好下述两个预备工作：

第一，在工作表中确保已经加载了“规划求解”加载项，在 VBA 中确保已经引用了“Solver”。

第二，做好利用规划求解前的准备工作。主要有：

（1）添加新工作表，并将之命名为“port _ optim _ noShorting”。

（2）设置目标收益率。在新添加的工作表的单元格区域“A5：A27”输入目标收益率。注意，由于不允许卖空，所以目标收益率必须介于各样本股票期望收益率的最小值和最大值之间，否则可能无解。

（3）设置各股票的初始权重，如每只股票的权重均为 0.1。

（4）求各样本股票权重之和。这里“D”列到“M”列为各样本股票的权重，“N”列为权重之和。

（5）计算组合的期望收益率和收益率标准差。为此，在单元格“B5”输入公式“= MMULT（$ D5：$ M5，expRet _ sim）* 100”，在单元格“C5”输入公式“= SQRT（MMULT（MMULT（$ D5：$ M5，cov _ sim），TRANSPOSE（$ D5：$ M5）））* 100”，并将这两个公式自动填充至区域“B5：C5”。

做好上述准备工作后，工作表“port _ optim _ noShorting”的界面可能如图 8－26 所示。

现在，我们可以运行代码段 8.8 中的子过程了。运行完 noShortingOpt（）后的结果如图 8－27 所示。我们可以运行子过程 backInit（）将各样本股票的权重恢复到其初始值。

			权重										
目标收益率（%）	期望收益率（%）	标准差(%)	000156	600036	600037	600188	600317	601333	601555	601633	601808	601818	合计
0.173	0.200234859	1.4059163	0.1	0.1	0.1	0.1	0.1	0.1	0.1	0.1	0.1	0.1	1
0.175	0.200234859	1.4059163	0.1	0.1	0.1	0.1	0.1	0.1	0.1	0.1	0.1	0.1	1
0.177	0.200234859	1.4059163	0.1	0.1	0.1	0.1	0.1	0.1	0.1	0.1	0.1	0.1	1
0.179	0.200234859	1.4059163	0.1	0.1	0.1	0.1	0.1	0.1	0.1	0.1	0.1	0.1	1
0.181	0.200234859	1.4059163	0.1	0.1	0.1	0.1	0.1	0.1	0.1	0.1	0.1	0.1	1
0.183	0.200234859	1.4059163	0.1	0.1	0.1	0.1	0.1	0.1	0.1	0.1	0.1	0.1	1
0.185	0.200234859	1.4059163	0.1	0.1	0.1	0.1	0.1	0.1	0.1	0.1	0.1	0.1	1
0.187	0.200234859	1.4059163	0.1	0.1	0.1	0.1	0.1	0.1	0.1	0.1	0.1	0.1	1
0.189	0.200234859	1.4059163	0.1	0.1	0.1	0.1	0.1	0.1	0.1	0.1	0.1	0.1	1
0.191	0.200234859	1.4059163	0.1	0.1	0.1	0.1	0.1	0.1	0.1	0.1	0.1	0.1	1
0.193	0.200234859	1.4059163	0.1	0.1	0.1	0.1	0.1	0.1	0.1	0.1	0.1	0.1	1
0.195	0.200234859	1.4059163	0.1	0.1	0.1	0.1	0.1	0.1	0.1	0.1	0.1	0.1	1
0.197	0.200234859	1.4059163	0.1	0.1	0.1	0.1	0.1	0.1	0.1	0.1	0.1	0.1	1
0.199	0.200234859	1.4059163	0.1	0.1	0.1	0.1	0.1	0.1	0.1	0.1	0.1	0.1	1
0.201	0.200234859	1.4059163	0.1	0.1	0.1	0.1	0.1	0.1	0.1	0.1	0.1	0.1	1
0.203	0.200234859	1.4059163	0.1	0.1	0.1	0.1	0.1	0.1	0.1	0.1	0.1	0.1	1
0.205	0.200234859	1.4059163	0.1	0.1	0.1	0.1	0.1	0.1	0.1	0.1	0.1	0.1	1
0.207	0.200234859	1.4059163	0.1	0.1	0.1	0.1	0.1	0.1	0.1	0.1	0.1	0.1	1
0.209	0.200234859	1.4059163	0.1	0.1	0.1	0.1	0.1	0.1	0.1	0.1	0.1	0.1	1
0.211	0.200234859	1.4059163	0.1	0.1	0.1	0.1	0.1	0.1	0.1	0.1	0.1	0.1	1
0.213	0.200234859	1.4059163	0.1	0.1	0.1	0.1	0.1	0.1	0.1	0.1	0.1	0.1	1
0.215	0.200234859	1.4059163	0.1	0.1	0.1	0.1	0.1	0.1	0.1	0.1	0.1	0.1	1
0.217	0.200234859	1.4059163	0.1	0.1	0.1	0.1	0.1	0.1	0.1	0.1	0.1	0.1	1

图 8－26　进行规划求解前的工作表“port _ optim _ noShorting”

			权重										
目标收益率（%）	期望收益率（%）	标准差(%)	000156	600036	600037	600188	600317	601333	601555	601633	601808	601818	合计
0.173	0.172523932	2.0193544	0	0	0	0	0.964372	0	0	0.02509	0	0.010538	1
0.175	0.175309645	1.6846636	0.041249	0	0	0	0.740669	0	0	0.066756	0	0.151326	1
0.177	0.177216727	1.5074565	0.13492	0	0	0	0.598602	0	0	0.076271	0	0.190208	1
0.179	0.179	1.3901457	0.21593	0	0	0	0.464629	0	0	0.087347	0	0.232094	1
0.181	0.181663605	1.3146879	0.282101	0.00679	0	0.000368	0.332973	0.013276	0.017973	0.092691	0	0.253828	1
0.183	0.183145898	1.2924268	0.270798	0.011959	0.016189	0	0.309888	0.018328	0.0303	0.087957	0.004896	0.249685	1
0.185	0.185366551	1.2662535	0.261298	0.022728	0.041901	0.005382	0.279943	0.019211	0.043401	0.086901	0.011494	0.227741	1
0.187	0.186239594	1.2580729	0.255138	0.026462	0.050673	0.01076	0.265668	0.019255	0.042515	0.081833	0.016773	0.230924	1
0.189	0.189000001	1.2411919	0.231112	0.03879	0.081609	0.01764	0.234624	0.023995	0.06407	0.078882	0.023158	0.20612	1
0.191	0.191000001	1.2373431	0.219386	0.047092	0.101077	0.025458	0.209647	0.026283	0.078302	0.069619	0.028693	0.194441	1
0.193	0.193237226	1.2415386	0.213318	0.057049	0.127324	0.031867	0.17825	0.025784	0.092335	0.061968	0.033962	0.178143	1
0.195	0.195000001	1.2513158	0.202175	0.065736	0.151458	0.034863	0.153189	0.027944	0.101372	0.065839	0.036601	0.160824	1
0.197	0.197000001	1.2684272	0.187556	0.073192	0.172961	0.043019	0.128918	0.032628	0.109067	0.059423	0.045149	0.148086	1
0.199	0.199000001	1.2922487	0.176281	0.078435	0.195736	0.050012	0.101809	0.031618	0.124562	0.048764	0.05111	0.141673	1
0.201	0.200234859	1.3102082	0.167764	0.08347	0.210285	0.053813	0.085534	0.032132	0.13179	0.046617	0.054852	0.133743	1
0.203	0.203480568	1.3680807	0.154082	0.100408	0.242422	0.065753	0.035821	0.036209	0.147971	0.041224	0.062742	0.113369	1
0.205	0.205000001	1.4002167	0.127599	0.106864	0.27358	0.07032	0.022879	0.037656	0.147397	0.038902	0.06472	0.110083	1
0.207	0.200234859	1.4059163	0.1	0.1	0.1	0.1	0.1	0.1	0.1	0.1	0.1	0.1	1
0.209	0.209000001	1.4999927	0.092796	0.122935	0.318744	0.08328	0	0.040064	0.183045	0.020447	0.079649	0.059041	1
0.211	0.211184586	1.5659045	0.060041	0.137046	0.349072	0.094259	0	0.043421	0.190538	0.007219	0.087231	0.031174	1
0.213	0.213274338	1.6363714	0.02152	0.150063	0.378954	0.098717	0.000643	0.044982	0.209033	0	0.092918	0.00317	1
0.215	0.214109155	1.6663979	0	0.151051	0.393917	0.110449	0	0.041185	0.21112	0	0.092083	0.000195	1
0.217	0.216296446	1.9384668	0	0.098169	0.595837	0.217747	0	0	0.000101	0	0.088146	0	1

图 8－27　在不允许卖空等约束下的组合优化结果

代码段 8.8　利用 VBA 在不允许卖空下的组合优化

```
Sub noShortingOpt ()
   '运行前确保：(1) 已经加载了规划求解加载项；(2) 已经引用 Solver
   Dim n As Long, i As Long
   Dim sht As Worksheet
   Dim rng _ tgt As Range

   Set sht = Worksheets ("port _ optim _ noShorting")
   Set rng _ tgt = sht. Range ("A5: A27")
   n = rng _ tgt. Rows. Count

   For i = 1 To n
```

```
        SolverReset
        SolverOptions AssumeNonNeg: = False, Precision: = 0.001
        With rng _ tgt
          '设置目标函数
          SolverOk SetCell: =. Cells (i). Offset (0, 2), MaxMinVal: =2, _
                  ByChange: = Range (. Cells (i). Offset (0, 3), _
                                    . Cells (i). Offset (0, 12))
          '添加约束条件
          SolverAdd CellRef: =. Cells (i). Offset (0, 1), _
                  Relation: =2, FormulaText: =. Cells (i)
          SolverAdd CellRef: = Range (. Cells (i). Offset (0, 3), _
                                 . Cells (i). Offset (0, 12)), _
          Relation: = 3, FormulaText: =0
           SolverAdd CellRef: =. Cells (i). Offset (0, 13), _
                    Relation: =2, FormulaText: = "100% "
        End With
        '求解
        SolverSolve UserFinish: = True
    Next
End Sub

'恢复初始状态
Sub backInit ()
    Dim rng _ init As Range
    Set rng _ init = Worksheets ("port _ optim _ noShorting"). _
                 Range ("D5: M27")
    rng _ init. Value = 0.1
End Sub
```

本章小结

进行诸如股票投资价值的分析或有效投资组合的构建等，首先需要获取股票历史交易、股票历史分红和宏观经济等数据。我们经常使用 Excel Web 查询来获取此类数据。另外，恰当地使用正则表达式往往会使得数据查询工作事半功倍。

资产的 Beta 系数是金融分析中一个使用频率很高的变量。常用的 Beta 系数调整方法有 Blume 调整和 Vasicek 调整等。经验证明使用调整的 Beta 系数具有更好的预测能力。

投资组合优化是股票投资实践中一项重要的工作。在没有诸如不可卖空等约束下，我们可以使用解析的方法获得组合的左边界。在存在不允许卖空等约束下，我们可以使用 Excel 的规划求解来解决此类问题。在 VBA 中，调用规划求解需要首先在工作表界面下加载规划求解加载项，并添加“Solver”的引用。

金融关键词：历史 β 系数、β 系数的 Blume 调整、β 系数的 Vasicek 调整、最小方差集、切点证券组合、夏普比率

Excel 和 VBA 关键词：动态数组、规划求解、LinEst（）函数、Intercept（）函数、Slope（）函数、SolverReset、SolverOk、SolverAdd、SolverSolve

本章习题

1. 代码段 8.3 利用正则表达式的方法来提取股票分红比率。如果不使用正则表达式，仅使用普通的文本处理函数［Len（）、Mid（）、Left（）、Right（）和 Split（）等］，并结合 IsNumber（）函数和循环，重写提取分红比率的函数（函数名为 divRatio2，参数不变）。

2. 评估 8.2 节中各种 β 系数估计方法的稳定性和估计精度。

（1）改变收益率频率和样本期间长短，重复上述操作，评判 β 的稳定性。

（2）从预测的角度出发，评价基本 β 系数、Blume's β 系数和 Vasicek's β 系数的精度。

3. 从雅虎财经下载通用汽车（GM）的历史分红数据。

（1）描绘通用汽车历史分红的时间序列图；

（2）将通用汽车的季度分红数据转化为年度分红数据；

（3）计算通用汽车历史分红的年均算数平均增长率和几何平均增长率。

4. 任意选取 20 只股票，下载其历史交易数据，并据此得到前沿组合。

5. 利用实际数据验证：随着约束条件的增加，切点组合的收益与风险特性会发生什么样的变化？

进阶阅读

1. 有关投资组合理论的基本知识，请参阅朱晋主编的《证券投资学》，机械工业出版社（2015 年第 1 版）的第 9 章和第 10 章。

2. 有关两基金定理的精彩论述，请参阅卢恩伯格所著的《投资科学》，中国人民大学出版社（2004 年第 1 版）的第 6 章。

3. 有关无非等式约束下性质 1 和性质 2 的证明，请参阅埃尔顿所著的《现代投资组

合理论与投资分析》，机械工业出版社（2017年第9版）的第6章。

4. 有关β系数的 Blume 调整的详细论述，请阅读 Blume M. 1971. On the assessment of risk [J], Journal of Finance, 26：1 - 10. 和 Blume M. 1975. Betas and the regression tendencies [J]. Journal of Finance, 30：785 - 795。

5. 有关β系数的 Vasicek 调整，请阅读 Vasicek OA. 1973. A note on using cross - sectional information in Bayesian estimation of betas [J]. Journal of Finance, 28：1233 - 1239。

6. 有关β的预测能力的论述，请阅读 Eubank A and Zumwalt J. 1979. An analysis of the forecast error impact of alternative beta adjustment techniques and risk classes [J]. Journal of Finance, 34：761 - 776。

7. 有关资本资产定价模型的 Roll 批判，请阅读 Roll, Richard, 1977, A critique of the asset pricing theory's tests Part Ⅰ：On past and potential testability of the theory, Journal of Financial Economics, 4 (2)：129 - 176。